推理◉古代日本語の謎

『古事記』『日本書紀』の最大未解決問題を解く

奈良時代語を復元する

安本美典［著］

勉誠出版

目次

第Ⅴ編　『古事記』の万葉仮名　219

●表記にみられる規則性と法則性●

掲載図表一覧

図

表

写真

コラム

第Ⅰ編　問題の所在

●あなたも、奈良時代語が発音できる！●

橋本進吉（1882〜1945）

橋本進吉は、大正〜昭和前期の国語学者。東京帝国大学言語学科を卒業。東京帝国大学教授。橋本進吉は、上代（おもに奈良時代）においては、キ・ケ・コなど13の音を表記する仮名（万葉仮名。漢字で記した）には、それぞれ２種類の区別があり、それは当時の発音（音韻）の違いにもとづくことをあきらかにした。当時は、たとえば、２種類の「キ」を、いいわけ、聞きわけていたのである。

この研究、いわゆる「上代特殊仮名《じょうだいとくしゅかな》づかい」の研究は、上代語の研究の各分野に大きな影響をおよぼした。

また、橋本進吉の文法理論（橋本文法）は、学校教育文法の中心となった。

奈良時代などにおいて、人々は、たとえば、二種類の「キ」や「ケ」などの音を、言いわけ、聞きわけていたという。

では、その二種類の「キ」や「ケ」などは、具体的には、どのように発音していたのであろうか。これは、二種類の「キ」や「ケ」などの、「音価」の推定問題である。

そして、これは、まだ、十分には解かれていない問題である。国語学上最大の未解決問題である。

そしていま、この問題が解かれるべき条件は、ととのってきているようにみえる。それでは、挑戦してみよう。

1　奈良時代には、八つの母音があった

万葉人と話せるか

あるカルチャーセンターで、講師をしたときのことである。

つぎのような質問をうけた。

「万葉時代の人と、話をしたら、話が通じますか。」

私が答える。

「ほとんど、まったくといってよいほど、通じないでしょうね。」

質問した人は、なっとくができないようである。

「でも、『万葉集』をみると、あるていど単語などが、わかりますよねえ。」

どうやら、すこし、説明が必要なようである。

現在、刊行されている『万葉集』などの和歌は、現代の人にとってわかりやすように、漢字かなまじりに、書きなおされている。

また、たとえば、「笹《ささ》の葉《は》」の「さ」「の」「は」などの音は、いずれも、古代と現代とでは、音が変わっている。

『万葉集』（巻二）の、133番目の歌に柿本人麻呂《かきのもとのひとまろ》の、つぎのような歌がある。

「笹《ささ》の葉は　み山《やま》もさやに　さやげども　我《あれ》は　妹思《いもおも》ふ　別《わか》れ来《き》ぬれば」（笹の葉は、全山さやさやと、風に吹かれて乱れているが、わたしは、「心を乱さずに」妻のことを思う。別れてきたので。『万葉集』の時代には、

まだ「カタカナ」や「ひらがな」が発明されていなかった。たとえば、「笹の葉は」の部分は、原文では、「小竹之葉者《（ささのはは）》」のように、漢字ばかりで表記されていた。）

現代の「さ」の音は、奈良時代は、「ツァtsa」のように発音していた（言語学者の有坂秀世《ありさかひでよ》、国語学者の橋本進吉、中国語学者の森博達《ひろみち》氏らの考証）。現代の「は」の音は、奈良時代は、「パpa」に近く発音していた（国語学者・上田万年《かずとし》の考証）。助詞の「の」の音も、現代とは音が違っていた。（助詞の「の」の音は、奈良時代は、「乙類のノ」といわれる音である。私は、この音は、「ニョnyo」と「ヌォnwo」の中間音で、「nə」［əは、英語のgirl（gəːl）などの、əの音］に近い音であったと思う。）

したがって、「笹《ささ》の葉《は》は」、「ツァツァnəパパ」のような音であった。現代人が聞いても、一定の学習をしていないかぎり、なんのことか、わからないと思う。

柿本人麻呂の生没年は不明であるが、おもな歌は、文武《もんむ》天皇の時代のころ、六九〇～七〇七年ごろにつくられている。いまから、一三〇〇年以上、むかしのことである。

上代特殊仮名《じょうだいとくしゅかな》づかいの解明

さて、この本では、おもに、奈良時代の『古事記』『日本書紀』『万葉集』などの日本語について、お話をしようと思う。ざっと、いまから、千二百年ないし千三百年まえの日本語である。

そのころ、日本語には、現在と違って、八つの母音があったと、よくいわれる。いわゆる「上代特殊仮名《じょうだいとくしゅかな》づかい」といわれるものである。

「上代特殊仮名づかい」というのは、つぎの「コラムI」のようなものである。

コラムⅠ　上代特殊仮名《じょうだいとくしゅかな》づかい

現代の日本語と、今から千二、三百年以上まえ（ほぼ奈良時代以前）の日本語との大きな違いとしては、母音の数の違っていたことがあげられる。この事実は、国語学者の橋本進吉によって指摘され、現在の国語学界では、ひろく認められている。

現在、私たちは、a、i、u、e、oの五つの母音しか用いない。しかし、むかしは、八つの母音があったと考えられる。すなわち、現在私たちが用いている五つの母音のほかに、ï、ë、öの三つの母音があったと考えられる。

当時の人々は、これら八つの音を、それぞれ別の音として、いいわけていたし、聞きわけていたという。

そのため、「ひらがな」や「カタカナ」が用いられるようになる以前に、日本語を書きあらわすのに用いられていた万葉仮名（漢字）（**コラムⅡ参照**）では、書きわけられている。たとえば、カ段の「コ」は、「ひこ（彦）」「こ（子）」などでは「古」の字が使われ、決して「許」の字は用いられない。そして、「こころ（心）」「ところ（所）」などでは「許」「挙」「拠」などの字が使われ、決して「古」の字は混用されていない。

ここに示した「コ」の音の例のような、用いられた漢字の別で示される音の違いは、今日、甲類、乙類と名づけて区別されている。

これを、「上代特殊仮名《じょうだいとくしゅかな》づかい」における甲類、乙類の別という。

甲類、乙類の区別のあるのは、五十音図のすべてについてではない。「き」「け」「こ」「そ」「と」

「の」「ひ」「へ」「み」「め」「も」「よ」「ろ」の十三についてである（「も」の区別のあるのは、『古事記』だけ）。

乙類の三つの母音は、ï、ü、öで表記するならわしである。

なお、上代においては、ア行の「エ」と、ヤ行の「エ（𛀁）」と、ワ行の「エ（ヱ）」とは、別の音として区別されていた。

甲類の「i」「e」「o」の音は、だいたい、現在の東京方言の「イ」「エ」「オ」に近いとみられている。しかし、乙類の「ï」「ë」「ö」は、それぞれ、甲類の「i」「e」「o」に、やや近い音とみられるが、「i」「e」「o」とは異なる音として認識されていたと判断される。それで、ドイツ語のウムラウト記号の、上に二つの点をつける記号で表わして区別する。ただ、これは、区別のためにこのように表記しただけであって、それが、具体的に、どのような音であるかが、わかっていてそうしているわけではない。なお、ドイツ語で用いられるウムラウト記号は、ä、ü、öの三つ。

「上代特殊仮名づかい」における甲類、乙類の別は、『古事記』『日本書紀』『万葉集』『風土記』など、奈良時代に成立した文献には、ひとしくみとめられる。また、「推古朝遺文」「正倉院文書」「仏足石歌《ぶっそくせきか》」「続日本紀宣命《しょくにほんぎせんみょう》」などにもみとめられる。

コラムⅡ　万葉仮名

古代日本語を表記するために、漢字の音、または訓《くん》を用いて表記した文字が、「万葉仮名」である。

学習研究社から出ている『新世紀ビジュアル大辞典』は、「万葉仮名」について、つぎのように説明している。

まんようがな【万葉〈仮名〉】国語を表記するために、漢字の音または訓を借り用いた文字。余能奈何波（世の中は）、羽計（はばかる）、二八十一（にくく）など。奈良時代以前から行われて記紀にも用いられたが、『万葉集』の中で多く用いられたためにこの名がある。真がな。まんにょうがな。」

この説明文において、「八十一」を「くく」と読むのは、「九九＝八十一」だからである。これは、「戯訓《ぎくん》」とよばれる読み方である。

漢字の意味を、お遊《あそ》び的に用いたものである。奈良時代の人は、「九九《くく》」を知っていたわけである。当時の官吏は、「九九」を知らなければ、租税をとりたてるときの計算などができない。

『日本書紀』に用いられている万葉仮名については、国語学者大野晋の『上代假名遣《づかい》の研究―日本書紀の假名を中心にして―』（岩波書店刊、一九五三年刊。以下『上代仮名遣の研究』と記す）が刊行されている。この本では、『日本書紀』で用いられている万葉仮名の用字・用語のすべてが整理され、くわしい索引がついている。

大野晋は、この本のなかでのべている。（カッコ（　）内に説明をほどこし、文中に、傍線を引き、その部分をゴシックにしたのは、安本。）

「『古事記』『万葉集』の字音は一般に呉音であると言われている。『万葉集』は長い年月にわたる多くの人々の書き集めであるから、字音も各種のものが混っている。しかし、年代的には『日本書紀』の後までにわたりながら、『万葉集』は、当時慣用久しきにわたっていた通用の南方字音によっているものが

写真１　大野晋（1919〜2008）

多いために、『古事記』に近い性質を示しているのである。『日本書紀』の仮名はこれらの文字の字音よりさらに新しい（中国の）北方音によるところが多いと考えられる。すでに幾度かの遣唐使の往復の後をうけ、また、幾人かの大唐の音博士の招聘《しょうへい》を行なった後において、新興国の国威を顕揚しようとする意図をこめて編集された**『日本書紀』が、最新の大唐の音を用いて歌謡を記し**、訓注を付したということは、きわめて容易に想像されるところである。すなわち、一例をあげればコの乙類には魚韻（頭子音を除いた母音を中心とする部分が、「魚 ŋɪo」という字と同じ音をもつもの）の文字のみを用い、『万葉集』に繁用されていた之韻（頭子音を除いた部分が「之 tʃɪei」と同じ）の己《こ》（kɪei）、期《ご》（gɪei）等の文字を一字も用いず、それらの文字はすべてキの乙類に用いているごときは、もっとも顕著な例である。」『古事記』『万葉集』の字音仮名に用いられた漢字音は、呉音系の古い字音が主であるが、『日本書紀』の字音仮名に用いられた漢字音は、漢音系の新しい字音が主であって、……」

「『古事記』『万葉集』の仮名の基礎となった字音は南方揚子江下流地域の字音であるといわれている。」

「『日本書紀』持統天皇五年（六九一）に音博士、大唐続守言《しょくしゅげん》、薩弘恪《さつこうかく》の名が見え、『続日本紀』称徳天皇、神護景雲《じんごけいうん》元年（七六七）に音博士袁晋卿《えんしんきょう》の名が見えるが、これら大唐の学者は、当時都の存した支那北方の音を正しい音韻として教授し、すでに日本に入って一般化していた古い南方系の呉音をしりぞけたであろう。しかるに当時編修された『日本書紀』は、その盛唐に対して日本国としての威儀を正して向いあう意味をこめて編纂せられたものであるから、**大唐の都（長安）において行なわれる音韻を採用しようとした**ことはきわめて考えやすいことではあるまいか。」

「当時、朝廷がしばしば命令して僧侶に新しい漢音を学習すべきむねを示達して、正音を学習しないものは得度せしめないとした事情をかえりみると、『日本書紀』の仮名の字音が新しい北方音によっていることがなっとくされるように思う。ただこの新音に対して、古く伝来していた南方音は日本文化の各層において深く浸潤していたために、その勢力ははなはだ強く、新しい漢音は特殊な部門、一部仏典の誦習、漢籍の字音などにのみ行なわれて、一般化することなくて止んだものと思われる。されば『古事記』では呉音を用い、『万葉集』以下戸籍帳や仏足石歌碑などの仮名もまた多くの呉音系の字音に基いた用法を示しているところが多いのである。」

「我々が見るところ、たしかに『日本書紀』は、そうした新しさを打出す意図をあらわにしているところが多くある。しかし、『日本書紀』の編修には、先行文献のいくつかが座右《ざゆう》に置かれ参照せられたことも確実である。したがって『日本書紀』には、従来用いられた字音による用字が併存していることにも、注意を払う必要がある。」

「（『日本書紀』の）編著の年代が明瞭であるということは、奈良時代の音韻あるいは仮名の発達を知ろうとするものにとっては、この上ない資料であるとしなければならない。」（以上、旧漢字、旧かなづかいは、常用漢字、現代仮名づかいにあらためた。また、「乍ら」「既に」「又」などの漢字を、「ながら」「すでに」「また」などの仮名になおした。古事記、万葉集、日本書紀などの文献名には、二重カギカッコ『　』を付した。）

国語学者の馬淵和夫も、その著『国語音韻論』（笠間書房刊、一九九七年）のなかで、つぎのようにのべる。

「資料的に純粋なものを求めれば、『日本書紀』の万葉がながもっとも信用おけるであろう。そのわけは、

『日本書紀』の編者たちは、在来のかなにとらわれることなく、当時の中国音との対比においてもっとも適切な漢字をもって日本語を書記しようとしたからである。」

中国語学者、森博達《もりひろみち》氏の説について

古代の日本語の、八つの母音は、具体的には、どのような音であったのか（音価の推定）。

その詳細な推定論については、第二次大戦後、おもに、藤堂明保《とうどうあきやす》、森博達《もりひろみち》氏など、中国語学者によって行なわれたものに、みるべき大きな進展があった。

その成果は、研究を進める基礎として、大変参考となる。

とくに森博達氏の、厖大な調査データにもとづく立論は、その著書に接する人に、圧倒感をもたらす。

『日本書紀』には、渡来中国人が執筆したα《アルファ》群と、日本人が執筆したβ《ベータ》群とがある。このことは、森博達氏が、はじめて、きちんと指摘証明した瞠目すべき成果である。

第二次世界大戦後のわが国の文献学上の、誇るべき成果といってよい。『日本書紀』の中国人執筆の巻々の万葉仮名は、まさに、当時の日本人の発音を、当時の中国人が、当時の漢字で記したものであることを、あきらかにした。

今日、日本の古代の音韻の研究において最前線にあるのは、森博達氏の諸論考であるといってよいであろう。

京都大学の教授であった国語学者の、木田章義《きだあきよし》氏は、つぎのようにのべている。

「（上代特殊仮名づかいの漢字の）音価については、森博達氏の研究が現在もっとも正確なものとして認められている」（『ことばと文字』〔日本の古代14〕、中央公論社、一九八八年刊）

ただ、上代特殊仮名づかいの音価の推定に論点をしぼるとき、別の立場や方法にたてば、森博達氏が見たのとは、かなり異質の世界が現前する可能性も、多分にある。

たとえば、中国語では、一つの漢字が、一音節で、二重母音、三重母音をもつことはよくある。

そのためか、森博達氏は、上代特殊かなづかいについての探究において、たとえば、「乙類のエë」の音を、二重母音とするような形で推定しておられる。

しかし、言語学者で、アイヌ語の研究で著名な金田一京助は、『国語音韻論』（『金田一京助全集』第二巻、三省堂、一九九二年刊、561ページ）のなかで、「国語には、ウラルアルタイ語族の特徴であるように」「本当の重母音はないこと」をのべている。このような視点も、必要であると思う。日本語は、構造としては、中国語よりも、ウラルアルタイ諸語に近いものがある。

森博達氏の立場では、当然、中国語学からの観点に、重点がおかれている。これに対し、この本の私の立場では、いますこし、日本語学（国語学）からの観点に、比重をおく。日本語の伝統にもとづいて理解をするようにした。

森博達氏は、『日本書紀』に用いられている万葉仮名（漢字）が、どのようなものであるかを、中国語学の立場から、詳細に解明された。それは、きわめてすぐれたものである。

ただ、中国語と日本語とでは、言語構造が、そうとうに異なる。

上代の日本語を、それを表記した漢字を解明することによってさぐることは、問題の性質上、最初の重要な出発点となる。

英語を表記した日本語の、カタカナ語を詳細に分析しただけでは、英語の音を十分には解明しきれない。それと同じように、上代日本語を、それを表記した漢字の音を解明する方法では、なお、手のとどかないところが、かなり残るように思えるのである。

以上を要するに森博達氏は、中国語学の窓から上代日本語の姿を見ている。私は、森博達氏の研究も参考としながら、日本語学の窓から上代日本語の姿を見る。

それで、風景が、かなり違って見えるのである。

この本においては、以下、しばしば、森博達氏の見解と、私の考えとを対比させる形で、文章をまとめる。それは、読者に、理解を深めていただくためのものである。

森博達氏の見解について、以下に、私は、さまざまな異論などをのべる。これに対しては、当然、森博達氏からの反論なり異論なりが、ありうることと思う。

また、森博達氏と私の説とについての以下の議論には、ほぼ同じことがらについての、説明のしかたの違いも、かなりあると思う。

興味のある方は、ぜひ、両方を読んで、くらべてみていただきたい。

読者は、それらを読みくらべることによって、理解を深めることができるであろう。

2　八つの母音は、どんな音だったのか

諸学者たちの「音価の推定」

東京大学（当時は、東京帝国大学）の教授であった国語学者の橋本進吉（この「第Ⅰ部」のトビラの写真参照）は、「上代特殊仮名遣《づかい》」は、単なる文字の使い分けではなく、音韻の違いに応じた文字の使い分けであることを指摘した。

この指摘の意味は大きい。

橋本進吉は、『国語と国文学』の、一九三八年十月号に、「国語音韻の変遷」という論文をのせている。そして、イ列、エ列、オ列の母音がどのようなものであるかについて、つぎのような推定を示している。すなわち、イ列、エ列、オ列の母音の「音価」を推定している。

イ列甲類　-i

　　乙類　-ïi（ïは中舌母音）

エ列甲類　-e

　　乙類　-əiまたは-əe（əは英語にあるような中舌母音）

オ列甲類　-o

　　乙類　-ö

しかし、そこでは、くわしい根拠は、示されていない。そして、「仮定説を立てたが、まだ確定した説ではない。」と記している。ただ、結果的にいえば、橋本進吉の説は、すでに、かなり真実に近いところまで来ていたと思う。

コラムⅢ　橋本進吉説とウムラウト記号

『広辞苑』では、「ウムラウト」について、つぎのように説明している。

「ウムラウト【Umlautドイツ】〔言〕ゲルマン語、特にドイツ語で、母音a・o・uが後続の母音i（またはe）の影響を受けて音質をä〔ɛ〕・ö〔œ, ø〕・ü〔y, ʏ〕に変える現象。」

要領のよい説明である。

明治以後のわが国においては、初期のころ、ドイツ言語学の影響が強かった。それで、上代特殊仮名づかいの説明にも「ウムラウト」の記号が使われたのであろう。

あとで、くわしく説明するような結果によれば、もし、「ウムラウト」記号を用いて、上代特殊仮名づかいを説明するならば、つぎのようになる。

イ列乙類の母音は、橋本進吉の説明の『ïi（ïは中舌母音）』でほぼよいとみられる。üiの音にも近い。

エ列乙類の母音は、橋本進吉の説明のなかの『əi』に近いが、むしろ、ほぼä［ε、日本語のエよりも、口を開いたアに近づいたエ］とみてよい。

オ列乙類の母音についての、橋本進吉の説明の『ö』は、一定の条件のもとでなりたつ。すなわち、頭子音が、s、z、t、d、n、rなど、上の前歯のうしろに、舌の先をつけるか、または、近づけて発音する『歯茎音』のあとでは、オ列乙類の母音は、ドイツ語のö［œ］に近くなることが多い。

大野晋は、その著『上代仮名遣の研究』（岩波書店、一九五三年刊）において、「上代特殊仮名遣の音価推定」という章をもうけている。そこでは、橋本進吉をはじめ、有坂秀世《ありさかひでよ》（言語学者）、池上禎造《いけがみていぞう》（国語学者）、金田一京助《きんだいちきょうすけ》（言語学者、国語学者、アイヌ語学者）、河野六郎《こうのろくろう》（言語学者、朝鮮語学者）、小西甚一《こにしじんいち》（国文学者）、藤堂明保《とうどうあきやす》（中国語学者）など、十五氏の説を紹介している。しかし、これら諸学者の示している結論は、かなりまちまちであって、統一的なイメージを持ちうる状況からは遠い。

『言語学大辞典　第6巻　術語編』（三省堂、一九九六年刊）は、「上代特殊仮名遣《じょうだいとくしゅかなづかい》」の項で、つぎのように記す。

「（万葉仮名の使い分けの、）具体的な音価の違いは、現在に至るまでなお明らかでない。」

万葉仮名の音価推定問題が、国語学、あるいは日本語学上の最大の難問の一つであることは、たしかである。

この本は、この上代特殊仮名づかいの、甲類、乙類の母音が、どのようなものであったか、すなわち、それらの音価の解明をめざすものである。

私の研究歴

ここで、ごく簡単に、私の研究歴にふれておこう。

(1) **文体論**　私は、最初、心理学者の波多野完治（お茶の水女子大教授、のち同大学学長）の説く「文章心理学」に刺激され、作家の文体論に興味をもった。大学の卒業論文は、「『文章の性格学』への基礎的研究」と題するものであった。現代作家百氏の文体（文の平均的長さ、名詞の使用度、…など）を数量的、統計的にしらべ、統計的分類技法の、多変量解析の一種、「因子分析法」を用い、百氏の文体を、八つのグループに分類するなどしたものであった。この論文は、卒業論文の審査にあたられた国語学者、遠藤嘉基《よしもと》教授の推挽《すいばん》で、京都大学の国語国文学教室からでている『国語国文』（第二十八巻、第六号、一九五九年）に発表された。のち、『文章心理学入門』（誠信書房、一九六五年刊）にまとめられた。また、この研究を、発展させたものによって、一九七二年に、京都大学から、文学博士の学位を取得した。

(2) **日本語の起源**　私が京都大学の学生であったころの一九五七年に、国語学者の水谷静夫（のち、東京女子大学教授）、樺島忠夫（のち、京都府立大学教授）らによって、「計量国語学会」が発足した。計量国語学会の季刊誌『計量国語学』などに、私は、大学卒業までに、およそ、十編の論文を発表した。おもに、文体論関係のものであった。また、『計量国語学』にのっていた紹介論文によって、言語と言語（たとえば、日本語と朝鮮語）との近さの度合を、数字で測定する外国の研究を知り興味をもった。そこで、その方法にもとづいて、日本語の起源問題を探究する方向にふみだした。この分野で、これまでに出した本のうち、おもな本として、つぎのようなものがある。

(i)『日本語の誕生』（大修館書店、一九七八年刊）
(ii)『研究史　日本語の起源』（勉誠出版、二〇〇二年刊）
(iii)『言語の科学―日本語の起源をたずねる―』（朝倉書店、一九九五年刊）
(iv)『日本語の成立』（講談社現代新書、一九七八年刊）

基本的に、日本語と、日本語のまわりの諸言語（朝鮮語、アイヌ語、中国語、インドネシア語、……）との、語彙上、文法上、音韻上の近さの度合を数字ではかり、それが確率的に偶然以上の一致といえるか否かをしらべる（検定する）方法によっている。

計量国語学会編の『計量国語学事典』（朝倉書店、二〇〇九年刊）の、「統計的方法による日本語の起源」の項は、私の執筆したもので、私の探究の結果を要約したものである。

『言語学大辞典　第6巻』（三省堂、一九九六年刊）にも、私の日本語系統論は、紹介されている。

また、以上の(1)(2)の方法の要点を、『国語学大辞典』（国語学会編、東京堂出版、一九八〇年刊）のなかの「統計的方法」の項で、私が執筆紹介した。国語学、日本語学は、私の専攻領域、または、ホームグラウンドの一つである。

(3)　**邪馬台国論**　文体論の研究をしているときに、外国のその関係の著書、論文をかなり読んだ。そして、西欧では、ギリシャの古典などの分析に、統計的な分析を行なったものなどが、かなりあるのに気がついた。

『魏志倭人伝』『古事記』『日本書紀』などの文献を、統計的に分析すればどうなるのか。

その最初の著書が、つぎのものであった。

『邪馬台国への道』（筑摩書房、一九六七年刊）

そして、この問題については、おもに、つぎの二つの著書において、私なりに、一応の結着をつけたように思っている。

(i)『古代年代論が解く邪馬台国の謎』（勉誠出版、二〇一三年刊）。この本は、古代の天皇などの年代を、統計学的に推定したものである。

(ii)『邪馬台国は、99・9%福岡県にあった』（勉誠出版、二〇一四年刊）。この本は、『魏志倭人伝』に記されている事物の、遺跡・遺物の、各県ごとの出土数にベイズ統計学を用い、邪馬台国が、どの県にあった確率が、もっとも大きいかを、計算したものである。その結果は、邪馬台国が、福岡県にあった確率は、九九・九%以上となる。邪馬台国が、奈良県にあった確率は、〇・一%以下（一〇〇〇回に一回以下）となる。なお、ベイズ統計学のこの分野のデータへの適用方法は、わが国でのベイズ統計学の第一人者といってもよい松原望氏（東京大学名誉教授）と、いわば、共同開発したものである。

そして、私には、なお、つぎの二つの大きなテーマが残されている。

(A)　古代日本語の八つの母音は、どのような音であったか（古代音の音価推定の問題）。

(B)　「漢音」「呉音」などということばがある。「漢音」は、中国の唐の時代の、長安（今の西安）地方での発音を写したものであることは、わかっている。では、「呉音」の正体はなにか。ふつう、中国の南方系の漢字の音が伝来したもの、とされている。一応は、それでよいと思われる。しかし、それだけなのか。中国上古語音の百済訛音《くだらなまりおん》ではないのか。「呉音」は、仏教用語や、律令《りつりょう》関係用語に、用いられることが多い。わが国へは、仏教も、律令も、百済を通じてはいってきている。

そして、たとえば、つぎのような事実がある。

『古事記』の「応神天皇紀」を読むと、百済の和邇吉師《わにきし》が、『論語』と『千字文《せんじもん》』とを、わが国にもたらしたという。

『論語《ろんご》』『千字文《せんじもん》』『文選《もんぜん》』『孝経《こうきょう》』などという書名の読み方は、いわゆる「呉音」にもとづいている。

唐の時代の音にもとづく「漢音」による読み方は「ロンギョ」「センシブン」「ブンセン」「コウケイ」である。

律令時代の大学寮で、『論語《ろんご》』『文選《もんぜん》』『孝経《こうきょう》』などの中国文献の読書には、「漢音」が用いられ、後世にいたるまでの伝統となった。

ところが、肝心の、儒学の中心的な書物、『論語』『孝経』の書名は、「呉音」で読む習慣なのである。

私たちは、『論語《ろんご》』『千字文《せんじもん》』という言い方になれてしまっているので、なんら疑問をいだかない。

しかし、これは、考えてみれば、きわめて奇妙なことである。もし、律令時代に、『論語』の書名の読み方が定められたならば、かならず、「ロンギョ」と漢音読みされたはずである。なぜ、『論語』や『千字文』という書名は、いわゆる「呉音」で読まれるのであろうか。

東京大学の教授であった国語学者の、築島裕《つきしまひろし》は、『論語』『文選』などの書名が、「呉音」で読まれる理由について、つぎのようにのべる。

「漢籍・国書類は、本文は一般に漢音でよむことが伝統となったが、その書名のよみ方には『論語《ろんご》』『文《もん》選《ぜん》』のように呉音が用いられている。これはおそらく古くからの伝統が保持されているためであろう。」

（吉川弘文館刊『国史大辞典5』「呉音」の項）

『論語《ろんご》』『千字文《せんじもん》』などの書名が、呉音で読まれている問題については、拙論「『論語』『千字文』という書名は、なぜ、『呉音』で読むのか？」（『季刊邪馬台国』82号［二〇〇四年一月、梓書院刊］）を参照していただきたい。

百済を通じてはいってきたとされている仏教、律令などの用語や、文献の題名などに、「呉音」が多い。

ここに、「呉音」の正体を解く鍵がある。

この本では、おもに、このうちの(A)の、古代日本の八つの母音問題にとりくむ。

解かれるべき条件は、ととのってきている

古代八母音問題については、問題が、解かれるべき条件が、ととのってきていると、私は思う。すなわち、状況が、つぎのようになってきている。

(1)　どの分野でも、厖大な、正確なデータや情報が、容易に入手できる時代になってきている。たとえば、考古学の分野でも、正確な発掘、精密な記録が行なわれ、その量は、厖大なものとなっている。

ただ、京都大学の教授であった大考古学者、梅原末治《うめはらすえじ》にはじまる精密な発掘、正確な記録の集積だけでは、過去や歴史を復元しえない。それらとは別に、正確な推論を行なうための方法と技術とが必要である。

精密な発掘、正確な記録は、出発点である。しかし、それらが過度に目的化すると、過去や歴史の復元がお留守になってしまう。

「梅原末治論」（角田文衞《つのだぶんえい》編『考古学京都学派』［雄山閣出版、一九九七年刊］所収）を執筆した穴沢咊光《あなざわわこう》氏は

記している。

「現在まで、日本考古学主流のやってきたことは、さながら梅原的研究戦略の踏襲であり、これに無反省であれば、ついには晩年の梅原のように八幡《やわた》の藪《やぶ》知らずのようなデータの森の中で迷子になるだけであろう。」

(2) 正確な推論を行なうための汎用的な方法、技術として、統計学が進歩してきた。いまや、統計学は、どの科学、学問分野でも用いることのできる汎用的な基礎的言語となってきている。

統計学的方法は、第二次大戦後、増山元三郎の『推計学の話』(一九四九年刊)、北川敏男の『統計学の認識』(一九五〇年刊)などにより、いわゆるフィッシャー流の推測統計学(推計学)が、日本に紹介された。推測統計学(推計学)は確率論を基礎とする。

増山元三郎は、のべている。

「検定のない調査は、随筆と大差はない。」と。

検定を行なうということは、ある仮説を採択するか否かについて、確率を算定するということである。確率論によって、ある仮説を採択すべきか否かの、客観的基準が提供されている。

現在では、厖大なデータの蓄積にともない、パソコンなどから得られるビッグデータの処理の諸技術が発展してきている。

藤堂明保編『学研 漢和大字典』の出現

古代八母音の音価推定問題も、さまざまな材料が、容易に処理できる形で、提供されるようになってきた。

まず、一九八〇年に、東京大学の中国語学者、藤堂明保《とうどうあきやす》(一九一五〜一九八五)編の『学研 漢和大字典』

（学習研究社刊）が刊行された。

その意味は大きい。

『学研　漢和大字典』では、そこにのせられているすべての漢字について、中国での上古音（周・秦・漢代の音）、中古音（隋・唐代の音）、中世音（宋・元・明代の音）、現代音（北京語の音）が、音声（発音）記号で示されている（現代音については、ローマ字綴りも示されている）。

『古事記』が成立したのは、七一二年のことである。

『日本書紀』が成立したのは、七二〇年のことである。

いずれも、中国の唐の時代（六一八～九〇七）に属する。

三省堂から、『時代別国語大辞典　上代編』（一九六七年）という辞書がでている。

この辞書で、「上代」というのは、七世紀初頭から、八世紀末にいたる日本語である。おもに、奈良時代をさす。

この辞書の巻末近くに、「主要万葉仮名一覧表」がのっている。

いま、たとえば、この「主要万葉仮名一覧表」で、「甲類のコ」と「乙類のコ」を表記する漢字として示されているものについて、藤堂明保編の『学研　漢和大字典』によって、「隋・唐時代の中国音（中古音）」をしらべれば、**表1**のようになる。

表1をみれば、「甲類のコ」と「乙類のコ」とで、万葉仮名として用いられた漢字の中国音が、あきらかに異なっている。つまり、**「甲類のコ」と「乙類のコ」との違いは、発音の違いを示すとみられる。**

「甲類のコ」では、「ɪ」の音のはいっているものは、一つもない。これに対し、「乙類のコ」では、「ɪ」の音が、すべてはいっている。きわめて規則的であることが、一目瞭然である。

表1　「甲類のコ」と「乙類のコ」との中古音（隋・唐代の音）の比較

「甲類のコ」の字		「乙類のコ」の字	
万葉仮名	中古音（隋・唐音）	万葉仮名	中古音（隋・唐音）
古	ko	居	kɪo
故	ko	挙	kɪo
姑	ko	莒	kɪo
孤	ko	拠	kɪo
固	ko	去	kʻɪo
顧	ko	巨	gɪo
庫	kʻo	渠	gɪo
枯	kʻo	許	hɪo
祜	ɦo	虚	hɪo
高	kau	己	kɪei
		忌	gɪei
		興	hɪəŋ

したがって、この「ɪ」という発音記号であらわされている音を、深く探究すれば、「乙類のコ」が、どんな音かがあきらかになる。

もし、「ɪ」の音が「キョ kyo」などにみられる「y」のような半母音（母音に近いが、母音にくらべて子音的性質をもつもの）であれば、「乙類のコ」は、現代の「拗音《ようおん》」（キャ、キュ、キョ）の「キョ」に近いものということになる。

すでにのべたように、日本の漢字音で、唐の時代の長安（今の西安）地方で用いられた標準的な発音を写したものを、「漢音」という。「漢音」の「漢」は、「漢字」「漢文」などの「漢」と同じく、「中国の」という意味であって、「漢の時代の」という意味ではない。「漢音」は、「唐の時代の音」である。

『古事記』『日本書紀』が編纂されたのは、唐の時代であるから、「漢音」も、参考となる。

表1に示した漢字について、「漢音」をしらべてみると、**表2**のようになる。

表2をみれば、「乙類のコ」が、「キョ」という拗音と親近性をもった音であることがうかがわれる。

「拗音的なもの」としたほうが、理解しやすい

これまで、「上代特殊仮名づかい」を理解するのに、「乙類のキ、ケ、コ」などを、「拗音」的なものとして理解するのを、どちらかといえば、避ける傾向があった。

しかし、**表2**にみえる「乙類のコ」の「漢音」の示す傾向は、あきらかに、「拗音」といえる。また、**表1**も、「-I」を半母音、「o」を（主）母音とみなせば、「拗音」的なものといえる。

表2　「甲類のコ」と「乙類のコ」の表記に、万葉仮名として用いられた漢字の「漢音（唐代長安音にもとづく音）」

「甲類のコ」の字		「乙類のコ」の字	
万葉仮名	漢音	万葉仮名	漢音
古	コ	居	キョ
故	コ	挙	キョ
姑	コ	莒	キョ
孤	コ	拠	キョ
固	コ	去	キョ
顧	コ	巨	キョ
庫	コ	渠	キョ
枯	コ	許	キョ
祜	コ	虚	キョ
高	コウ	己	キ
		忌	キ
		興	キョウ

日本語には、古くから、拗音的なものがあった。

東京大学や中央大学の教授であった国語学者の築島裕《つきしまひろし》は、のべている。

「所謂《いわゆる》ワ行合拗音のクヮ・クヰ・クヱなどの字音は、古くカ・キ・ケと区別されていて、その中のクヮ・カの区別は近世まで存したが、クヰとキ、クヱとケとの区別は、南北朝時代頃まで存在した。」（築島裕「律令の古訓点について」『律令』日本思想大系、岩波書店、一九九〇年刊）

この文で、「合拗音」とあるのは、「クヮ kwa」「クヱ kwe」など、子音と母音とのあいだに半母音の「w」がはいるようなものをさす。口をあまり開かずに、合わせるようにして発音するので、「合拗音」という。これに対して、「キャ kya」「キュ kyu」「キョ kyo」などの、半母音として「y」がは

いるようなものは、「開拗音」という。

『日本書紀』の「推古天皇紀」の十四年の条に、聖徳太子が、「法華経《ほふくゑきやう》」を講じたという記事がみえる。

この「華《くゑ》」は、「合拗音」であるし、「経《きやう》」は「開拗音」である。

このように、漢字音を、拗音として表記する例がみられる。

「上代特殊仮名づかい」を説明するのに、「二重母音」によって説明する説がすくなくない。しかし、私は、あまり賛成ではない。

中国語では、一音節の二重母音や、一音節の三重母音がある。

たとえば、「寛《くわん》（kuan）」は、二重母音で一音節である。「快《くあい》（kuai）」は、三重母音で、一音節である。一つの音節のなかで、なめらかに、一つの母音から、つぎの母音にうつる。

ただ、日本語と中国語では、音韻構造が、かなり異なる。

日本語では、一つ一つの母音が、独立していて、はっきりしている。日本語では、二重母音なら原則として二音節である。三重母音なら、三音節である。

『日本書紀』にでてくる歌の最初のものは、素戔《すさ》の嗚《お》の尊《みこと》の、つぎの歌である。

「や雲立《くもた》つ　出雲八重垣《いづもやへがき》　妻籠《つまご》めに　八重垣作《やへがきつく》る　その八重垣《やへがき》ゑ」

この歌の、「妻籠《つまご》めに」のところは、『日本書紀』では、万葉仮名で、「兎磨語味爾《つまごみに》」と記されている。この「語《ご》」は「乙類のゴ」で、その中古音は、「ŋɪo」である。そして、この「語」は、一音節である。なぜなら、この歌は、「五七五七七」の定型歌であるからである。もし、「語」が、二重母音で二音節ならば、「五七六七七」になって、定型がくずれてしまう。

つまり、「語」は、二重母音とみるよりも、一種の拗音とみて、一音節とみたほうが、日本語の体系のなかではおさまりやすい。

この本の要約

ここで、全体の見とおしをよくするために、私の得た結論を、あらかじめ、さきに示しておこう。

この本では、以下、この結論が得られる根拠を、くわしく述べようと思う。

［全体のまとめ］（安本の「拗音説《ようおんせつ》」）

（1）「カ行」（カ、キ、ク、ケ、コ、……）が、全体の基本形を示している。他の行の母音は、「カ行」の母音の、条件による変異形とみることができる。変異がおきる条件は、おもに、頭子音の性質による。

（2）和歌において、五・七・五……などのリズムにおさまっているから、奈良時代の乙類の母音は、一音節（このばあいの「音節」は、正確には、「モーラ」または「拍《はく》」という）性をもつとみるべきである。語源的に、二重母音が縮約した形のものがあるにしても。

（3）記憶のための形としては、「カ、キ、ク、ケ、コ、クィ、カィ、キョ」がよい。乙類の母音をもつ「クィ、カィ、キョ」の部分は、現代東京方言の拗音部《ようおんぶ》の「キャ、キュ、キョ」に、性質が近い。一応、拗音とみると、理解しやすい。頭子音のあとに、半母音的なものをともない、一音節をなす。ただ、この拗音的部分の内容は、現代東京方言とかなり異なる。

（4）「クィ」を、「kwi」と表記することにする。これは「クィック」「クィーン」などにみられる「クィ」にあたる音である。これが、「乙類のキ」である。

（5）「カィ」は、「kai」と表記することにする。これは、「乙類のケ」である。「カイ

kai」という音の、二重母音「ai」の部分の「a」音が、半母音化したものである。口をより開いた「エ」を「ε」であらわせば、「$k^{a}i$」の音は、「kε」であらわせる。また、漢字音を、発音記号であらわしたばあい、「kəi」の形になっていることが多い。

(6)「乙類のコ」は、記憶のためには、「キョ」で一応よいが、正確には、「kɪo」であらわされる。これは、「キョ kyo」と「クォ kwo」との中間音である。「キョ kyo」は、「京都《きょうと》」などの「キョ」である。「クォ kwo」は、「クォーター」「クォーク」などの「クォ」である。私は、「乙類のコ」を、必要に応じて、「$k^{w}_{y}o$」の形であらわす。当時は、「キョ kyo」も、「クォ kwo」も「乙類のコ」に聞きなされたとみられる。

(7)「乙類のイ、エ、オ」を統一的に理解するためには、中国語学などの「二重母音」の概念を適用した考え方よりも、日本語学の「拗音《ようおん》」の範囲を、すこし広げた考え方のほうが、無理がすくなく、わかりやすいとみられる。

以上の結論を、つぎの見開き二ページにまとめておく。

この二ページの内容がわかれば、古代の八母音（上代特殊仮名づかい）の大要がつかめると思う。

結論

この見開き二ページで、古代八母音（上代特殊仮名づかい）がわかる。

現代音

カ、キ、ク、ケ、コ、

キャ、キュ、キョ

古代（『日本書紀』時代）の日本語の「カ行音」は、つぎの八つが、基本である。

⇐ 拗音部《ようおんぶ》 ⇒

［半母音的なものをもつ］

現代と古代とで、拗音部にあたる部分の内容が異なる。

上代音

カ、キ、ク、ケ、コ、

クィ、カィ、キョ（クォ）

↱記憶のための呼び方

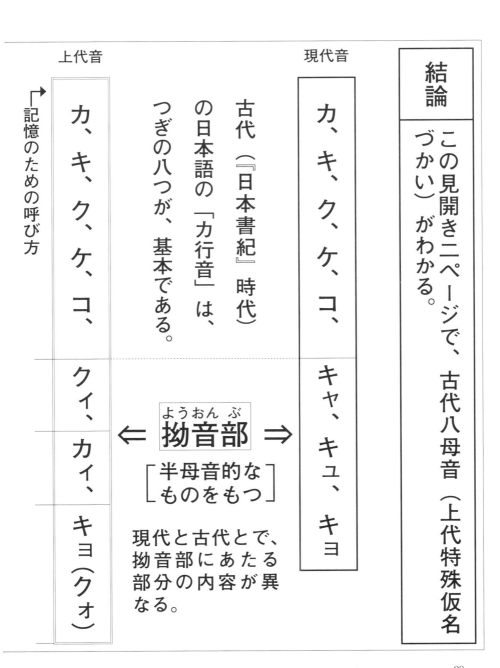

・〇ア　〇イ　〇ウ　〇エ　〇オ は、現代東京方言の「ア」「イ」「ウ」「エ」「オ」。
・「ĕ」は、短く、「イ（i）」に近い「エ」。
・「ɯ」は、東京方言の「ウ」

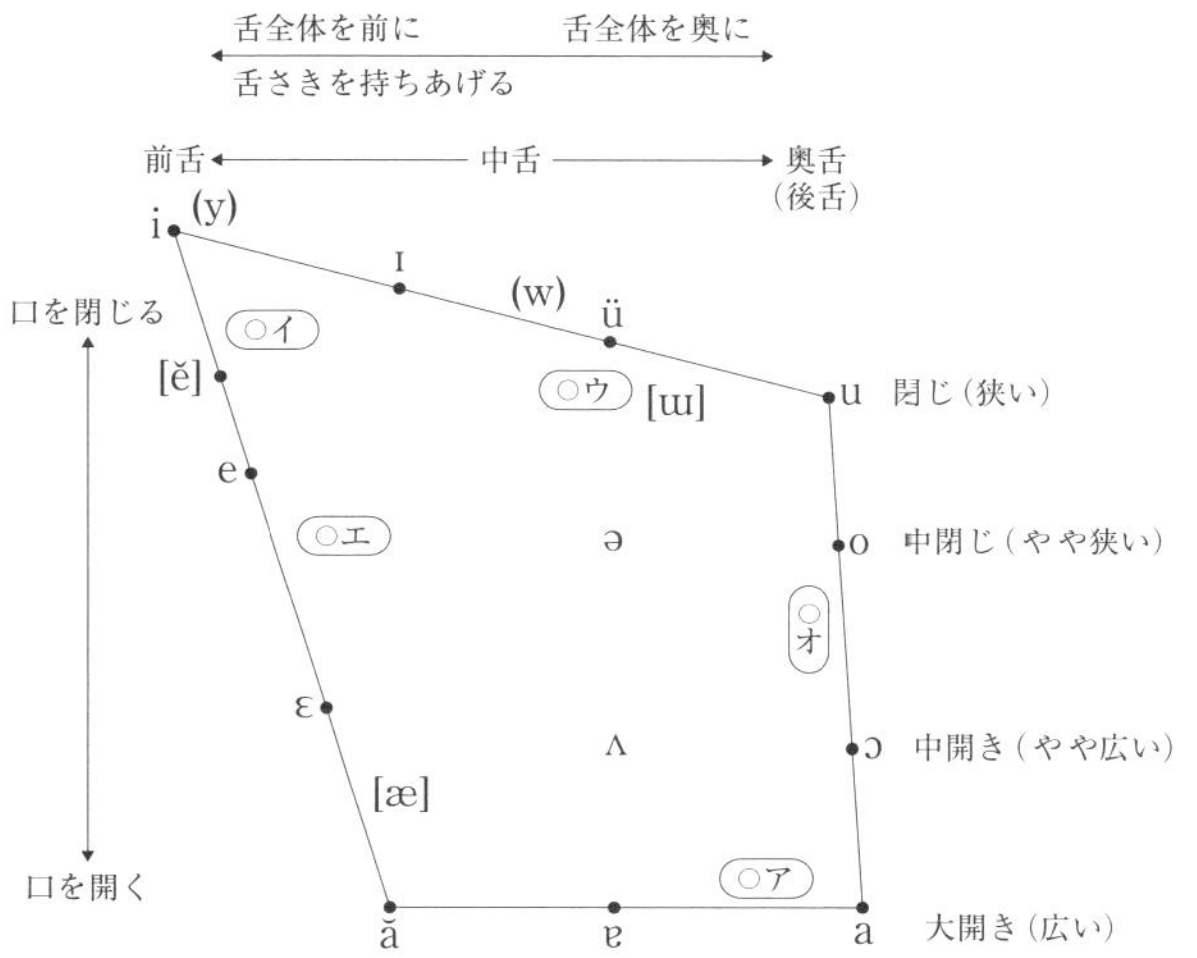

図1　母音図

漢音（『日本書紀』の時代よりも、すこし後の時代の音にもとづく。）	語源的な音	ふつうの発音表記	説明	安本の発音表記	
（キ）	kui（2重母音の可能性が大きい。）	kwi	クィック、クィーンなどの「クィ」。	kwi	乙類のキ
カイ	kai（2重母音の可能性が大きい。）	kɛ	口を開いた「ケ」。「kɛ」と同じとみてよい。	$k^{a}i$	乙類のケ
キョ	kɪo（2重母音ではない。）	kɪo	「クォ kwo」と「キョ kyo」との中間音。「クォ kwo は、「クォーク」「クォーター」などの「クォ」。「kyo」の音も、「kwo」の音も、「乙類のコ」の範疇にはいったとみられる。	$k^{w}_{y}o$	乙類のコ

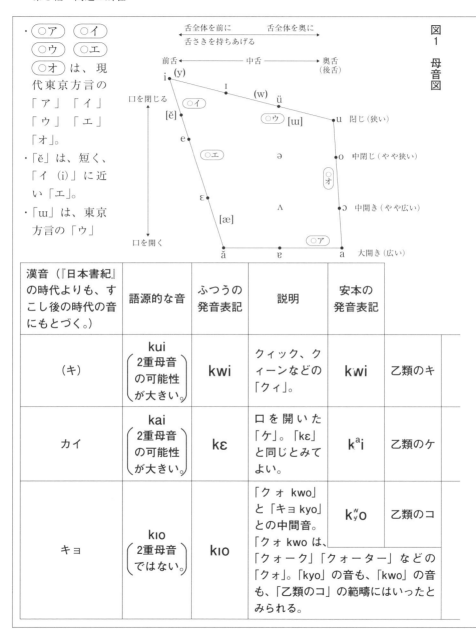

3　議論は、なぜ、複雑化したか

発音記号であらわすことが必要

以上までに述べたところをみると、問題を解くのは、それほどむずかしくはなさそうにみえる。

しかし、それは中国の各時代の漢字の音を、「発音記号」で記した藤堂明保編の『学研　漢和大字典』が、存在するからである。

従来は、つぎのような理由のため、問題の解決は、かなりややこしいことになっていた。

(1)　古代の漢字の音を、「発音記号」で記した体系的な辞書がなかった。そのため、『広韻』などの、中国の発音辞典にもとづく研究が行なわれた。ところが、『広韻』などの種の発音辞典は、もともと、詩をつくるさいに、韻を踏む（押韻《おういん》の）必要から、編纂された。

そのため、漢字は、韻母（一つの漢字音のうち頭子音を除いた母音を含む部分）などによって分類されている。

たとえば、「乙類のコ」をあらわす万葉仮名として用いられる漢字の「居」の字は、「魚韻」の字とされている。つまり、「居」と「魚」とは、頭子音を除いた部分の音（韻母）が同じ、というわけである。

しかし、これでは、Aの漢字の韻母と、Bの漢字の韻母とが、同じであることがわかるだけである。AやBの漢字の発音そのものが、発音記号で示されるような形で、わかるわけではない。

また、「毛」という万葉仮名と、「母」という万葉仮名との音の違いを記すのに、「毛は、第二十五転開、豪韻一等平声、母は、第三十七転開、厚韻一等上声となっている。」などのように説明されても、「毛」

と「母」とで、音が違うらしいということはわかっても、具体的にどう違うかがわからない。

(2) たとえば、今日、『広韻』と呼ばれる発音辞典は、正式の名称を、『大宋重修広韻』といわれるものである。北宋代の一〇〇八年に撰定された。そして、清代にいたって刊行されている。『広韻』は、隋代の六〇一年に編纂された『切韻』系の諸本の集大成的な発音辞典（韻書）である。原本の『切韻』そのものは、今日、見ることができない。『広韻』は、隋・唐代の中古漢語を研究するための貴重な資料である。しかし、後代に撰定刊行されたため、古来の姿を保っていない部分を含む。なお、『切韻』は、根拠地や都が鄴《ぎょう》から洛陽にかけて存在した魏の時代から、六朝《りくちょう》時代の末の、標準的な読書人の音の体系を示したものである。南朝江南の読書人の音も、王朝が北から南へ移っているので、北とほぼ同質であったと考えられる。したがって、わが国の「漢音」と「呉音」との違いは、中国の北方音と南方音との違いのみには、帰せられないようにみえる。おそらく「呉音」は、おもに、「上古音」系統の音を中核とし、それに南中国方言の訛《なま》りがまじり、さらに、百済でそれをうけいれたさいの訛りがはいり、さらにそれを日本でうけいれたさいの訛りがはいるという複雑な事情のもとに成立したものであろう。「漢音」は、それにくらべて、やや新しい時代の北中国の中古音にもとづくものとみられる。

(3) 中国の発音辞典（韻書）によるとき、中国語の複雑な音韻組織を詳細、正確には、とらえることがむずかしい。「戈kua」のように、「つなぎの音（介音《かいおん》）」の「u」を含むものを、「合口呼《ごうこうこ》」といい、「羊yiaŋ」のように、「介音·i」を含むものを「斉歯呼《せいしこ》」という。このような語を用いて説明されても、ふつうの人は、頭が混乱するばかりである。

発音記号を用いたほうが、はるかに統一的にわかりやすく説明できる。

(4) 中国の漢字の音は、時代や場所によって変化する。たとえば、「魚韻」に属するもろもろの漢字の音が、時代とともに、いっせいに同じように変化していくわけではない。したがって、たとえば、「魚」の字を、そのグループのもろもろの漢字の代表字とするとき、もともとは、「魚韻」のグループに属していた漢字でも、時代により、「魚」の字の韻母からずれる音をもつ漢字が生ずる。このような差異も、「発音記号」を用いれば、明瞭に説明できる。しかし、「発音記号」なしで説明しようとすると、かなりやっかいなこととなる。

以上を要するに、わが国の上代の音を探求しようとするとき、従来は、道具が、よくそろっていなかったということである。

反切《はんせつ》の法

中国では、漢字の音を説明するのに、「反」とか「切」とかの、「反切《はんせつ》」がよく用いられる。

これは、ある一つの漢字の音を説明するのに、別の二つの漢字をもってきて説明する方法である。

たとえば、「東」という漢字の音を説明するのに、「徳紅（の）切」とか、「徳紅（の）反」とかのような言い方をする。

「徳紅切」とは、「東（藤堂明保の『大字典』によるとき、中古音［隋・唐音］は、tuŋ）」の字の発音は、「徳 tək」という字の頭の子音（t）と、「紅 ɦug」という字の頭の子音をのぞいた部分（uŋ）との組みあわせですよ、という意味である。

つまり、ある一つの漢字の音を、他の二つの漢字の頭の音と、胴体以下の部分の音とを組みあわせることによって説明するのである。

ただ、この説明方法は、あくまで、中国語内部での、音の説明方法である。

日本語には、中国語に存在しない音の区別がある。それは、「反切法」によったのではうまく記述できない。

たとえば、英語では「l《エル》」の音と「r《アール》」の音の区別がある。これは、日本語にはない音の区別である。その区別は、日本語内部での音の表記法である「カタカナ」「ひらがな」を用いるだけでは、うまく表記できない。それに似ている。

ある文字の音を、正確に記述するには、「発音記号」を用いる必要がある。

「発音記号」による漢字の音の説明は、藤堂明保の『学研 漢和大字典』の出現によって、簡便に行なえるようになった。

統計的方法を用いることのメリット

つぎに、統計的な方法を用いることのメリットをのべておこう。

『日本書紀』は、七二〇年に編纂された。それ以来、およそ、千三百年間にわたり、筆写を重ねて現代に伝わったものである。当然、筆写の過程で、写しまちがいが起きる。誤写である。

例をあげよう。

国語学者の大野晋著『上代仮名遣《じょうだいかなづかい》の研究』（岩波書店、一九五三年刊）は、この分野の研究の基本文献とされる。この私の本でも、基本文献として利用した。

専門の国語学者が執筆し、かつ、信用度の高い本を多数出版している岩波書店から刊行されている。

日本古代の音韻を詳細に検討された中国語学者の森博達氏も、その著『古代の音韻と日本書紀の成立』（大修館書店、一九九一年刊）において、この大野晋の『上代仮名遣の研究』のなかにおさめられている「日本書紀歌謡及び訓注語彙総索引」に示されている「本文編」を、研究作業のための原本として用いておられる。

ただ、「誤写」という観点からみるとき、ここに何重もの問題が生じている。

まず、歴史上の写本の過程での誤写ではなく、大野晋じしんの誤写とみられるものがある。

これについては、森博達氏が、『古代の音韻と日本書紀の成立』のなかで、きわめて綿密に調査、検討しておられる。

たとえば、大野晋は、『日本書紀』の74番目の歌において、「シ」を表記する万葉仮名「絁」の字を、「絕」の字に誤っている。

森博達氏は、このような箇処を改めたうえで、研究に進まれる。

それで問題は、ないであろうか。

じつは、まだまだ問題が残るのである。

大野晋の示した「本文編」は、寛文九年（一六六九）年刊の『日本書紀』を底本とし、諸本により校合したものである。その校合に用いた古写本名も記されている。

誤写または誤記の可能性をうたがわせる比較的大きな事例をあげよう。

大野晋のさきの「本文編」では、「タ」を表記する万葉仮名の「陀」とみられるものの、三十九例の使用例が、ことごとく系統的に「陁」の字になっている。この文字を説明しているところでも、みな「陁」の字になっている。

たとえば、『日本書紀』の「雄略天皇紀」の75番の歌謡のなかにみえる「立たし（お立ちになる）」という語の表記が、大野晋のさきの本では、「陁陁伺《たたし》」となっている。

ところが、これは、岩波書店刊の「日本古典文学大系」の『日本書紀』でも、小学館刊の「日本古典文学全集」の『日本書紀』でも、「陀陀伺《たたし》」となっている。字形が違う。

そして、岩波書店刊の『日本書紀』は、「卜部兼方《うらべかねかた》本日本書紀」と「卜部兼右《うらべかねみぎ》本日本書紀」を底本とするものであるが、校注者に、大野晋が加わっているのである。

小学館刊の『日本書紀』のほうの原文は、さきの大野晋の「本文編」と同じく、寛文九年（一六六九）刊の『日本書紀』である。

この場合、字形としては、「陀」と「陁」の、どちらがよいのであろうか。

寛文九年刊の『日本書紀』は、『国書総目録』（岩波書店刊）で検索すれば、国会図書館にはいっていることになっている。しかし、インターネットで検索すれば、その全文を、比較的容易に、画面上で見ることができる。便利な世の中である。

画面で見ると、「立たし」の部分などは、**写真2**のように、明らかに、「陀陀伺」となっている。「雄略天皇紀」の75番の歌謡では、「陀」の字が、十一回でてくる。そのことごとくが、大野晋の本文編では、「陁」になっているのである。

大野晋は、「寛文九年刊本」を底本とし、「諸本により校合した」とのべている。では、その校合のさいに、他の本により、「陀」を「陁」にあらためたものであろうか。

しかし、大野晋の「本文編」には、頭注の形で、校合のプロセスが記されている。文字を改めたさいには、他のどのテキストによって改めたのかが記されている。ところが、さきの「陁陁

写真2　寛文9年（1669）刊本の『日本書紀』の「陀陀伺（立たし）」

伺（陀陀伺）」については、なんらの頭注も記されていない。いや、十一回でてくる「陁」の字について、すべて頭注は記されていない。大野晋の『上代假名遣の研究』の「本文編」にみえる「陁」の字形については、結局、出所不明なのである。単なる誤写にしては、数が多すぎる。理解に苦しむ。

さらに厄介《やっかい》なことがある。

藤堂明保の『学研　漢和大字典』で「陁」の字を引くと、「呉音」「漢音」は、ともに「イ」とあり、「移」と同音とある。さらに、「移」を引くと、「呉音」「漢音」は、ともに「イ」とあり、中古音は、「yiě」となっている。つまり、「タ」と結びつく音が、みあたらないのである。

しかし、これは、どうも『学研　漢和大字典』のほうの疎漏《そろう》であるらしい。（辞書類といえども、人間のまとめたもの。完璧とはいえない。）

諸橋轍次の『大漢和辞典』（大修館書店刊）で、「陁」の字を引くと、つぎの三つの読みがのっている。

(1)　タ、ダ
(2)　チ、ヂ
(3)　イ

つまり、「タ」につながる読みが、のっているのである。意味は「ななめ」とある。

そして、『大漢和辞典』には、『集韻』を引いて、「或作㆑阤」とある。ここで、「阤」という「陀」とも「陁」とも異なる字がでてくる。また、首をかしげる。さらに「阤」を引くと、「陀」に同じ、とも記されている。

また、中国で出ている『漢語大詞典』（漢語大詞典出版社刊）で「陁」を引くと、つぎの三つの音がのっている。

(1) toú　(2) zhì　(3) yǐ

そして、「toú」の発音のものに、「一作陀（あるいは、陀に作る）」と記されている。

結果的に、「陁」は「陀」と同じとみてよいようである。しかし、字形は異なる。大野晋は、『上代假名遣の研究』の「本文編」でなぜ、「陀」を「陁」にしたのであろう。

あとで、『古事記』での例もあげるが、写本に、誤写などは、つきものであるようにみえる。誤写の事例を追って行くと、はてしない迷路にふみこむことになる。

統計的な処理などをして、全体的な傾向をみる必要があるようである。

4　八母音探求のさまざまな手がかり

乙類の「メ」「ヘ」「ベ」「ケ」「ゲ」の音価

わが国の上代の音を探求しようとするとき、中国関係の資料以外にも、手がかりは、いろいろある。

まず、以下にのべるような、いくつかの通則（ルール）がみとめられる。

上代における乙類の母音は、どのような音であったのかを考える。専門用語を用いれば、「乙類の母音の音価（phonetic value）」は、どのようなものであったか。

まず、乙類の「メ」「ヘ」「ベ」「ケ」「ゲ」の音価についてのべる。

「乙類のメ」をとりあげる。

諸文献に用いられている「乙類のメ」を観察した結果から、つぎの三つの通則（ルール）がみちびきだされる。

通則1　「天」は、「あま」と読むこともあり、「あめ」と読むこともある。「目」は、「ま」と読むこともあり、「め」と読むこともある。「爪」は、「つま」と読むこともあり、「つめ」と読むこともある。このように、同じ意味内容の単語に、「ま」も用いられ、「め」も用いられるようなことがあるばあい、その「め」は、原則的に「乙類のメ」である。

通則2　「天《あま》」「目《ま》」「爪《つま》」などは、より古い時代の単語とみられ、原則的に、熟語的表現のなかで用いられる。単独で用いられるばあいは、「天《あめ》」「目《め》」「爪《つめ》」となる。「一寸の虫にも、五分の魂」「一寸さきは闇」などの熟語的表現のなかでは「一寸」「五分」などの古い尺貫法による表現が遺存する。熟語などでは、古い表現が残りやすい。

「まなこ（目の子、の意味）」「まなじり（目の後《しり》、の意味）」「まつげ（目《ま》つ毛、の意味）」「まぶた（目蓋《まふた》、の意味）」などの熟語のなかでは、「目」は、「ま」である。

「守《まも》る」は、もともと、「目守《まも》る」で、じっと目を離さずにいる意味であった。「まのあたり」「まみ（目もと）」「まなかひ（目と目のあいだ）」「まかつ（目《ま》勝つ。気遅れせずにらみつける）」「まぐはし（見て美しくおもう）」「まぐはひ（目合。性交）」「まなしかたま（無目籠。すきまのない竹籠）」など、熟語のなかで用いられている「目《ま》」は多い。広島県あたりで、「まゆげ」のことを、「まひげ」というが、あるいは、語源を伝えているのかもしれない。

「天」も、「あまくだる（天降る）」「たか（あ）まのはら（高天の原）」「あまぐも（天雲）」「あまつかみ（天つ神）」「あまざかる（天からはなれる。都からはなれる）」「あまてらすおほみかみ（天照大御神）」など、熟語的表現のなかでは、「天《あま》」となる。

「爪《つめ》」の「メ」も、乙類である。そして、「爪先《つまさき》」「つまだつ（佇つ、爪立つ）」「つまづく（爪突く）」「爪《つま》びく（爪引く）」「爪《つま》はじき」「爪櫛《つまぐし》」「爪木《つまぎ》（爪で折れる小枝）」など、熟語的表現のなかでは、「爪《つま》」となる。

通則3　『日本書紀』のなかには、中国からきた人たちが編集したとみられる巻々がある。これについてはあとでくわしく紹介する。その中国人が編集したとみられる巻々のなかの、「歌謡」を表記した万葉がなにおいては、つぎのような規則性がみとめられる。

「『乙類のメ』を表記するための万葉仮名として用いられている漢字の『漢音』は、『梅』『毎』など、『バイ（マイ）』系統の音である。『甲類のメ』を表記するための万葉仮名として用いられている漢字の『漢音』は『謎』のような、「ベイ（メイ）」系統の音である。」

なお、中国語のばあい、「マイ」のなかの「アの音とイの音」、「メイ」のなかの「エの音とイの音」は、二重母音ではあるが一音節のもので、はじめの「ア」や「エ」の音を強く、明瞭に発音し、「イ」の音を弱くやや短めに発音するものである。

これは、当時の日本人のよむ歌を、当時の中国人がきき、当時の中国の漢字のうち、中国北方の唐の長安音で、もっとも近い音をもつ漢字を、できるだけ正確にあてはめたものとみられる。

『日本書紀』のなかの、中国からきた人たちが編集したとみられる巻々のなかの「歌謡」を表記した万葉がなは、諸文献のうち、もっとも純粋な形で、当時の日本語の音を、示し伝えているとみられる。当時の、地名表記のためなどに用いられていた慣用的で、不正確な万葉がなは、ここでは用いられていない。雑音的な情報がほとんどなく、規則性を見出しやすい。

以上の三つの通則から、「乙類のメ」は、古く「マ」の音にさかのぼることができ、「マイ」と親近性をもつ音であったとみられる。

同様の事実は、「乙類のケ」のばあいにも成立する。

つぎのとおりである。

通則1 「酒《さけ》」は「さか」と読むこともあり、「さけ」と読むこともある。「日」は、「か」と読むこともあり、「け」と読むこともある。（「日」を「け」と読む例は、「日《け》ながし〔日数が重なって長くなる〕」、「日《け》ならぶ〔日数を重ねる〕」など。）これらの「け」は、いずれも、「乙類のケ」である。

通則2 熟語的表現のなかでは、「酒盛《さかも》り」「酒樽《さかだる》」「酒殿《さかどの》」「酒杯《さかづき》」「酒家《さかや》」「酒壺《さかつぼ》」「酒《さか》ほがい」、「二日《ふつか》」「三日《みっか》」のように、「酒《さか》」、「日《か》」となる。なお、「暦《こよみ》」は、「日読《かよ》み」の変化したものとみられる。

通則3 『日本書紀』のなかの、中国からきた人たちが編集したとみられる巻々のなかの「歌謡」を表記した万葉がなにおいては、つぎのような規則性がみとめられる。

「『乙類のケ』を表記するための万葉がなとして用いられている漢字の『漢音』は、『該』『開』『凱』『愷』など、すべて、『カイ』という音のものである。そればかりでなく『乙類のゲ』を表記する万葉仮名の『漢音』も、『皚』『导』『愷』など、すべて、『ガイ』の音のものである。『甲類のケ』を表記するための万葉仮名として用いられている漢字の『漢音』は、『稽』『鶏』『啓』など、すべて、

『ケイ』の音のものである（『甲類のゲ』の使用例はみられない）。

なお、「竹《たけ》」「丈《たけ》」「岳《たけ》」などの「ケ」は、「乙類のケ」である。これらは、いずれも、「高《たか》」と関係があるとみられる。

以上の三つの通則から、「乙類のケ」は、古く「カ」の音にさかのぼることができ、「カイ」と親近性をもつ音であったとみられる。

なぜ、ここにみられるような通則が成立するのであろうか。

それは、つぎのような理由によるとみられる。

たとえば、「目」にあたる日本語は、古くは「まma」であった。

そこに、いつのころからか、「·i」の音が付加され「mai」の音になった。

この「mai」の音が、乙類の「メ」の原形である。

奈良時代の「乙類のメ」の音価は、本来は、「mai」という二重母音に近いとみられる。

ただ、二つまたはそれ以上の母音が連続して、一つの音節をつくるばあい、一つが核になるので、他は、子音的な機能をはたすことになる。奈良時代には、「mai（マイ）」の「a」音が、半母音化し、子音的な性質をもち、曖昧母音の「ə」音にやや近くなっていたとみられる。つまり、「məi」で、「マイ」と「メ」の中間音になっていたとみられる。「a音」が、うしろの「·i音」にひかれて、ウムラウト化し（前舌化し、舌をまえにもっていく）、「·i音」「e音」にやや近づいたともいえる。13ページで紹介したように、橋本進吉は、エ列乙類の音を、「əi」または「əe」と推定している。ほぼ妥当とみられる。

現代日本語でも、「あまい（甘い）」を、「あめえ」のように発音する方言がある。このばあい、「amai」に近い音になっている。

これは、口をひらいた「エ（ε）」にやや近くなっていたともいえる。朝鮮語でも、ドイツ語でも、フランス語でも、古くは「ai」の音であったものが、現代では、口をひらいた「エ（ε）」の音になっている。

つぎの例をみてみよう。

「阿佐阿米能《あささめの》　疑理瀰多多牟叙《きりにたたむぞ》（朝雨《あささめ》の　霧《きり》に立たむぞ）」（『古事記』）

この例のなかの、「米《め》」は、「乙類のメ」である。もし、「米」が、「マイ」というはっきりした二重母音で、二音節ならば、ここのリズムは、「五・七」でなく、「六・八」になってしまう（「疑《き》」も、「乙類のキ」で、もともとは、「kui」という二重母音から来たものとみられる）。

しかし、ここは、「五・七」のリズムになっているとみられるから、「米」や「疑」は、「マイ」や「クイ」という二音節の二重母音ではなく、一音節とみられていたはずである。

奈良時代でも、「矢泊矩矢慮《ししくしろ》　于魔伊禰矢度儞《うまいねしとに》（鹿《しし》くしろ　熟睡寝《うまいね》し間《と》に）」（鹿の肉のように味のよい熟睡したあいだに）」（『日本書紀』「継体天皇紀」七年条）の、「于魔伊《うまい》」の「マイ」のばあい、二音節の二重母音が、はっきりとわかる形で記されている。

国語学者の大野晋は、『日本語の文法を考える』（岩波書店刊）のなかで、すでに、つぎのようにのべている。

「エ列乙類はどのようにして出現するかを考えてみる。たとえば『歎《なげ》き』という動詞がある。これは『長息《ながいき》』つまり長い息をすることで、これがつまると nagaiki → nagëki という変化を起す。そして『歎き』が成立した。ナゲキのゲはゲの乙類である。また、高市皇子《たけちのみこ》という人がいたが、これは高市《たかいち》→高市《たけち》 takaiti → takëti という変化によって生じた。この二つに共通に ai → ë という変化が見える。するとai

からエ列乙類のëが出てくることが分る。」

「酒《さけ》・竹《たけ》・天《あめ》・菅《すげ》・上《うへ》・毛《け》などという言葉があるが、これはsakë, takë, amë, sugë, uFë, këで、末尾のケ、へ、メはエ列乙類ëの母音を持っている。ところがこれらの言葉は、『酒寿《さかほ》がひ』『竹群《たかむら》』『天雲《あまぐも》』『菅《すが》笠《がさ》』『上辺《うはべ》』『白毛《しらが》』などという複合語をつくる。その場合、独立形ではëだったものが、複合語では、『酒《さか》』『竹《たか》』『天《あま》』『菅《すが》』『上《うは》』『毛《か》』などaという母音で現われている。」

「このようにë—aは深い関係にあり、かつai→ëという変化が考えられることは確実である。」

「乙類のへ」「乙類のメ」も、「乙類のメ」「乙類のケ」と同じ母音をもっていたとみられる。

乙類の「ミ」「ヒ」「ビ」「キ」「ギ」の音価

つぎに、乙類の「ミ」「ヒ」「ビ」「キ」「ギ」の音価についてのべる。

例として、「乙類のミ」をとりあげる。

諸文献などに用いられている「乙類のミ」を観察した結果から、つぎの通則がみちびきだされる。

通則　「神」は、単独で用いられるばあいは、「かみ」と読まれる。しかし、熟語的表現のなかでは、「かむ」と読まれる。たとえば、「神産巣日神《かむむすひのかみ》」「かむがかり」「かむつどひつどふ」「かむながら」「かむなび」「かむなづき」「かむぬし」「かむやらひやらふ」など。また、「身」は、単独で用いられるばあいは、「み」と読まれる。しかし、熟語的表現のなかでは、「むくろ（身プラス幹《から》の意という）」「むざね（身実。本人、実体の意味）」「むかはり（身代り。人質）」「身狭《むさ》（地名）」などのように、「む」と読まれる。

このように、同じ意味内容の単語に、「む」も用いられ、「み」も用いられるようなことがあるばあい、その「み」は、原則的に、乙類の「ミ」である。「神《かむ》」「身《む》」などは、より古い時代の単語とみられる。

このような通則が成立する理由は、つぎのようなものであろう。

たとえば、「身」にあたる日本語は、古くは、「むmu」であった。

そこに、いつのころからか、「i」の音が付加されて、「mui」の音になった。

この「mui」の音が、乙類の「ミ」の原形である。

奈良時代の「乙類のミ」の音価は、基本的には、「mui（ムイ）」という二重母音にそうとう近いとみられる。

しかし、この音が、のちに、東京方言の、ふつうの「ミ」の音に変化することなども考えれば、「u」の音が、弱くなって、やや子音化していたことが考えられる。あるいは、うしろの「i」の音にひかれて前舌化（舌をまえにもって行く）し、「i」音や「e音」に近づき、ウムラウトの「ü」のような音になっていたと考えられる。

『古事記』神話では、さきに『日本書紀』での例で紹介した須佐《すさ》の男《お》の命《みこと》の歌の一節を、つぎのように記している。

「夜久毛多都《やくもたつ》　伊豆毛夜弊賀岐《いづもやへがき》　都麻碁微尓《つまごみに》（八雲立《やくもた》つ出雲八重垣《いづもやへがき》　妻籠《つまご》みに）」

この歌のばあい、「都麻碁微尓《つまごみに》」の「微《み》」は、「乙類のミ」である。

もし、「微」が、「ムイ」というはっきりとした二重母音で、二音節ならば、ここのリズムは、「五・七・五」でなく、「五・七・六」のリズムになってしまう。

しかし、ここは、「五・七・五」のリズムになっているとみられる。したがって、「微」は、「ムイ」のような、はっきりとした二音節の二重母音ではなく、一音節とみられるはずである。

ところが、藤堂明保編の『学研 漢和大字典』で、「微」の字を引いてみると、「微」の当時の音（中古音）は、「mɪuəi」であるとされている。このうち「ɪu」の部分は「ɪ」と「u」の中間音とみて、だいたい、現代の東京方言の「ウ（ɯ）」の音にあたるとみてよいであろう。「ə」は、「ウ」と「イ（i）」の音のあいだをつなぐ曖昧母音と考えれば、「微 mɪu(ə)i」の音は、「ムイ」に近い音とみられ、そうとう二重母音的な傾向を残していることになる。

以上をまとめれば、「乙類のメ」は、そうとう「マイ mai」の音に近い「メ」の音、「乙類のミ」は、そうとう「ムイ mui」の音に近い「ミ」の音ということができよう。

大野晋は、『日本語の文法を考える』のなかで、すでに、つぎのようにのべている。

「次には、イ列乙類 ïについて考えてみる。これは上二段活用の未然形・連用形、たとえば『起き』『生《お》ひ』『尽き』『過ぎ』などに、ökï, öFï, tukï, sugï として現われる母音である。ところがこれらの語には『起き―起こす・起こる』『生《お》ひ（大きく伸びる意）―大《おほ》』『尽き―尽くす』『過ぎ―過ぐす』などという派生の関係がある。また、木（kï）は木立（kötati）、ククノチ（kukunöti、大木の神）とも関係がある。月（tukï）は月夜（tukuyo）とも関係する。これらを見ると、ïはöまたはuと密接な関係を持っていることが分る。これを一覧すると（次ページの）上表のようになる。

また、次のようなことも参考になるかもしれない。アイヌ語の単語の中には日本語をそのまま取り入れたと思われるものがある。たとえば、アイヌ語のメノコ（女）は日本語の『女《め》の子』をそのまま取り入れたに相違ないが、アイヌ語では『神』をkamuiという。日本語のカミは奈良時代にはkamïであった

起き	öki	——ökösu
		ököru
生ひ	öFï	——öFö
尽き	tukï	——tukusu
過ぎ	sugï	——sugusu
木	kï	——kötati
		kukunöti
月	tukï	——tukuyo

し、また複合語ではカムナガラとか、カムカラ（神の格）、カムサビなどkamuの形を持っている。従ってkamïの形はkamuから転じたものと思われるが、kamuからkamïへの転化の途中にkamuiという形を経過したのではないかと考えられる。アイヌ語のkamuiはそのkamuiの形を受け入れたのではないか。また、アイヌ語では農業関係の語に多くの日本語を取り入れているが、『箕《み》』をmuiという。ところが『箕《み》』という言葉は万葉仮名の研究から古代日本語ではミ乙類mïにあたることが分っている。つまり『箕《み》』もまた奈良時代以前にはmuだったので、それがmuiを経てmïへと移ったと考えられるが、アイヌ語はそのmuiの段階で日本語を受け入れたのかもしれない。

かように、イ列乙類ïはöまたはuと密接な関係があることが判明した。また、ui→ïという変化を通ったと推定できる例も見た。それゆえai→ëという変化にならえばïの成立は、öï→ï、ui→ïという二つの道があっただろうと推測することができる。」

乙類の「ヒ」「ビ」「キ」「ギ」も、乙類の「ミ」と同じ母音をもっていたと考えられる。

なぜ、語尾に、「i」がついたか

語源的に、「あま（天、ama）」であった語の末尾に、「i」音がつき、「amai」となり、この「mai」という二重母音から乙類の「メ」が生じた。

語源的に、「かむ（神、kamu）」であった語の末尾に、「i」音がつき、「kamui」となり、この「mui」という二重母音から、乙類の「ミ」が生じた。

では、なぜ、いくつかの語「ama」や「kamu」の末尾に、「-i」音がつくようになったのか。

つぎに、その理由を考えてみよう。

(1)「くぶつつい」(頭椎《くぶつつ》の太刀《たち》のこと)の末尾の「い」は、ふつう、指示強調の助詞とみられている。「い」は体言または体言に準ずる語につき、とくにとりたてて強調する。例をすこしあげてみる。

(a)「母以《ははい》もれども(母が私を守っているけれども)」(『万葉集』三三九三番の歌)

(b)「紀の関守《せきもり》伊《い》とどめてむかも(紀伊の国の関の関守が、私をとどめてしまうだろうか)」(『万葉集』545番)

(c)「君いし無くは(あなたがいなければ)」(「し」は強めの助詞。『万葉集』537番)

これらの用例をみると、名詞のうしろに用いられているが、英語の定冠詞theの用法に、きわめて近い。「ザ・母」「ザ・紀の関守」「ザ・君」といった感じである。

ヨーロッパの言語でも、ルーマニア語では、冠詞は、名詞のうしろにおかれる。「い」は、ルーマニア語の冠詞の用法に近い。このような冠詞は、スウェーデン語、デンマーク語、ノルウェー語など、北方ゲルマン諸語やバルカン半島の諸言語にもあり、「後置定冠詞」とよばれる。

ヨーロッパの諸言語の定冠詞のほとんどすべては、発生的には、指示代名詞から転化したものである。

いまかりに、日本語の「い」を、「準後置定冠詞イ」とよぶことにしよう。

日本語の「準後置定冠詞イ」も、発生的には、「指示代名詞イ」から来たとみられる。「指示代名詞イ」の用例には、つぎのようなものがある。

(a)「伊《い》が作り仕へまつる大殿《おほとの》(お前がお造り申しあげた大殿)」(「伊《い》」は、あいてをいやしめていう二人称代名詞。この「伊《い》」は、「それ」の意味に近いとみられる。『古事記』「神武天皇記」)

(b)「噫《あ》、入鹿《いるか》……儞《い》が身命《いのち》、亦殆《またあやふ》からずや（ああ、入鹿……お前の生命は、あぶないものだぞ。）」（この「儞《い》は、「お前」をさすが、意味は、「儞《い》が身命《いのち》」で、「その命《いのち》」に近い。）（『日本書紀』「皇極天皇紀」二年）

「準後置定冠詞イ」のつぎのような用法も、英語の定冠詞の用法に近い。

(a)「これをたもつ伊《い》は称《ほまれ》をいたし、捨つる伊《い》はそしりを招きつ（これをたもつものは、名誉をえ、捨てるものは、そしりを招いた）」（「これをたもつ」「捨つる」は形容句。英語のばあいも「the poor 貧しい人々」「the young 若い人たち」のように、形容詞のまえに定冠詞theがついて、複数普通名詞となる。）

(b)「青柳の糸の細《くは》しさ春風に乱れぬい間に…（青柳の糸のこまやかな美しさよ。春風に乱れてしまわない〔その〕間《あいだ》に…）」（これは、英語で、関係代名詞によってみちびかれる形容文によって修飾される名詞のまえに、定冠詞theをつける用法によく似ている。）

英語の定冠詞theのばあい、名ざすだけで相手にそれとわかるものに冠する用法がある。「the sun」「the earth」「the sea」など。

日本語の「準後置定冠詞イ」にも、それに近い用法があり、特定の名詞につき、それが乙類の母音をもたらしたのではないかとみられるふしがある。

「the heaven」＝「天《あま》イ」→「天《あめ》」

「the god」＝「神《かむ》イ」→「神《かみ》」

この立場にたつばあい、「うみ（海）」のように、はじめから「甲類のミ」が用いられているばあい、そこに「準後置定冠詞イ」がついても、「海《うみ》イ」→「海《うみ》」となって、形が変わらないものと仮定する。

「準後置定冠詞イ」がついたかとみられる名詞は、あるていどかぎられているようにみえる。ただし、これらの名詞は、古代人の生活に密接で、特別な重要性をもち、使用頻度の比較的多い単語が多い。

つぎに、「準後置定冠詞イ」がついて成立したかとみられるものを分類してみる。

（a）古代人が、なんらかの尊敬をもっていたかとみられる語。

「天《あめ》」「神《かみ》」「上《かみ》（この『み』は甲類）」「上《うへ》」「君《きみ》（この『み』は甲類）」「瓊《に》」「霊《ち》」

（b）木、火、土、金、水

「木《き》」「火《ひ》」「土《つち》」「金《かね》（金《かな》に、準後置定冠詞『イ』がついて、金《かね》になったかとみられる）」「水《み》（この『み』は甲類）」

木、火、土、金、水は、中国の原子論、五行説の五元素。中国的思想が、古代にはいっていたか。

『古事記』神話には、木、火、土、金、水のすべてについて、関係する神の名があらわれる。

（c）大きなもの

「天《あめ》」「土《つち》」「海《うみ》」

（d）天然自然

「日《ひ》（この『ひ』は甲類）」「月《つき》」「星《ほし》」「蔭《かげ》（光の意味がある）」「雨《あめ》（天《あめ》と同源か）」「風《かぜ》」

（e）身体語

「目《め》」「耳《みみ》（この『み』は甲類）」「口《くち》」「毛《け》」「髪《かみ》（この『み』は甲類）」「胸《むね》」「手《て》（手《た》に、『イ』がついて手《て》になったとみる）」「足《あし》」「爪《つめ》」「身《み》」「乳《ち》」「血《ち》」

（f）食物・植物

「稲《いね》」「米《こめ》」「黍《きび》（この『び』は乙類とみられる）」「酒《さけ》」「種子《たね》」

（g）用具

「瓮《へ》」「笥《け》」「樋《ひ》」「船《ふね》」

（h）　家
「家《やけ》」「戸《へ》」
（i）　その他
「亀《かめ》（うらないに使ったか）」「占《け》」

（2）　日本古典文学大系の『万葉集　一』に、537番の歌の「君いし無くは」の「い」を説明し、つぎのようにある。

「朝鮮語の主格助詞にもiがある。同源の語と認められる。」

西暦六六〇年に百済がほろびるなどして、多くの渡来人が日本に来て、畿内に多く住んだ。朝鮮語の影響をうけることは、ありうることである。

しかし、日本語の「イ」は、主格を示すとはかぎらない。目的格の語についているばあいがある。

（3）　中国語で、「これ」を意味する語の多くが、「イ」か「シ」の音をもつ。

「伊《これ》」「惟《これ》」……イ
「之《これ》」「此《これ》」「斯《これ》」「茲《これ》」……シ

など。

そして、日本語でも、「イ」や「シ」の形の指示代名詞があり、また、「イ」や「シ」の形の、語をとくに強調するための助詞がある。

さきに例をあげた「関守伊《せきもりい》とどめてむかも」は、「関守伊《これ》（が）とどめてむかも」と、中国語の意味で理解しても、通じる形になっている。

中国語の影響も、あるのかもしれない。

(4)　六五八年に、阿倍比羅夫《あべのひらぶ》は、蝦夷《えみし》をうった。大和朝廷による蝦夷の征討は、四、五世紀ごろから行なわれたようである。『日本書紀』の「景行天皇紀」に、日本武尊《やまとたけるのみこと》がとりこにした蝦夷を、伊勢や大和に住ませた話がみえる。アイヌ語にも、「それが」「それを」を意味する「i」がある。

また、アイヌ語の「i」には、さまざまな用法があるから、とりこにするなどして、あちこちに移住させたアイヌの人たちの言語の影響もあるかもしれない。

私は、日本語の「準後置定冠詞イ」が、生活においてとくに重要ないくつかの語につくようになったものと考えるのが、いちばん可能性が大きいように思う。

しかし、日本語のまわりの、朝鮮語、中国語、アイヌ語などのすべてが、日本語と意味的に近い「i」という語をもっているから、複合的な要因が働いている可能性もある（ただし、英語で、「それ」を意味する「it」でさえ、「i」音をもつから、どこまでが真に影響をもち、どこまでが偶然の類似なのか、みきわめがたい）。

動詞の接頭語の「イ」

また、このような「イ」は、動詞の接頭語として用いられるつぎのような「イ」と関係があるとみられる。

「い及《し》く」（〔それに〕追いつく）

「いのる」（〔それに〕宣《の》る）

「います」（〔そこに〕おられる）

「い這《は》ふ」（〔そこに〕這《は》う）

「い副《そ》ふ」（〔それに〕副う）

「い行《ゆ》く」（〔そこに〕行く）

「い立《た》つ」（［そこに］立つ）
「い隠《かく》る」（［そこに］かくれる）
「い懸《かか》る」（［そこに］かかる）

などの「イ」は、ふつう動詞の強調形と考えられることが多い。しかし、ほとんどのばあい、「そこに」「それに」の意味を、ふくんでいるようにみえる。

たとえば、『古事記』の「仁徳天皇記」の歌謡にみえる「山代《やましろ》に　い及《し》け鳥山《とりやま》　い及《し》けい及《し》け」などでも、「鳥山《とりやま》（人名）よ、山代《やましろ》（地名）で皇后に追いつけ、追いつけ、追いつけ」の意味である。おいつく場所や、対象が、明示されている。

乙類の音のまとめ

以上の、上代特殊《じょうだいとくしゅ》仮《か》名遣《なづかい》の「乙類」の音をまとめると、**表3**のようになる。

表3において、たとえば、「乙類のオ」のばあい「IO」と「ə」とで、音韻的区別はなかったとみられる。「IO」と発音しても、「ə」と発音しても、意味的区別はなく、「乙類のオ」の母音として聞き取られたとみられる。このことについては、「第Ⅲ編」で、ややくわしくのべる。

『日本書紀』の万葉仮名の、甲類・乙類の区別にみられる法則性

七二〇年に成立した『日本書紀』は、基本的に漢文で書かれている。しかし、歌謡や訓註の部分などで、万葉仮名を用いている。

『日本書紀』は、万葉仮名の研究資料とみたばあい、独自の価値をもつ。

表3　乙類の「イ」「エ」「オ」などの母音

乙類のイ、エ、オ	表記法	もともとの形	用いられている漢字の発音などからみた説明
乙類のイ	ï	ui	ɪu(ə)i など。現在の東京方言の「ウ」を「ɪu(ɯ)」であらわすと、ɪui は、「ウイ」にほぼあたる。「ウ」と「イ」のあいだに、軽い曖昧母音がはいることが多い。そうとう「ウイ」の音に近い、「イ」の音。「乙類のキ」は、「kwi《クィ》」の音に近い。「kwi《クィ》」は、「クィック」「クィーン」などの「クィ」。
乙類のエ	ë	ai	əi（a 音が、うしろの i 音にひかれて、i 音に近づく。舌をまえにもって行く傾向が生じる。［前舌化］する。ウムラウト化する。口を開きがちな曖昧母音となる）。ɛ（口を開いたエ）ともいえる。そうとう「アイ」の音に近い「エ」の音。
乙類のオ	ö	ɪo	ɪo、ə、œ など。あとで、ややくわしくのべるように、「乙類のコ」は、「kyo《キョ》」と「kwo《クォ》」の中間音に近い。

『日本書紀』は、『古事記』『万葉集』と異なり、当時（奈良時代）の、中国の北方音、すなわち、唐の国の漢字の音を、万葉仮名の音としておもに用いている。中国の上古音（秦・漢代音）によらず、また、なるべく南方音によらず、都長安での音をかりて、万葉仮名を表記しようとしている。

『日本書紀』の万葉仮名の甲類・乙類の区別のあるなしのあらわれ方には、一定の法則がみられる。万葉仮名の頭子音などの性質によって、四つのグループにまとめられる。

表4をご覧いただきたい。

表4は、各行の音の、イ列、エ列、オ列の、甲類、乙類の区別のあらわれ方を、ひとつの表にまと

めたものである。

たとえば、［第1グループ］の「カ行」「ガ行」の「イ列」「エ列」「オ列」の音、つまり、「キ」「ケ」「コ」には、甲類と乙類の区別がある。表4では、区別の存在するものを、「○《マル》」であらわし、存在しないものを「×《バツ》」であらわしている。これらは、いずれも頭子音の「k」「g」が、「軟口蓋音」に属する音である。口のなかの、上の奥の、やわらかい部分（軟口蓋）を用いて、音を調節する（調音する）子音である。

また、［第2グループ］の、「サ行」「ザ行」、「タ行」「ダ行」「ナ行」「ラ行」の音では、「オ列」の音、つまり、「ソ」「ゾ」「ト」「ド」「ノ」「ロ」にだけ、甲類、乙類の区別がある。

「イ列音」「エ列音」においては、甲類、乙類の区別は存在しない。これらの頭子音の「s」「z」「t」「d」「n」「l（r）」は、いずれも、「歯茎音」である。上の前歯のうしろに、舌の先をつける、または、近づけて発音する子音である。

そのため、たとえば、「乙類のシ」を「sui」のように発音しても、頭子音の「s」音が、舌を前にもって行く、つまり、前舌性の子音で、同じく前舌性をもつ母音の「i」音と親近性がある。そのため「siui」に近くなり、甲

［第4グループ］母音・半母音グループ ア行・ヤ行・ワ行			［第3グループ］両唇音グループ 上下の唇を一度つけて発音する。		
ワ行	ヤ行	ア行	マ行	バ行	ハ行（p）
『日本書紀』では、たとえば、「ア行のオ」が、乙類系の音（ɪo）をもち、「ワ行のオ（ヲ）」が、甲類系の音（o）をもつなど、やや複雑である。			○	○	○
			○	○	○
			×	×	×

表4　甲類と乙類の区別のあるなし（『日本書紀』）

<table>
<tr><td rowspan="3">グループ／行／列</td><td colspan="2" rowspan="2">［第1グループ］
軟口蓋音グループ
口のなかの上の奥のやわらかい部分（軟口蓋）で、音を破裂させる。</td><td colspan="6">［第2グループ］
歯茎音グループ
上の前歯のうしろに、舌の先をつけるか、または、近づけて発音する。</td></tr>
<tr><td colspan="2">摩擦音グループ</td><td colspan="4">破裂音系グループ</td></tr>
<tr><td>カ行</td><td>ガ行</td><td>サ行</td><td>ザ行</td><td>タ行</td><td>ダ行</td><td>ナ行</td><td>ラ行</td></tr>
<tr><td>イ列</td><td>○</td><td>○</td><td>×</td><td>×</td><td>×</td><td>×</td><td>×</td><td>×</td></tr>
<tr><td>エ列</td><td>○</td><td>○</td><td>×</td><td>×</td><td>×</td><td>×</td><td>×</td><td>×</td></tr>
<tr><td>オ列</td><td>○</td><td>○</td><td>○</td><td>○</td><td>○</td><td>○</td><td>○</td><td>○</td></tr>
</table>

・以上は、『日本書紀』において、甲類・乙類の区別のあるもの（○印）とないもの（×印）。「モ」（マ行オ列の音）の甲・乙の区別は、『日本書紀』においては存在しないが、『古事記』には存在する。

・清音と濁音の違いは、日本語がわにはあるが、中国語がわでは、区別がつきにくくなっている。そのため万葉仮名では、かならずしも十分に書きわけられていない。（中国語がわの事情で、表記上、日本語がわの違いが、十分に書きわけられていない。）

・「歯茎音グループ」のなかの、「摩擦音グループ」においては、「ス」と「甲類のソ」、「ズ」と「甲類のゾ」とは、書きわけられている。しかし、「歯茎音グループ」のなかの、「破裂音系グループ」においては、「ツ」と「甲類のト」、「ヅ」と「甲類のド」、「ヌ」と「甲類のノ」は、十分には書きわけられていない。（これも、中国語がわの事情による。）

類の「si」と区別がつきにくくなる。これが、**[第2グループ]** において、甲類の「イ」列音と、乙類の「イ」列音との区別が失なわれた理由と考えられる。

[第2グループ] において、甲類の「エ」列音と乙類の「エ」列音との区別が失なわれたのも、同様の理由によるとみられる。乙類の「エ」列音の母音は、「ai」音と親近性をもち、口を開いた「エ ε」の音とほぼいえるものであるが、頭子音が、いずれも、「歯茎音」で「i」音と親近性をもつため、口が十分開かず、甲類の「エ」と区別がつかなくなってしまうのである。

このように、**甲類、乙類の区別のあるなしは、頭子音がどのような性質のものであるかということと、密接に関係している。**

甲類、乙類の区別のあらわれ方が、頭子音の性質、発音のしかたと、密接に関係していることについては、あとで、くわしくお話する。

さらに、**[第3グループ]** の「ハ行（古代には、p音ではじまる）」「バ行」「マ行」は、いずれも、「イ列」と「エ列」、つまり、「ヒ」「ビ」「ミ」、「ヘ」「ベ」「メ」に甲類、乙類の区別があるが、「オ列音」の「ホ」「ボ」「モ」には、甲類、乙類の区別がない。

[第3グループ] の音は、すべて頭子音の「p」「b」「m」が、「両唇音」である。上下の唇を、一度くっつけて発音する音である。

「甲類のコ ko」と「乙類のコ kɪo」の違いにならえば、もし、「ハ行」「バ行」「マ行」に、「乙類のホ」「乙類のボ」「乙類のモ」があるとすれば、それらの音は、「pɪo」「bɪo」「mɪo」のようになるはずである。ところがこれらは、上下の唇を一度くっつけてから発音するので、甲類の「po」「bo」「mo」を発音しても、口が十分に開かず、乙類の「pɪo」「bɪo」「mɪo」に近づいてしまうのである。これが、これらの「両唇音」において、甲類の「ホ」「ボ」「モ」と、乙類の「ホ」「ボ」「モ」との区別が失われた理由とみられる。

あるいは、当時の日本語の「p」「b」「m」の音は、円唇性（唇《くちびる》を円くすぼめて発音する傾向）があったため、「p」「b」「m」を「pu」「bu」「mu」にやや近い形で発音する。そのため、甲類の「po」「bo」「mo」のはずが、「puo」「buo」「muo」、つまり、「pwo」「bwo」「mwo」に近く発音される。それで、「乙類」の「ホ」「ボ」「モ」に近づいてしまう、と説明してもよいかもしれない。

「手《て》」や、「金《かね》」の「ネ」は、なぜ、「乙類のテ」「乙類のネ」にならないか

以上述べてきたような理由のため、38ページ以下でのべた「**通則1**」「**通則2**」に関連して、つぎのようなことがおきる。

通則1が通じない　「天」は、「アマ」と読むこともあり、「アメ」と読むこともある。「目」は、「マ」と読むこともあり、「メ」と読むこともある。「爪」は「ツマ」と読むこともあり、「ツメ」と読むこともある。このように、同じ意味内容の単語に、「マ」も用いられ、「メ」も用いられるようなことがあるばあい、その「メ」は、原則的に「乙類のメ」であった。

それならば、「手」は、「タ（手綱《たづな》など）」と読むこともあり、「テ」と読むこともある。「金」は、「カナ」と読むこともあり、「カネ」と読むこともある。「船」は、「フナ」と読むこともあり、「フネ」と読むこともある。「稲」は、「イナ」と読むこともあり、「イネ」と読むこともある。」「胸」は、「ムナ」と読むこともあり、「ムネ」と読むこともある。「種」は、「タナ」と読むこともあり（古語では、穀物のことを、タナツモノという）、「タネ」と読むこともある。

ここからは、「手《て》」は、「乙類のテ」であり、「金《かね》」の「ネ」などは、「乙類のネ」となりそうである。しかし、そうはならない。それは、なぜか。

それは、「手」の「テ」の「t」音、「金《かね》」の「ネ」の「n」音が、いずれも上の前歯のうしろに舌の先をつけて発音する「歯茎音」だからである。

「乙類のテ」「乙類のネ」が存在したならば、それは、「tai（tɛ）」「nai（nɛ）」に近い音のはずである。口を開いた「エ（ɛ）」に近い母音をもつ音のはずである。ところが、頭子音の「t」「n」が、いずれも、「歯茎音」で、「i」と親近性をもつため、口が十分に開かず、「甲類のテ」「甲類のネ」と区別がつかなくなってしまうのである。ちなみに、舌の先を、前歯のうしろに近づけたまま、「ア」の音を発すれば、「エ」になる。これが「手《て》」の「テ」の音や「金《かね》」の「ネ」の音で、甲類、乙類の区別が存在しない理由である。

通則2は通じる　「天《あま》」「目《ま》」「爪《つま》」などは、より古い時代の単語とみられ、原則的に、熟語的表現のなかで用いられる。単独で用いられるばあいは、「天《あめ》」「目《め》」「爪《つめ》」となる。

これと同じことは、「手」「金」「船」「稲」「胸」「種」のばあいにもいえる。

「手力《たぢから》」「手火《たひ》（たいまつ）」「手遞伝《たごし》（手から手へ伝えて運ぶこと）」「手挟《たばさ》む」「手向《たむけ》」「手綱《たづな》」「金山《かなやま》」「金鋺《かなまり》」「船出《ふなで》」「船歌《ふなうた》」「稲穂《いなほ》」「稲種《いなだね》」「稲田《いなだ》」「稲子《いなご》（昆虫のイナゴ）」「胸騒《むなさわ》ぎ」「胸板《むないた》」「穀物《たなつもの》（種つ物）」などは、いずれも、熟語的表現のなかであらわれ、古語性をもっている。

このようなことからみれば、「甲類」「乙類」のちがいが、発音の区別、発音の条件によってもたらされたものであることがわかる。（甲類、乙類のちがいは、発音の区別ではなく表記上の約束のちがいとみる説がある。現在、助詞の「を」を、「お」と書かず、「を」と書く。これは、発音の違いにもとづくのではなく、表記上の約束によって、「お」と「を」との使いわけが生じたのである。「甲類」と「乙類」とのちがいも、表記上の約束で、書きわけているのだ、とする説がある。）

なお、アルバニア語の後置冠詞は「-i」で、日本語の古代語と同じ形をしている。「the river」は、「lum-i」の形になる。「lum」は、「河」の意味である。また、アジアの言語のタイ語では「この犬」という表現において、「この」にあたる語は、「犬」にあたる語のあとにくる。

第Ⅱ編 上代音探究は、なんの役に立つか？

●語源の探求などに役立つ●

鮫《さめ》の絵（中村浩著『動物名の由来』東京書籍刊より）

「鮫《さめ》」の語源は、「その眼が、細く小さいので、「狭目《さめ》」といったことから来たとする説がある。

江戸時代の儒者の新井白石《あらいはくせき》、国学者の谷川士清《たにがわことすが》などがとなえた説である。この語源説は、正しいのか。

古代の日本語の音韻を探究することは、ある語源説が正しいのかどうかをチェックしたり、文献や金石文などの成立年代を推定したりするのに役立つ。

1　古代音韻による語源探究

この節のはじめに

古代日本語の姿、たとえば、乙類といわれる「き」「け」「こ」「そ」「と」「の」「ひ」「へ」「み」「め」「も」「よ」「ろ」の音がどのような音であるか、その「音価」を解明したりすることには、どのような意味があるのであろうか。

なんの役《やく》に立つのであろうか。

その効用の第一として、まず語源を求めたり、ある語源説や語の意味の解釈が正しいのかどうかを、チェックしたり検討したりするのに役立つことがあげられる。

また、効用の第二として、成立年代未詳の文献や金石文の成立年代を推定することができることがあげられる。万葉仮名に用いる漢字が、時代とともに変化するからである。

まず、第一の効用の、語源を求めたりすることができる例をあげてみよう。

鏡《かがみ》の語源

「影《かげ》」の「ゲ」は、「乙類のゲ」である。

「影」には、「姿」の意味がある。「人影《ひとかげ》」など。

「乙類のゲ」は、「ガ」の音にさかのぼりうる。「影《かげ》」は、「カガ」の音にさかのぼりうる。

「カガミ」は、「姿見《すがたみ》」の意味にさかのぼるとみられる。

笥《け》の語源

『万葉集』の142番の歌に、有間の皇子《ありまのみこ》のつぎの歌がある。

謀反をおこしかけたとされ、とらえられ、十九歳で、処刑されるさいの道ゆきで歌った歌である。

「家《いへ》にあれば　笥《け》に盛《も》る飯《いひ》を　草枕《くさまくら》　旅にしあれば　椎《しひ》の葉に盛る」（家《いえ》に居《お》れば、器《うつわ》に盛る飯《いい》を、旅にあるので、椎《しい》の葉に盛ることよ。草枕は、旅にかかる枕詞《まくらことば》）

この「笥《け》」は、「乙類のケ」である。「カ」の音にさかのぼりうる。

「平瓮《ひらか》」（土でつくった平たい容器）、「瓮《みか》」（大きな容器。かめ）、「ゆか」（斎甕《ゆか》。甕《かめ》の一種。水を汲み運びなどをする容器）などの、熟語的表現のなかの「カ」にさかのぼりうるとみられる。

毛《け》の語源

「毛《け》」は、「乙類のケ」である。「カ」の音にさかのぼりうる。

その「カ」は、「白髪《しらが》」の「ガ」、「かざし」（花や木の枝などを折りとって、髪にさしたもの）の「カ」などの、熟語的表現のなかの、「カ」と結びつくとみられる。

蝿《はへ》の語源

「蝿《はへ》」の「へ」は「乙類のへ」である。

現代語の「はひふへほ」の音は、古代は、「パピプペポ」の音であった。

「乙類のへ」は、「pai」の音にさかのぼりうる。

つまり、「蝿」の古代音は、「papai」とみられる。（「pa」「p」は、正確には、唇をやや円くつき出して発音する音で、「プァプァイ（puapuai）」に近いとみられる）。

語の最後の「i」音は、後置定冠詞的なものとみられるから、「蝿《はへ》」は、「papa（または、puapua）」にさかのぼりうる。

げんに、『日本書紀』神代の巻に、「天蝿斫剣《あまのははきりのつるぎ》」という剣の名が記されており、そこでは、「蝿」を、「はは」つまり「papa（または、puapua）」と読ませている。

「papa（puapua）」とは、なんだろう。

古代の日本語（大和《やまと》ことば）では、濁音が、語の頭にくることはなかった。そのため、「baba（buabua）」でも、おそらくは、「papa（puapua）」のように発音されたであろう。あるいは、そのように聞きなされたであろう。

「baba（buabua）」は、擬音語で、現在の「ブンブン」にあたる語であろう。

『古事記』『日本書紀』に、「天羽羽矢《あまのははや》」というのが、何回かでてくる。これも、「ブンブン」音をたてて飛ぶ矢のことであろう。

『先代旧事本紀』に、「天羽羽弓《あまのははゆみ》」というのがでてくるが、弦《つる》が、「ブンブン」音をたてる弓のことをいっているのであろう。

船枻《ふなのへ》の語源

『日本書紀』の「神代 下」に、「船枻（浮那能倍《ふなのへ》）」ということばがでてくる。

「フナノヘ」は、ふつう、「舳先《へさき》」のことをいう。「へさき」は、「へ」だけで、「船首」の意味があるのに、それに、さらに、「サキ（先）」ということばをつけたのである。

「枻」は、漢和辞典の『類聚名義抄《るいじゅみょうぎしょう》』に、「フナダナ」とある。舟の左右に副えて、棚のようにうちつけた板のことである。それを踏んで、棹《かじ》や櫓《ろ》をつかう。

わが国最初の分類体の漢和辞典の『倭名類聚鈔《わみょうるいじゅしょう》』に、「枻大船乃旁板《えハおおふねのぼうばん》」とある。（「枻」の字の呉音は「エ」、漢音は「エイ」。）

『日本書紀』の「神代 下」の用例のばあいは、船の縁板《ふちいた》をさしているようである。

「浮那能倍《ふなのへ》」の「倍《へ》」は、「乙類のヘ」である。

したがって、「倍《へ》」は、「pai」にさかのぼりうる。

語の最後の「・i」音は、後置定冠詞的なものとみられるから、「倍《へ》」は、「pa」にさかのぼりうる。

「pa」は、「は」で、「端《は》（ふち）」の意味であろう。『万葉集』に、「山の波《は》に月かたぶけば」などの用例がある。

鮫《さめ》の語源

「鮫《さめ》」の「め」は、「乙類のメ」である。

平城宮址出土木簡に、「佐米《さめ》」としてでてくる。「米」は、「乙類のメ」である。

『万葉集』の194番の歌に、「名具鮫兼天《なぐさめかねて》（慰めかねて）」という訓《よ》みがでてくる。ところが、『万葉集』の963番の歌では、「奈具佐米七国《なぐさめなくに》（慰めなくに）」という表記がでてくる。「鮫」は、「佐米」と表記されている。

やはり、「鮫」の「め」は、「乙類のメ」である。

「乙類のメ」は、「mai」の音にさかのぼりうる。

「さ」の「古代音」は、「tsa」と考えられる。

したがって、「鮫《さめ》」の古代音は、「tsamai」とみられる。

語の最後の「-i」の音は、後置定冠詞的なものとみられるから、「鮫《さめ》」は、「tsama」にさかのぼりうる。

中村浩《ひろし》氏の著書『動物名の起源』（東京書籍刊）に、「鮫《さめ》」の語源は、「狭目《さめ》」とする説がのっている。「この魚の目が、体に比し、いたって細く小さいことによる」という。

新井白石の著書『東雅《とうが》』に、「サメ、古語にてサといふ。サとは〈狭《さ》〉なり、小さきをいふ。其眼《そのめ》の小なるを云ふ」とでている。

また、谷川士清《たにかわことすが》の著書『和訓栞《わくんのしおり》』に、「サメは、〈狭眼〉の義なり、体よりは、眼のいたって細きものなり」とある。

この語源説は、正しいであろう。「狭目《さま》」に、後置定冠詞「i」がついて、「tsamai」となり、それが、「さめ」になったとみられる。

飴《あめ》の語源

「飴《あめ》」の「め」は、「乙類のメ」である。

「乙類のメ」は、「mai」の音にさかのぼりうる。

語の最後の「-i」音は、後置定冠詞的なものとみられるから、「飴」は、「ama」にさかのぼりうる。

「ama」は、「甘《あま》」とみられる。

「飴」は、「the sweets」の意味で、「甘いもの」ということであろう。

亀《かめ》の語源

「亀《かめ》」の「め」は、「乙類のメ」である。

「乙類のメ」は、「mai」の音にさかのぼりうる。

したがって、「亀《かめ》」の古代音は、「kamai」とみられる。

語の最後の「i」の音は、後置定冠詞的なものとみられるから、「亀《かめ》」は、「kama」にさかのぼりうる。

この「かま」は、おそらくは、「竈《かま》・釜《かま》・窯《かま》」と関係するのであろう。むかしの、土器をやくカマや炭焼きガマなどには、「亀」の形に似たものがある。

月《つき》の語源

「月《つき》」の「き」は、「乙類のキ」である。

「乙類のキ」は、「kui」の音にさかのぼりうる。

語の最後の「i」は、後置定冠詞的なものとみられるから、「月《つき》」は、「tuku」にさかのぼりうる。

「月夜《つくよ》」のような熟語においては、古形がのこり、「つく」と読まれる。

「つく」は、「尽く」であろう。月の満ち欠けからきているとみられる。

「月」という漢字も、まるくえぐったような月の形からきている。

杉《すぎ》の語源

「杉《すぎ》」の「ぎ」は、「乙類のギ」である。

「杉」の語源は、その幹が、まっすぐなことによるとみられる。このばあい、つぎの二つの語源が考えられる。

(1)「杉《すぎ》」の「す」が、「まっすぐ」の意味で、「ぎ」は、「木」を意味すると考える。このばあい、「須義《すぎ》乃木《のき》」（『摂津国風土記』逸文）などの用法では、「まっすぐな木の木」となり、「木」がダブることになる。これは、「杉《すぎ》」が木の名として固定化し、「杉《すぎ》」の「ぎ」が、木であるという語源が意識されなくなった結果、さらに、「の木《き》」がつくことになったものであろう。

ちょうど、「おみおつけ」（御御御付。みそ汁の丁寧ないい方）において、本来「おつけ」が丁寧ないい方であったのに、「おつけ」が、「みそ汁」のいい方として、固定化し、それに丁寧の意をあらわす「み」が加わって「みおつけ」になり、さらに丁寧の意の「お」が加わって、「おみおつけ」になったように。

(2)「杉《すぎ》」で、「まっすぐなもの」という意味をもつと考える。このばあい、語源は、「すぐ」「sugu」で、それに後置定冠詞的な「i」が加わり、「sugui」となり、この「gui」が、「乙類のギ」であると考える。

おそらくは、(2)の説のほうがよいであろう。次項の「槻《つき》」参照。

槻《つき》の語源

「槻《つき》」は、「けやき」のことである。

第三十一代用明天皇の宮殿を、「池辺《いけのへ》の双槻《なみつき》の宮《みや》」といった。池のほとりに、ならんだ槻の木があったとみられる。

「槻《つき》」の「き」は、「乙類のキ」である。

つまり、「tukui」であって、語源は「tuku」で、それに、後置定冠詞の「i」が加わったものと考えられる。げんに、「つくゆみ」（槻の木で作った弓）のような、熟語のなかでは、「ツク」となっている。

「ツク」は、「突く」であろう。天を突くように、まっすぐ成長するところからきているのであろう。「祭《まつ》り」が「祭る」という動詞の連用形であるように、動詞の連用形は、しばしば名詞になる。しかし、「槻《つき》」を、四段活用の動詞「突く」の連用形「突き」からきたとみるのでは、音があわない。連用形の「突き」の「き」は、「甲類のキ」だからである（表5参照）。

矛《ほこ》の語源

「矛《ほこ》」の「こ」は、「乙類のコ」である。

江戸時代の谷川士清《たにかわことすが》は、『和訓栞《わくんのしおり》』のなかで、「矛《ほこ》」は、「穂木《ほこ》」からきたとする説をのべた。

この説は正しいであろう。

「ほ（穂・秀）」は、外形的に、他のものよりとび出しているものをさす。

「木立《こだち》」など、「木」を意味する「こ」は、「乙類のコ」である。

表5　四段活用動詞の連用形の「キ」は、「甲類のキ」（右傍線は甲類、左傍線は乙類をあらわす。三省堂刊『時代別国語大辞典―上代編―』による）

種類	語例	語幹	未然	連用	終止	連体	已然	命令
四段	書ク	カ	―カ	―キ	―ク	―ク	―ケ	―ケ
ラ変	有リ	ア	―ラ	―リ	―リ	―ル	―レ	―レ
ナ変	死ヌ	シ	―ナ	―ニ	―ヌ	―ヌル	―ヌレ	―ネ
下二段	求ム	モト	―メ	―メ	―ム	―ムル	―ムレ	―メ(ヨ)
上一段	見ル	○	ミ	ミ	ミル	ミル	ミレ	ミ(ヨ)
上二段	恋フ	コ	―ヒ	―ヒ	―フ	―フル	―フレ	○
カ変	来	○	コ	キ	ク	クル	クレ	コ
サ変	為	○	セ	シ	ス	スル	スレ	セ(ヨ)

「木の物」と「くだもの」・「毛の物」と「けだもの」

七世紀の末ごろ、中国で、かなり大きな発音の変化がおきていた。

『古事記』の万葉仮名は、しばしば、この変化以前の漢字音にもとづいている。『日本書紀』の渡来中国人の手のはいっているかとみられる歌謡表記の万葉仮名は、この変化以後の漢字音にもとづくようである。

唐の都長安では、濁音が清音化し、「b」「d」「g」などが、「p」「t」「k」などの音のようになった。

そして、「n」音が、「nd」の音にかわり、さらに「d」音に近づいていった。

また、「m」音が、「mb」音に変り、さらに「b」音に近づいていった。

わが国には、多くの渡来人が来ていた。

平安初期（西紀八一四年）に、成立した『新撰姓氏録』は、当時の両京畿内の名家一一九一氏を、系図によって、**表6**のように分けている。

ここで、「皇別」とは、神武天皇以後の歴代天皇から出た家柄である。「天神」とは、高天の原の神の後裔と伝えられている家柄である。「天孫」とは、天照大御神から鸕鶿草葺不合《うがやふきあえず》の尊《みこと》以前の、天皇家の直系の祖先から分かれたと伝えられる家柄である。

以上は、ふつう、天孫族とよばれる。

「地祇」とは、いわゆる国津神で、天孫族以外の、土着系の氏族と認められたものである（大国主の神などをふくむ）。

そして、「諸蕃」とは、海外から渡来したと伝えられる氏族である。**表6**をみれば、「諸蕃」が、『新撰姓氏録』所載の畿内の諸氏族の、およそ三分の一をしめている。

海外から渡来した人々が多かったためであろうか。中国の長安音の変化に似た変化が、日本語にもあるて

表6　『新撰姓氏録』の名家1191氏の系図による分類

皇別		368氏		（30.9%）
神別	天神	302氏	（25.4%）	450氏（37.8%）
	天孫	118氏	（9.9%）	
	地祇	30氏	（2.5%）	
諸蕃	漢	179氏	（15.0%）	373氏（31.3%）
	百済	119氏	（10.0%）	
	高麗	48氏	（4.0%）	
	新羅	17氏	（1.4%）	
	任那	10氏	（0.8%）	
計		1191氏		（100.0%）

いど起きている。

たとえば、「くだもの（果物）」は、もともと、「木《く》の物《もの》」の意味であるとされている（『広辞苑』など）。

「木」のことを、むかし、「く」ともいったことは、『古事記』『日本書紀』で、「木の神」あるいは「木の祖《おや》」を「久久能智《くくのち》」あるいは、「句句廼馳《くくのち》」と記していることや、「木《き》」の音の「き」が、「乙類のキ」で、もともとは、「kui＝ku＋i」（語末の「i」は、後置定冠詞とみることができる）の形になっていることなどからうかがうことができる。

また、むかしは、「な」が、助詞の「の」の意味で、かなりよく用いられた。

現在でも、熟語のなかで、助詞の「の」の意味で、「な」が用いられることがある。

「まなこ」（眼の子）
「まなじり」（眼の後《しり》）
「たなごころ」（手の心）
「みなと」（水の門）
「みなもと」（水のもと）
「みなそこ」（水のそこ）

「みなぎわ」（水の際）

などである。

これらは、上代の「な」の用法が、熟語のなかで残ったのである。現在では、これらの「な」が、かつて、「の」の意味の助詞であったことは、ほとんど意識されていない。

しかし、上代においては、このような「な」の使用は、もっと一般的であった。

「ぬなと」（玉の音）

「しなと」（風の吹きおこるところ）

「たなすゑ」（手の末）

「たなまた」（手の俣）

「たなひぢ」（ひじ。手の肱《ひじ》）

「たなそこ」（手の底）

「たなうら」（てのひら）

「たなうち」（てのひら）

「あなすゑ」（足の端）

「まなかひ」（目の間）

「まなぶた」（まぶた）

「みなわ」（水の泡）

「みなつき」（六月。水《み》な月）

「ひなくもり」（日の曇《くも》り）

「かむなび」（神の辺）
「やなぎ」（柳。楊《や》の木）
など。

また、『古事記』で、「速吸門《はやすひのと》」と記されている地名を、『日本書紀』では、「速吸名門《はやすひなと》」（神代上、第五段）とも、「速吸之門」（神武紀）とも記している。「之《の》」にあたる助詞を、「名《な》」で記している。

「くだもの」において、「木《く》な物」の「な」が変化して、「だ」になっていることは、中国の長安音の変化と同じ傾向である。

「けだもの」も、「毛な物」、つまり「毛の物」の意味からきている（『広辞苑』など）。

これも、「くだもの」のばあいと同じような発音の変化を経ている。

このような例は、ほかにも多い。

「おのれ（己）」と「おどれ」、「のけ（退け）」と「どけ」、「野良猫《のらねこ》」と「どらねこ」、「てなれ（手馴れ）」と「てだれ（熟達した人）」は、「n→d」の変化であり、「さみしい」と「さびしい」、「かなしみ」と「かなしび」、「けむり」と「けぶり」などは、「m→b」の変化である。

ただ、「けぶり」は、「けむり」よりも一般には、古い形とされているので、「m」→「b」の変化ではなく、「b」→「m」の変化も、おきやすかったのかしれない。

なお、「けぶり」の「け」は、甲類か、乙類か不明とされている（『時代別国語大辞典』三省堂刊など）。

「けぶり」は、「香《か》＋燻《いぶ》り」であるとする語源説がある。この語源説が正しければ、「kaiburi」で、「カイkai」は、「乙類のケ」の基本形であるから、「けぶり」の「け」は、「乙類のケ」であることになる。

『魏志倭人伝』の官名と音韻変化

『魏志倭人伝』に、「投馬国」の官名として、「弥弥」がでてくる。

「弥弥」は、上古音で、「み（甲）み（甲）」と読める。

そして、『古事記』をみると、「稲田《いなだ》の宮主須賀《みやぬしすが》の八耳《やつみみ》」「布帝耳《ふてみみ》の神」「天《あま》の忍穂耳《おしほみみ》の命《みこと》」「多芸志美美《たぎしみみ》の命《みこと》」「岐須美美《きすみみ》の命《みこと》」「建沼河耳《たけぬなかはみみ》の命《みこと》」「神八井耳《かむやゐみみ》の命《みこと》」「神沼河耳《かむぬなかはみみ》の命《みこと》」「耳《みみ》の別《わけ》」「陶津耳《すゑつみみ》の命《みこと》」「玖賀耳《くがみみ》の命《みこと》」「御鉏友耳建日子《みすきともみみたけひこ》」など、「み（甲）み（甲）」をふくむ神名、人名が、かなりあらわれる。

「耳《みみ》」の二つの「み」は、いずれも、「甲類のミ」、「美美」の「美」も、「甲類のミ」である。

「弥」も、「甲類のミ」をあらわす万葉仮名として、日本文献に、ひろく用いられている。

「耳《みみ》」と「弥弥《みみ》」とは、完全に音があう。

「弥弥《みみ》」の「み」は、甲類であるから、「御身《み(甲)み(乙)》」の意味ではないとみられる。「御身」では、音が異なる。

語源は、やはり、「耳」であろう。あるいは、「海神《わたつみ》」「山神《やまつみ》」などの「み」は、「甲類のミ」で、神霊の意味なので、「みみ」は、「御霊《みみ》」の意味なのかもしれない。

また、「弥」の字は、『日本書紀』において、「甲類のビ」をあらわす万葉仮名としての使用例もある。これは、中国音の「m→b」の変化によるとみられる。

ここから、「弥弥」は、「び（甲）び（甲）」とも読める。これは、第九代開化天皇の名の「若倭根子日子《わかやまとねこひこ》大毘毘《おほびび》」の「び（甲）び（甲）」と音があう。「若倭根子日子大毘毘」の「毘毘」は、「弥弥」と同じもののようにみえる。

なお、「耳川」「美美津」（以上、日向の国）、「耳成山」（大和の国）など、「みみ」のつく地名も多い。

『日本書紀』の景行天皇の十二年九月の条に、つぎのような内容の記事がある。

「耳垂《みみたり》という賊がいて、しばしば、人民を略《かす》めている。この賊は、御木《みけ》（豊前の国、上毛郡《かむつみけ》・下毛郡《しもつみけ》の地）の川上にいる。」

ここにみえる「耳垂《みみたり》」という人名は、『魏志倭人伝』の「投馬国《つま》」の副官の「弥弥那利」に、きわめて近い。ほとんど完全に合致しているといってよい。

「那」という字の中古音は、「na（nda）」である。この字は、「ナ」を表記する万葉仮名として、ひろく使用例があるが、「タ」、または「ダ」を表記する万葉仮名としての使用例はない。

しかし「那」とまったく同じ中国音をもつ「娜」の字は、『日本書紀』において、「ダ」を表記する万葉仮名としてかなり使用例がある。

たとえば、「阿軻娜磨《あかだま》（赤玉）」「阿箇播娜我《あかはだが》（赤裸）」「阿比娜《あひだ》（間）」「以矩美娜開《いくみだけ》（い組み竹）」「伊麻娜《いまだ》（未だ）」「之娜屢《しだる》（垂、人名）」など。

とくに、「之娜屢《しだる》（垂）」などは、まさに、「垂」ということばをあらわすのに、「娜」の字を用いている（『日本書紀』は、「大己貴、此をば於褒婀娜武智《おほあなむち》と云ふ」〔「神代紀　上」〕などのばあいは、おなじ「娜」の字を、「な」をあらわすのに用いている）。

また、「利」の字は、「リ」をあらわす万葉仮名の代表的なものである。

ここから、「弥弥那利」は、万葉仮名としての、かなり自然な読み方で、「ミミダリ」とも読める。

あるいは、『日本書紀』のもとになった資料の筆者は、「ミミナリ」のつもりで「弥弥那利」などのように表記していたものを、『日本書紀』の編者が、「ミミダリ」と読んで、「耳垂」と編集表記した可能性もある。（『魏志倭人伝』にみえる「弥弥那利」は、どちらかといえば、「上古音」で読むべきであろうから、「ミミナリ」と読んだほうがよいであろう。）

なお、『肥前国風土記』にも、「垂耳《たりみみ》」「大耳《おほみみ》」などの名があらわれる。

成立年代未詳の文献の成立年代を推定することができる

つぎに、甲類や乙類の母音の音価を定めたりすることの第二の効用としては、成立年代未詳の文献や金石文の成立年代を推定できることがあげられることをとりあげよう。

中国において、漢字の音は、時代とともに変化する。したがって、漢字の音を用いて、日本語を表記するのに用いた万葉仮名も、用いる漢字が、時代とともに変化する。

万葉仮名の「仮名づかい」を、つぎのようなものなどに分類することができる。

(1)「上古音（周・秦・漢代音）」にもとづく読みをまじえた「魏志倭人伝仮名づかい」。

(2)『切韻』の小韻の首字をおもに用いる仮名づかい（これについては、あとの「第Ⅴ編」の255ページ以下で説明する）。

(3)『呉音』にもとづく仮名づかい。

(4)『古事記』歌謡部分の「太安万侶仮名づかい」。

(5)『日本書紀』のα群（中国人執筆の巻巻。これについてはあとの96ページ以下で説明する）の歌謡の仮名づかい。

(6)『続日本紀』宣命の仮名づかい。

(7)「漢音」にもとづく仮名づかい。

これらは、それぞれ特徴をもっている。

たとえば、清音の「タ」を表記するのに、「陀」を用い、濁音の「ガ」を表記するのに「我」（音はŋa）を用いるのは、ほぼ、『日本書紀』以後の表記法である。『古事記』「呉音仮名づかい」などでは、「陀」は、「ダ」を表記するのに用いられている。

したがって、どの仮名づかいを用いているかによって、成立年代未詳の文献の成立年代を推定することができる。

『古事記』偽書説というのがある。

『古事記』は、『日本書紀』よりも、のちに作られたものだ、という説がある。

しかし、この説は、なりたたないと思われる。

というのは、この本のあとの方で、ややくわしくのべるが、分析をしてみると、『古事記』の万葉仮名は、あきらかに、『日本書紀』よりも古い時代の漢字音（中国での音）の文字を用いて記されている。

そして、『古事記』では「モ」の表記に、甲類、乙類の区別があるが、この区別は、『日本書紀』では、失われている。

第Ⅲ編　探究の基礎

●森博達《もりひろみち》氏の「二重母音説」と安本の「拗音説」との対比●

森博達著『日本書紀の謎を解く』（中公新書、中央公論社、1999年刊）

京都産業大学教授の森博達《もりひろみち》氏の著書、『日本書紀の謎を解く』は、画期的な本であった。

毎日出版文化賞も、受賞した。

森博達氏は、『日本書紀』に用いられている漢字の音韻や語法を、くわしく分析された。その分析にもとづいて、森博達氏はのべる。

『日本書紀』三十巻は、渡来中国人の書きあらわした巻々と、日本人が書き継いだ巻々との、二つのグループに、大きくわけることができる、と。

中国人が、日本の和歌を記すために用いた文字（漢字、万葉仮名）を分析すれば、当時の日本語の音が、どのようなものであったかがわかる。当時の中国の漢字の音（唐の都の長安音）が、どのようなものであるかは、かなりよくわかっているからである。

ただ、森博達氏は、中国語学の立場から、当時の日本語を観察された。日本語学（国語学）の立場から観察すると、古代日本語について、森博達氏の示すものとはすこし異なった景観が見えてくるようである。

1　言語学の基礎知識

この章のはじめに

この章では、あとの説明のために必要な、言語学や、文献学上の基礎的な用語を、まず説明しておこう。正確に議論を進めるためには、言語学や文献学上の基礎知識が必要である。あとの章を読むさい、必要に応じてこの章の説明を、読みかえしていただきたい。

「音韻」と「音声」の違い

言語学的には、「音韻」と「音声」とは、別ものである。たとえば、「l《エル》音」と「r《アール》音」とは、音が異なる。「音声」が異なる。しかし、日本語では、「理論」を、「lilon」と発音しようが、「riron」と発音しようが、意味は、異ならない。つまり、日本語では、「l音」と「r」音との、「音韻的区別」はない。「l音」と「r音」は、日本語では、「音声（発音）」は異なっていても、意味の違いをもたらさない。このようなばあい、「l音」と「r音」とは、日本語では、同じ「音韻」とみなされている、という。

「山《やま》」を、男性が発音したばあい、女性が発音したばあい、子どもが発音したばあい、おとなが発音したばあい、それぞれ「音声」は異なる。しかし、同じ「音韻」を発音しているとみられるとき、同じ意味をうけとる。

「音韻」は、「音声」よりも、抽象的な概念である。「音声」は、どちらかといえば、物理学的な概念である。これに対し、「音韻」は、人間社会で伝統的に成立した「約束ごと」で、言語学的な概念である。「言語」は、人間の社会で、「約束ごと」の体系をなしている。どのような音のくみあわせによって、どのような意味をあらわすか、などは、ある特定の人間集団でとりきめられている「約束」である。

英語では、「l音」と「r音」とのあいだに「音韻的区別」がある。同じ「コレクション」でも、「collection（収集）」と「correction（訂正）」とでは、発音も音韻も異なり、意味も異なるとみなされる。

英語では、「l音」と「r音」とでは、意味の違いをもたらし、異なる「音韻」である。

どのようなものを、その言語の「音韻」としてみとめるかは、言語ごとに、歴史的・伝統的にきまっている。集団での「約束」であるといえる。言語ごとに、その「約束」の体系、「音韻体系」が異なる。

フランス語では、「h音」を、「音韻」としてみとめない。そのため、「hotel」を、「オテル」と発音する。つまり、「ho」と「o」とで、「音韻的区別」がないのである。

フランス語に、「h」という音がない、というと、では、フランス人は、笑うとき、「ハハハ（hahaha）」と笑わないのか、などというのは、「音声」と「音韻」とを、ごっちゃにした議論である。

フランス人も、笑うときは、「h音」をだしている。しかし、それは、「音声」としてその音をだしているのであって、「音韻」としては、みとめない「約束」にしたがっているのである。

日本人が、「音声」としては、「l音」も「r音」もだしていても、それによって意味の区別をしない。それと同じように、フランス人は、「音声」としては、「ho音」も「o音」もだしていても、それによって意味の区別をしないのである。

「k」「t」「p」などの破裂音のあとに、激しい吐く息の音をともなうか、ともなわないかによって、意味の区別をする言語は多い。

唇のまえに下げた紙がゆれるような、激しい吐く息をともなった音、「kʰ」「tʰ」「pʰ」は、「kʻ」「tʻ」「pʻ」などのようにも書かれる。「**帯気音**」とか、「**有気音**」とかなどとも呼ばれる。朝鮮語、中国語、サンスクリット語、ギリシャ語などには、「帯気音」と、そうでない「無気音（強く吐く息の音をともなわない音）」とのあいだに、「音韻的区別」がある。つまり、「帯気音」か、「無気音」かによって、意味の区別をする。

いっぽう、「清音」と「濁音」の「音韻的対立」のない言語もある。

そのような言語では、「カギ（鍵）」と「カキ（柿）」、「マド（窓）」と「マト（的）」などが、同じ音とみなされるのである。個人は、無意識に、自国語の集団の「約束」をうけいれている。そのため、外国語を学ぶときは、一定の意識的学習を必要とする。新しい「約束」の学習を必要とする。そうしないと、「ガラス」と「カラス」が、聞きわけられなかったりする。

外国人は、しばしば、日本語を、自国語の音韻体系のクセをもつ、なまりのある発音で話す。それは、以上のべてきたような理由による。

要するに、「音韻」とは、ある言語社会において、「意味の区別」をもたらす音の違いである。

奈良時代語は、現代日本語と異なる音韻体系をもっている。奈良時代語を理解するためには、外国語を学ぶのと同じように、一定の、理論的、意識的学習を必要とする。

なお、言語学の分野では、音声表記は、たとえば「橋」を、[haʃi] のように、ブラケット［　］にいれて示し、音韻表記は、/hasi/ のように斜線にいれて示す。

奈良時代語には、現代東京方言にはない音韻的区別がある

世界の任意の二言語A、Bをとるとき、ほとんどのばあい、Aの言語にない音韻的区別が、Bの言語にはある。逆にBの言語にない音韻的区別が、Aの言語にはある。

いな、日本語の方言においてさえ、東京方言でみられる「イとエ」「シとス」「ジとズ」の音韻的区別が、東北方言ではみとめられない。かくて、「イロエンピツ」が「エロエンピツ」になり、「スシ」が「スス」になる。

また、日本語の東京方言では、原則として、「ン」の音は、単語の頭にはでてこない。

しかし、琉球の那覇方言では、たとえば、「向って」を「nkati（ンカティに近い音）」のように言う。語頭が「ン」ではじまるような言い方も、「ti」のような音節も、現代東京方言にはないものである（現代東京方言の「チ」は、「ティti」ではなく、「tʃi」の音）。

なお、『言語学大辞典　第5巻』（三省堂刊）の索引を引けば、「ンヴァラ語」「ンヴィタ方言」などからはじまって、「ンワニ方言」に終る「ン」ではじまる言語名や方言名が、六ページにわたってつづいている（**表7参照**）。

また、現代の日本語では、濁音が単語の頭にでてくることがあるが、現代中国語や現代朝鮮語では、濁音は、原則として単語の頭にでてこない。

日本語と英語とのばあいをみてみよう。

日本語では、「ン」という音韻を、他の音韻から区別する。日本語の「ン」は、英語の「n《エヌ》」とは、音が違う。英語の「n」は、舌の先を、前歯のうしろのほうに一度つけて発音する音である。いっぽう、日本語の「ン」は、舌の先を前歯のうしろのほうにつけず、息を鼻に抜く音である。そのため、日本語の「ン」を

表記する発音記号として、「N」（大文字N《エヌ》の小さいもの）を用い、「n」と区別することがある。

いっぽう、英語にみられる「lとr」との区別が、日本語では、みとめられない。

ある言語Aの音韻を、別の音韻体系をもつ言語Bで説明記述することは、いっぱんに、かなりむずかしいことである。

英語では、表記に、ローマ字を使う。ローマ字は、本来、ラテン語を表記する文字である。ラテン語は、古代ローマ帝国の共通語である。

英語とラテン語とでは、音韻体系が異なる。そのため、英語の音韻の一つ一つを、ローマ文字一文字ずつでは、記述できないばあいが生ずる。

表7　「ン」ではじまる言語名などの一部

（『言語学大辞典　第5巻　補遺・言語名索引編』［三省堂、1993年刊］。この表は、拡大されている。もとは、3段組み、6ページにわたる。）

ん

ンヴァラ語　下2 1147 *l*
　→アフリカの諸言語　上 264 *l*
ンヴィタ方言→アフリカの諸言語　上 273 *l*
　→スワヒリ語　中 384 *l*
ンヴバ語→アフリカの諸言語　上 280 *r*
ンヴンボ語→アフリカの諸言語　上 264 *r*
　→マカー語　下2　21 *l*
ンガイン語＝ベン語　下1　965 *l*
ンガイン語→パプア諸語　下1 224 *l*
ンガインゴンゴ語→オーストラリア原住民語　上 1025 *l*
ンガインボム語→パプア諸語　下1 233 *r*
ンガウン語→オーストラリア原住民語　上 1025 *l*
ンガオ方言→リオ語　下2 739 *r*
ンガグ語→オーストラリア原住民語　上 1026 *l*
ンガサ→オンガモ語　上 1118 *l*
ンガサ語→アフリカの諸言語　上 279 *r*

ローマ字は、本来、表音文字である。しかし、ローマ文字が、英語の音韻と、一対一に対応していない。ローマ文字の「a」などは、つぎのように英語の、じつにさまざまな音と対応している。

apple [æpl] —æ, take [teik] —ei, above [əbʌb] —ə, author [ɔ:θə] —ɔ, half [hɑ:f] —ɑ, head [hed] —e, steam [sti:m] —i, road [roud] —u, ……

これでは、文字をみただけでは、音が確定できない。ローマ字が表音文字であるにもかかわらず。また、ローマ字では表記できない英語の音のばあい、ローマ字二文字をつかって表記することも行なわれている。

θ—th、ʃ—sh、ŋ—ngなど。

発音記号などで、一つ一つの音を、正確に表記する方法を定めておかないと、いかにややこしい議論になるかが、おわかりいただけるであろう。

わが国の奈良時代の言語なども、現代東京方言にみられない音韻的区別がある。このことを、当然の前提とすべきである。

奈良時代などの音韻体系を知るためには、万葉仮名の漢字の中国音をさぐるとともに、当時の日本語の特徴をいろいろな面からさぐる必要がある。

これまでにのべてきた例からみれば、たとえば、奈良時代の日本語は、たしかに、現代東京方言と関係をもっており、祖先語である。東京方言からみれば、奈良時代語は、一つの方言ていどのへだたりしかない。しかし、その音韻を学ぼうとすれば、一つの外国語の音韻を学習するのとほとんど同じような手つづきを必要とする。

図2には、英語の母音と日本語の母音との比較が行なわれている。

奈良時代の日本語には、現在の東京方言の「エ」に対応する音が、四種類は、あったとみられる。四種類の「エ」の音韻的区別があったとみられる。そのうちの一つは、現代東京方言の「エ」や、中国語の「e」や、英語の「e」に近いものである。いま一つは、もともとは、「ai」という二重母音が縮合したもので、中国語、フランス語などの「ε」とほぼ同じとみられる音である。口を開きぎみにした「エ」である。あとの二つは、ヤ行の「ye」と、ワ行の「we」である。

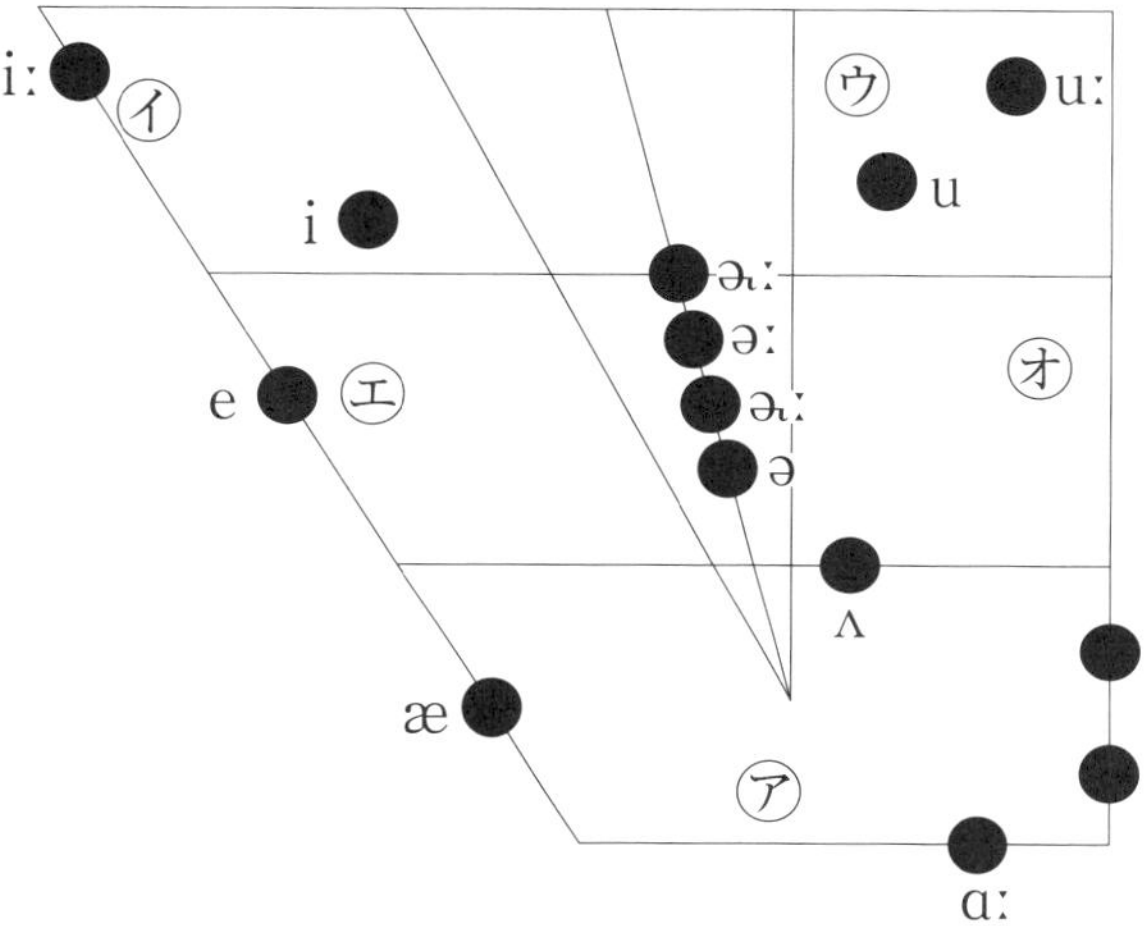

図2　英語の母音と日本語の母音
（『新英和大辞典』研究社刊による）

母音の構造

奈良時代語と現代日本語とでは、まず、母音の構造が違う。

いま、中国語の母音と、現代日本東京方言の母音との構造を示せば、**図3**のようになる。

図3において、左に行くほど、舌さきまたは前舌が持ちあがることを示す（「イ」と「ウ」の違い）。右に行くほど、舌全体が奥になる。

また、**図3**において、下に行くほど口を開く、具体的には、舌の面（もっとも上に持ちあがっている部分）と、口の部屋の天井（口蓋）との距離が大きく（広く）なる（「イ」や「ウ」と、「ア」の違い）。

図3の上に行くほど、舌の面と口蓋との距離が小さく

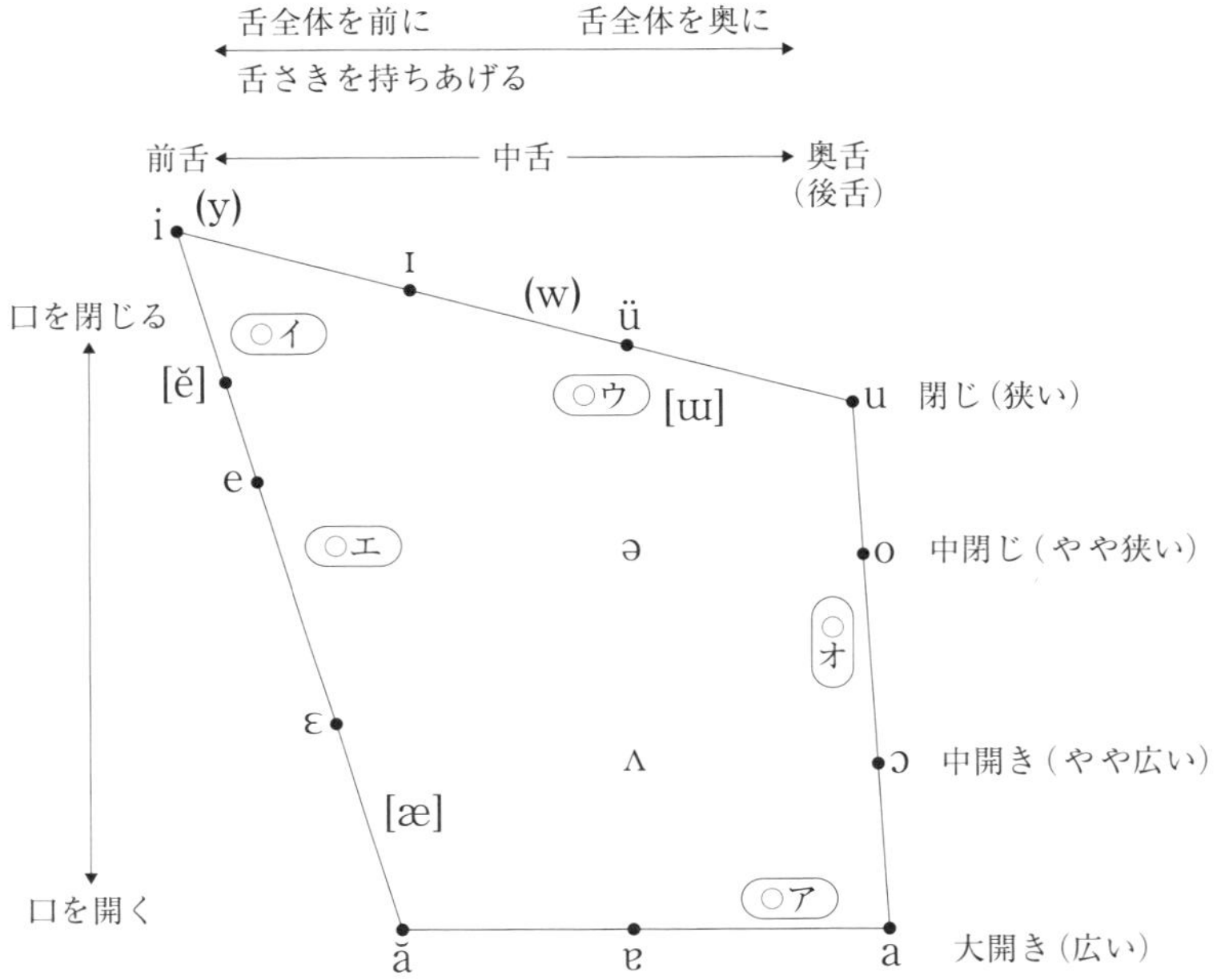

図３　中国語と日本語東京方言の母音図

・原図は、藤堂明保編『学研 漢和大字典』による。
・（y）（w）は、私（安本）の記したもので、この本のなかで用いる記号。「tōkyo（東京）」「kwōku（quark、クォーク）」などの「y」や「w」で、「i」や「ウ系統の音（u、ɯ［東京方言のウ］、ü）」の子音化したもの（半母音とか、介音とよばれるもの）をさす。「y」「w」は、ときに、「ɪ」に近くなる。「ɪ」は、「y」と「w」との中間音といえる。
・「i は、前舌的で、音色のはっきりしたイ介音、ɪ は中舌的で、あいまいなイ介音。」（藤堂明保の説明）
・○ア ○イ ○ウ ○エ ○オは、日本語東京方言。○ア ○イ ○ウ ○エ ○オ、［ĕ］［ɯ］［æ］などは、安本が参考のために付したものである。
・「ă」は東京方言の「ア」の範疇にはいるが、やや「エ」に近い傾向をもつ。英語の「æ」の音にも近い。
・「ĕ」は、短い「エ」で、「i（イ）」の音に、かなり近い。
・東京方言の「ウ」を、「ɯ」という発音記号であらわすことがある。関西方言の「ウ」は、東京方言の「ウ」にくらべ、やや円唇性（唇を円くすぼめる傾向）をもつ。上代日本語の「ウ」は、関西方言の「ウ」に近いか。

なる。

中国語のほうが、現代日本語の東京方言よりも、母音の種類数が多い。

そのため、中国語には、東京方言にはない母音がある。母音間の音韻的区別がある。

現代日本語の東京方言の「ウ」は、中国語の母音の「ü」に近い。日本語の「ウ」は、十分に奥舌の母音ではないのである。

そのため、東京方言の「ウ」の音を、「u」ではなく、「ɯ」という発音記号であらわす人もいる。

奈良時代の日本語には、現代の東京方言にはない「ɪ」(イとウの中間音)や「ə」などの母音があったとみられる。

藤堂明保編『学研 漢和大字典』の発音表記法によるばあい、「ɪu」で表記されるものは、ほとんどのばあい、「ɪ」と「u」の中間音の、日本語東京方言の「ウɯ」の音にあたるようである。

外国語に、現代日本語東京方言にでてこない音がでてくるばかりではない。

日本語の方言でも、東京方言にでてこない音がでてくる。

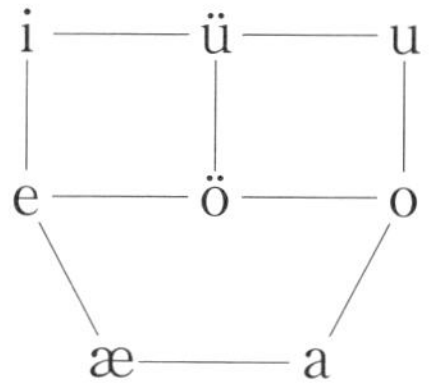

図4　名古屋市方言

たとえば、名古屋市の方言では、**図4**のように、東京方言にない「æ」の音が出てくる。

そのため、東京や大阪の人が名古屋市方言を聞くと、「行《ゆ》きゃーすか(行きますか)」のような、「キャkæ」の音が、耳につきやすい。

母音「ă」と「ĕ」

藤堂明保編『学研 漢和大字典』では、「ă」「ĕ」の形の発音表記がでてくる。

まず、「ā」は、図3をみれば、舌をまえにもってくる（前舌的な）「ア」の音であることがわかる。

これは、「エ」にやや近づいた「ア」であるということもできよう。

つぎに、藤堂明保編の『大字典』では、「ĕ」の発音記号が漢字の音の表記に用いられている。しかし、『大字典』には、この音について、とくに説明がないようである。

『言語学大辞典』第六巻（三省堂刊）の表紙裏見開きに示されている諸記号の説明では、「ĕ」は、「特に短い」「e」と説明されている。

図3は、藤堂明保の『大字典』に示されている図をもとに作成したが、『大字典』のもとの図には、「ĕ」「ɯ」などは、示されていない。私（安本）が付した。

実際の使用例も、あわせ考えるならば、「ĕ」は、短い「エ」で「·i（イ）」の音にかなり近づいた「エ」といえよう。

たとえば、藤堂明保の『大字典』では、「委」という文字の中古音は「·ɪuĕ」で、漢音では「ヰ」（wi）となっている。

藤堂明保の『大字典』では、「ɪu」は、ほぼ、現代東京方言の「ウ（ɯ）」にあたる音として用いられている。したがって、「委」の「·ɪuĕ」の音は、「ɯĕ」の音にあたる。

これが、漢音の「ヰ（wi）」に対応しているとすれば、「w＝ɯ」、「ĕ＝i」が、ほぼ成立することになる。

半母音「ɪ」

母音に近いが、単独では音節を作らない音を「半母音」という。たとえば、「キャ kya」の「y」の音、「クィック」にみられる「クィ kwi」の「w」の音などである。

中国語学では、頭子音と、おもな母音とのあいだに介在する短い過渡的なつなぎの音を、「介音《かいおん》」という。「介音」は、「半母音」といえる。「官」という字の音の「kuan」の「u」は、介音である。（主母音と区別する意味で、介音の「u」を、「w」で表わせば、「kwan」と書ける。）

藤堂明保の『学研 漢和大字典』には、「ɪ」の音について、「ɪは中舌的で（舌をあまり前にもって行かない）、あいまいなイ介音」と説明されている。

図3をみればわかるように、「ɪ」音は、「i」の音と、東京方言の「ウ」の音（ü、または、ɯであらわされる）との中間音である。

母音と区別する意味で、介音性の「i」を「y」で、介音性の「u」系統音を「w」で表わすことにする。すると、「乙類のコ」の音の「kɪo」は、「キョkyo」と「クォkwo」との中間音であるといえる。

また、**図3**をみれば、東京方言の「ウ」の音（ü、ɯ）は、「u」の音ほど後舌（奥舌）ではなく、「ɪ」音と「u」音との中間音であることがわかる。

藤堂明保の『学研 漢和大字典』では、「ɪu」の表記は、「ɪ」と「u」との中間音で、ほぼ東京方言の「ウ」（ü、ɯ）をあらわしている。

たとえば、

「文（中国中古音は、mɪuən）」

「万（中国中古音は、mɪuʌn）」

は、「ミウオン」「ミウアン」のような音をあらわしているのではない。「ɪu」は、「ウ（ɯ）」の音で、「文（mɯən）」「万（mɯʌn）」をあらわしている。古代日本語の「m」音は、唇を円くつきだして発音する（円唇性の）「m」音であった可能性が大きい（『季刊邪馬台国』75号の拙稿参照）。そのため、古代日本語の「m」音じたいが、中国人の耳には、「mɪu＝mɯ」のように聞こえることがあるのである。「m＝mɪu」とおけば、「文」は、「mən」で「モン」に近くなり、「万」は「mʌn」で、「マン」に近くなる。このばあい、「ɪu＝ɯ＝ü」が、介音で、半母音の一種といえる。

「ɦ」音（「有声のh《エイチ》」「hの濁音」）

つぎに、いくつかの子音について説明しておく。

藤堂明保編の『学研 漢和大字典』では、「エイチh」の上がまがった「ɦ」という記号がでてくる。

『学研 漢和大字典』を引くと、日本語の「ワwa」「ヰwi」「ヱwe」「ヲwo」にあたる音をもつ漢字の中古音（隋・唐音）の表記に、「ɦ」という発音記号があらわれる（**表8**）。

表8をみれば、「和（ワ）」および「恵（ヱ）」のばあい、「ɦu」や「ɦɪu＝ɦɯ」が、東京方言の「w」音に対応しているようにみえる。

「為（ヰ）」のばあい、舌を前にもって行くので、「u」の音が、「ɪu」の音に近くなる。「ɪu」は、すでにのべたように、東京方言の「ウ（ɯ、ü）」に対応し、「ĕ」は、「イi」に近い「エ」とすれば、「ɦɪu」が、東京方言の「w」に対応しているようにみえる。

さらに、「乎（ヲ）」では、「ɦ」そのものが、「w」に対応しているようにみえる。

そして、万葉仮名として、「ア行のウ」を表記するのに用いられる「有」の字の中古音（隋・唐音）が、「ɦɪəu」であるところをみれば、現代の東京

表8　発音記号「ɦ」のあらわれかた

	中古音（隋・唐音）
和（ワ）	ɦua
為（ヰ）	ɦɪuĕ
恵（ヱ）	ɦuei
乎（ヲ）	ɦo

方言の「ア行のウ」に対応する上古音は、「ワ行のwu」に近かった可能性がある。

三省堂から出ている『言語学大辞典』の第6巻「術語編」（一九九六年刊）では、「有声のh《エイチ》」の項で、「ɦ」記号の説明がある。

その説明を参考にし、さらに敷衍《ふえん》すれば、つぎのようになろうか。

「有声音」というのは、声帯の振動をともなって発せられる音である。「h」のほうは、声帯の振動をともなわない「無声音」である。また、「p」音も、「無声音」で、二つの唇をとじることによって発せられる。

日本語の「御飯《ごはん》（gohan）」は、「ゴワン（gowan）」のように、「有声音」で発せられることもある。「h」音は、「無声音」であり、「w」音は、「有声音」である。「御飯」の「は」の「h」音は、不完全ながらも、声帯の振動をともなって発音されることが多い。つまり、「有声のh」、すなわち、「ɦ」になっていることが多い。

劇画や漫画にあらわれる「ア゛ー」などの濁点のついた「ア」は、「ɦā」に近くなっているともいえる。「御《ご》飯《はん》」は「goɦan」「ゴア゛ン」と発音していることがあるといえそうである。

また、たとえば、英語で「何」を意味する「what」のばあい、「ホワット hwɔt」のようにも、「ワット wɔt」のようにも発音されることがある。この音は、「ɦɔt」にかなり近いといえそうである。

中国言語学では、一般に、有声音のことを「濁音」ともいうので、「ɦ」は、「hの濁音」といえる。

ɦa＝ア゛
ɦi＝イ゛
ɦu＝ヴ
ɦe＝エ゛
ɦo＝オ゛

とも、表わすこともできそうである。ただ、このように表わすと、「ヴ」が、「ɦu」なのか、「vu」なのか、まぎらわしくなる。

そこで、この本では、「ɦ」の行を、カタカナ風に表記するばあい、つぎのように表記する「約束」にする。

ɦa＝ヴ
ɦi＝ヴィ
ɦu＝ヴゥ
ɦe＝ヴェ
ɦo＝ヴォ

このように表記すれば、「ɦ」の行が、現在の東京方言の「ワ」の行と関係する（対応する）ことも、あるていど表現できそうである。

そり舌音《じたおん》（巻舌音《けんぜつおん》）

舌の先を、前歯のうしろの硬い口蓋よりも後方にそり返らせて発音する音である。

藤堂明保の『学研 漢和大字典』のばあい、「知」という字の中古音（隋・唐音）は、「ṭɪĕ」で示されている。この「ṭ」は、そり舌音である。「知」の現代中国音は、「tṣï」で示されている。この音は、日本人には、「チ」の音よりも、「ツィー」を強く発音したようにきこえる。

藤堂明保の『学研 漢和大字典』では、また、「是」の字の現代中国音は、「ṣï」で示されている。

サンスクリット語など、インドの言語も、そり舌音をもつ。「maṇḍala（曼荼羅《まんだら》）」「Upaniṣad（ウパニシャッド。インド古代の宗教哲学書）」など。

有気音（帯気音）と無気音

中国語のばあい、有気音と無気音との音韻的区別がある。たとえば、「カ」という音のばあい、口のまえに、ティッシュペーパーをさげて、「カ」という音を出すとき、ティッシュペーパーがゆれるような息をともなうのが、「有気音」の「カ」である。日本語では、「有気音のカ」で発音しても、「無気音のカ」で発音しても、ことばの意味に変化をもたらさない。そこには、「音韻的区別」がない。しかし、中国語では、「有気音のカ」と「無気音のカ」では、意味が違ってくる。

それは、日本語で、「理論《りろん》」を、「riron」と、「r音」で発音しても、「lilon」と「l音」で発音しても、ことばの意味に変化をもたらさないが、英語では、「correction《コレクション》」（訂正）と、「colletion」（収集）とでは、意味が違ってくるのと同じような現象である。

逆に、日本語では、清音と濁音とでは、音韻的区別がある。つまり、「カス」と「ガス」などでは、意味が違ってくる。しかし、清音と濁音の区別のない言語では、「カス」と「ガス」とが、同じ音韻にきこえる。無気音と有気音とを区別するばあい、無気音を「k、p、t、……」などであらわし、有気音を、「k‘、p‘、t‘、……」などであらわすことがある。また、有気音を、「k^h、p^h、t^h、……」のように表記することもある。（「k'、p'、t'、……」や、「kh、ph、th、……」であらわすこともある。）

現代の中国語の音表記では、清音と濁音の区別のためではなく、無気音と有気音とを区別するために、「g、b、d、……」などが用いられるので、注意を要する。そのばあいは、「k、p、t、……」が有気音の「k^h、p^h、t^h、……」をあらわし、「g、b、d、……」が、無気音の「k、p、t、……」をあらわす。

2 『日本書紀』についての文献学の基礎知識

森博達《もりひろみち》氏の『日本書紀の謎を解く』

万葉仮名の使われ方については、『日本書紀』が、法則性をつかみやすいので、まず、『日本書紀』をとりあげよう。

一九九九年に、『日本書紀』の万葉仮名研究に関連した画期的な本がでた。

京都産業大学教授の中国語学者森博達《もりひろみち》氏の著書『日本書紀の謎を解く』（中公新書、一九九九年刊）である。

表9 『日本書紀』三十巻の中国人執筆のα群の巻々と日本人執筆のβ群の巻々（1）

巻	天皇名など	群	歌謡番号
1	神代《じんだい》上	β群（日本人執筆）	1番
2	神代《じんだい》下		2番〜6番
3	神武天皇《じんむてんのう》		7〜14番
4	綏靖天皇《すいぜいてんのう》〜開化天皇《かいかてんのう》		歌謡なし
5	崇神天皇《すじんてんのう》		15番〜20番

巻	天皇名など	群	歌謡番号
16	**武烈天皇《ぶれつてんのう》**	**α群（中国人執筆）**	**87番〜95番**
17	**継体天皇《けいたいてんのう》**		**96番〜99番**
18	**安閑天皇《あんかんてんのう》 宣化天皇《せんかてんのう》**		**歌謡なし**
19	**欽明天皇《きんめいてんのう》**		**100番・101番**
20	**敏達天皇《びだつてんのう》**		**歌謡なし**

6	7	8	9	10	11	12	13	14	15
垂仁天皇《すいにんてんのう》	景行天皇《けいこうてんのう》 成務天皇《せいむてんのう》	仲哀天皇《ちゅうあいてんのう》	神功皇后《じんぐうこうごう》	応神天皇《おうじんてんのう》	仁徳天皇《にんとくてんのう》	履中天皇《りちゅうてんのう》 反正天皇《はんぜいてんのう》	允恭天皇《いんぎょうてんのう》 安康天皇《あんこうてんのう》	雄略天皇《ゆうりゃくてんのう》	清寧天皇《せいねいてんのう》・顕宗天皇《けんぞうてんのう》・仁賢天皇《にんけんてんのう》
β群（日本人執筆）								α群（中国人執筆）	
歌謡なし	21番〜27番	歌謡なし	28番〜33番	34番〜41番	42番〜63番	64番	65番〜73番	74番〜82番	83番〜86番

21	22	23	24	25	26	27	28	29	30
用明天皇《ようめいてんのう》 崇峻天皇《すしゅんてんのう》	推古天皇《すいこてんのう》	舒明天皇《じょめいてんのう》	皇極天皇《こうぎょくてんのう》	孝徳天皇《こうとくてんのう》	斉明天皇《さいめいてんのう》	天智天皇《てんじてんのう》	天武天皇《てんむてんのう》上	天武天皇《てんむてんのう》下	持統天皇《じとうてんのう》
α群（中国人執筆）	β群（日本人執筆）		α群（中国人執筆）				β群（日本人執筆）		
歌謡なし	102番〜104番	105番	106番〜112番	113番〜115番	116番〜123番	124番〜128番	歌謡なし	歌謡なし	歌謡なし

表10　『日本書紀』三十巻の中国人執筆のα群の巻々と日本人執筆のβ群の巻々（2）

巻	群
一	β
二	
三	
四	
五	
六	
七	
八	
九	
一〇	
一一	
一二	
一三	
一四	α
一五	
一六	
一七	
一八	
一九	
二〇	
二一	
二二	β
二三	
二四	α
二五	
二六	
二七	
二八	β
二九	
三〇	

森博達氏は、『日本書紀』の記述に用いられた漢字の音韻や語法を分析されたうえでのべる。

『日本書紀』三十巻は表9、表10に示すように、渡来中国人があらわしたα《アルファ》群の巻々と、日本人が書き継いだβ《ベータ》群の巻々とに分けることができる、と。

森博達氏によれば、中国人執筆のα群では、歌謡や訓注が、漢字の中国原音（唐代北方音、長安音）によって表記され、文章は、正格漢文でつづられているという。

そして、森博達氏は、α群の執筆者とみられる人物として、唐から来た人で、七世紀末の音博士《おんはかせ》（漢字の音を教えた）の続守言《しょくしゅげん》と薩弘恪《さつこうかく》の名をあげる。

森博達氏は、結論的にのべる。

「持統朝に続守言《しょくしゅげん》と薩弘恪《さつこうかく》が書紀α群の撰述を始めた。続守言は巻一四から執筆し、巻二一の修了間際に擱筆した。薩弘恪は巻二四～二七を述作した。文武朝になり山田史御方《やまだのふひとみかた》がβ群の述作を始めた。元明朝の和銅七年（七一四）から紀朝臣清人《きのあそんきよひと》が巻三〇を撰述した。同時に三宅臣藤麻呂《みやけのおみふじまろ》は両群にわたって漢籍による潤色を加え、さらに若干の記事を加筆した。こうして、元正朝の養老四年（七二〇）に『日本書紀』三十巻が完成し撰上された。

唐人の続守言と薩弘恪は正音により正格漢文でα群を述作した。つまり中国人が中国語で述作したのだ。

倭人（日本人）の御方《みかた》は倭音により和化漢文でβ群を述作した。若くて優秀な清人《きよひと》は倭習の少ない漢文で巻三〇を述作したが、藤麻呂の潤色・加筆には倭習が目立った。」

したがって、『日本書紀』のα群の万葉仮名は、唐の時代中ごろの、西暦七〇〇年前後の漢字の音を借りて表記している可能性が大きい。唐の時代の漢字の音は、わかっている。したがって、『日本書紀』のα群の万葉仮名が、どのような音をもっていたか、つまり、音価はどのようなものであったかが、かなり正確につかめることになる。

この本では、まず、この事実を利用して、奈良時代の『日本書紀』編纂のころの日本語の音韻の実体をさぐろうと思う。そして、そこから出発して、奈良時代の日本語の発音の全体像をあきらかにしようと思う。

参考文献

この本で、とくに参考にした文献を、つぎにかかげる。

○藤堂明保編『学研　漢和大字典』（一九八〇年、学習研究社刊）
○大野晋『上代仮名遣の研究―日本書紀の仮名を中心として―』（一九五三年、岩波書店刊）
○森博達『古代の音韻と日本書紀の成立』（一九九一年、大修館書店刊）
○森博達『日本書紀の謎を解く―述作者は誰か』（一九九九年、中央公論社刊。中公新書）

森博達氏の見解と私の考えとの対比

ただ、以下の数節では、森博達氏の見解と、私の考えとを対比させる形で、文章をまとめておく。

たとえば、「カ段」のばあい、「カ」「甲類のキ」「ク」「甲類のケ」「甲類のコ」については、現代の東京方言の「カ」「キ」「ク」「ケ」「コ」と、さして変らぬ音であったと見られる。

問題は、現代の拗音部「キャ」「キュ」「キョ」にあたる部分である。それが、現代と、どう違うのか。

つまり、「乙類のキ、ケ、コ」などにあたる「乙類のイ、エ、オ」の音は、どのようなものであったのか。

その点に重点をおいて、以下の文をまとめる。

(I)「乙類のオ」、とくに、「乙類のコ」の音価について

「乙類のオ」について、森博達氏は、つぎのようにのべる。

> **[森博達氏の見解]**（「断案ではない」とされる）
>
> **(1)「乙類のオ」の推定音価は、「ə」である。**（「甲類のオ」の推定音価は、「o」。）
>
> **(2) オ列甲乙二類の対立は、母音の奥舌対中舌の対立によって弁別されていることは、明らかである。**
>
> **（以上、『ことばと文字』［日本の古代14、中央公論社刊］による。）**

つまり、舌全体を、うしろに引いて発音する「オ」か、舌を中ほどまで前に出して発音する「オ」かの違いであるという（88ページ図3参照）。

これに対し、私の考えは、つぎのとおりである。

> **[安本の見解]**
>
> **(1)「乙類のオ」は、基本的に、拗音的なものとして理解すべきである。たとえば、「乙類のコ」の音価**

は、「kɪo」である。これは、「キョkyo」と「クォkwo」の中間音である。「ə」の音は、頭子音が、「s」「z」「t」「d」「n」「r」などの「歯茎音」であるという（条件の）ばあいに生ずる「条件異音」である。

(2) 上代人は、「kyo」も、「kwo」も、「乙類のコ」の音の類と聞きなしたとみられる。

実質的には、森博達氏と私との見解が、それほど大きく異なるものではない。

ただ、私が、このように理解する根拠は、以下にのべるとおりである。

(1) 森博達氏は、「漢音」について説明し、「漢音は七～九世紀頃の（中国の）首都、長安を中心とする唐代北方音を母胎としています。」とのべておられる（『日本書紀の謎を解く』〔中央公論社刊〕）。つまり、『日本書紀』の編纂されたころの中国の音が、「漢音」に近いものになっていることをみとめておられる。そして、たとえば、「乙類のコ」を表記する漢字「居」「挙（擧）」「莒」「拠（據）」などの「漢音」の多くは、「キョ」である（23ページの**表2**参照）。これは、日本語学では、あきらかに、「拗音」とみるべきものである。「乙類のコ」を、「kə」としたばあい、これらの文字の「漢音」のもつ拗音性とのつながりが、うまく説明できていない。

たとえば、『日本書紀』で、「乙類のコ」を表記するために用いられている「居」「渠」などの漢字の「中古音」は、「kɪo」である。「漢音」は、「キョ」である。

いっぽう「魚」という字の「中古音」は「ŋɪo」である。「漢音」は「ギョ」である。

「居」「渠」「魚」すべて、頭子音をのぞいた部分の音は「ɪo」で一致している。

『日本書紀』の時代のわが国での「魚」の音が、「ゴ」に近い「ŋə」であったとは思えない。やはり、現代の「漢音」と同じく「ギョ」に近い音であったと見られる。（「魚」という字の「呉音」が、「ゴ」である。「ŋə」は、呉音の「ゴ」に近い。）

(2) 藤堂明保の『学研 漢和大字典』では、あとの129ページの**表18**に示すように、「乙類のコ」を表記する「挙（擧）」「拠（據）」「莒」「渠」「居」などの文字の「中古音」（隋・唐音）は、「kɪo」とされている。藤堂明保は、「ɪ」を、「中舌的で、あいまいなイ介音」（介音は、わたり音）としている。つまり、これは、「半母音」の一種とみなせるわけである。「乙類のコ」は、拗音の一種とみなすことが可能である。

(3) 現代東京方言には、「カ、キ、ク、ケ、コ、キャ、キュ、キョ」などのように、「キャ、キュ、キョ」の拗音がある。「乙類のコ」は、拗音になぞらえたほうが、わかりやすい。「kə」で説明すると、外国音風になり、日本語風ではない印象をうける。

(Ⅱ) 「乙類のイ」、とくに、「乙類のキ」の音価について

つぎに、「乙類のイ」をとりあげる。

「乙類のイ」について、森博達氏は、つぎのようにのべる。

〔森博達氏の見解〕

(1) 「乙類のイ」の推定音価は「ɪ」である。たとえば、「乙類のキ」の音価は、「kɪ」である。

(2) イ列甲乙二類の対立も、母音の前舌対非前舌の対立によって弁別されている。（つまり、たとえば、「甲類のキki」にくらべ、「乙類のキkɪ」は、前舌ではない。）

これに対し、私の考えは、つぎのとおりである。

[安本の見解]
「乙類のイ」も、基本的に、拗音的なものとして理解すべきである。たとえば、「乙類のキ」の音価は、「kwi」である。これは、「クィック」「クィーン」などの「クィ」である。

私が、このように考える理由は、以下にのべるとおりである。

(1)　藤堂明保の『大字典』では、「ɪは中舌的で、あいまいなイ介音」とされている。つまり、藤堂明保の『大字典』の説明体系のなかでは、「ɪ」は「介音的」である。「kɪ」のような「主母音」にはなりにくい。

(2)　「クィック」「クィーン」などの発音は、現代日本語にとって、日常化した音となっている。そちらになぞらえたほうがわかりやすい。

(3)　たとえば、「乙類のキ」の、もともとの音は、「kui」の音で、「i」は、後置定冠詞的なものであると考えられる。この「u」が、半母音化して、「w」になったと考えられる。「乙類のキ」を、「kɪ」であらわすと、この後置定冠詞的な「i」との関係が、見えにくくなる。

総じていえることは、森博達氏は、該博な中国語学についての知識をお持ちであるため、比較的単純な構造をもつ日本語の音韻を、かなり複雑な構造をもつ中国語の音韻についての、中国言語学の立場、あるいは、用語によって説明されているところがある。

そのため、ふつうの日本人にとっては、ややわかりにくくなっているきらいがある。たとえば、「イ列」

の「甲類」と「乙類」との対立は、「母音の前舌対非前舌によって弁別される」と説明されても、ふつうの日本人にとっては、音のイメージが湧きにくく、簡単に区別して発音してみることが、むずかしいのではなかろうか。

(Ⅲ)「乙類のエ」、とくに、「乙類のケ」について

つぎに、「乙類のケ」をとりあげる。

「乙類のエ」について、森博達氏は、つぎのようにのべる。

［森博達氏の見解］

「乙類のエ」の推定音価は、「əĕ（əi）」であらわされる二重母音である。（森博達氏は、論文「漢字音より観た上代日本語の母音組織」〔『国語学』124―127、一九八一年3―12月〕において、音韻としては、/əi/と見るべきで、音声としては、[əĕ]に近い「二重母音」と解釈されている。）

これに対し、私の考えは、つぎのとおりである。

［安本の見解］

(1) 朝鮮語やフランス語には、日本語の「エ（e）」よりも口を開いた「エ（ɛ）」の音韻がある。これは、独立の音韻として、「エ（e）」と区別される（**図5**、**図6**参照）。韓国の人やフランスの人は、「e」と「ɛ」とは、日常異なる音韻として、聞きわけている。ちょうど、日本人が区別しない「r《アール》」

音」と「l《エル》音」とを、アメリカの人や、イギリスの人が日常聞きわけるのと同じように。

(2) ところで、朝鮮語の「ε」を表記するハングルは、「ㅐ」である。これは、「ア（a）音」を表記するハングルの「ㅏ」と、「イ（i）音」を表記するハングルの「ㅣ」とを合体させたものである。こ

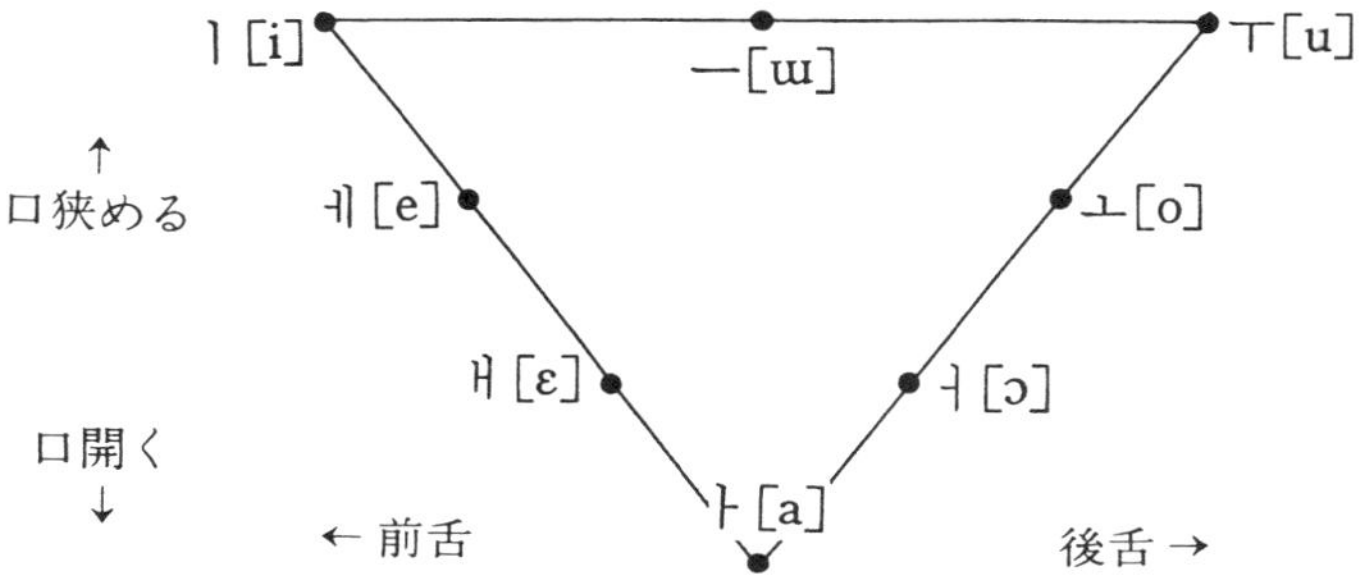

図5　朝鮮語の母音

菅野《かんの》裕臣《ひろおみ》著『朝鮮語の入門』［白水社、1981年刊］による。なお、菅野氏のこの著書では、この朝鮮語の母音図に、つぎの説明がついている。

「日本語のアイウエオのうち、ウ、エ、オの3つに似た母音が（朝鮮語には）それぞれ2つずつあることになります。」

つまり、朝鮮語には、8つの母音があるのである。

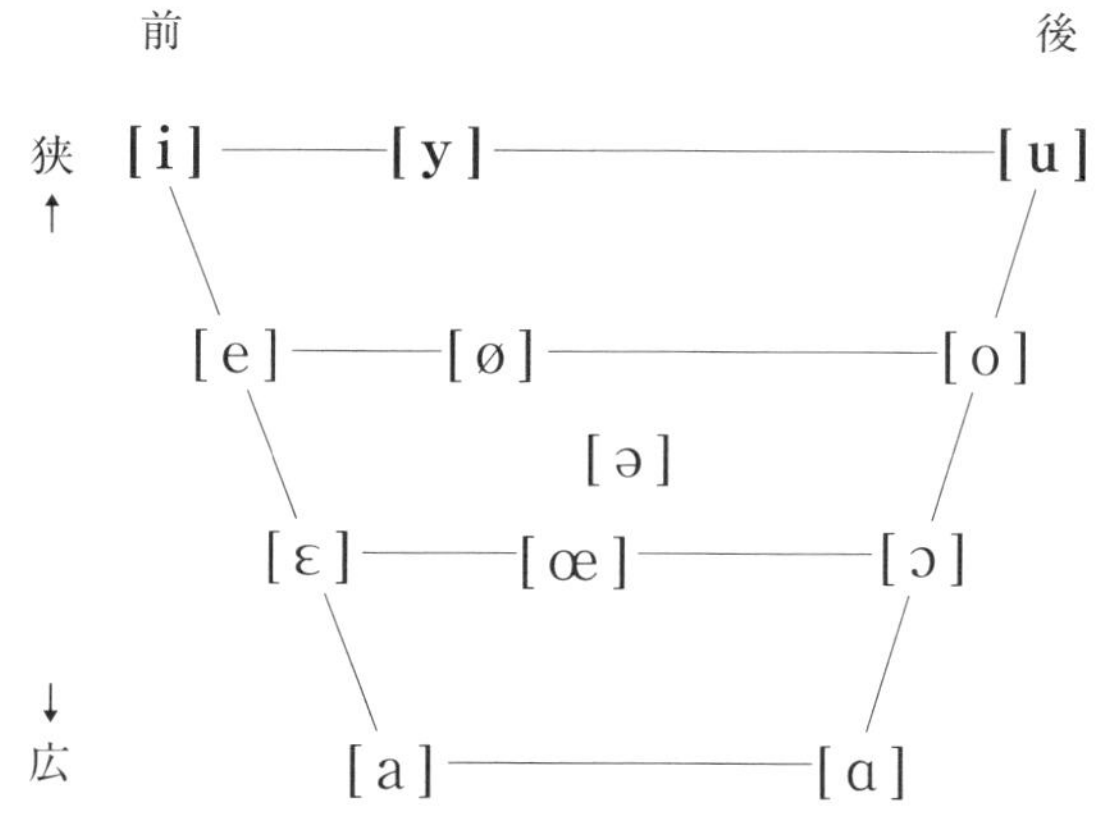

図6　フランス語の母音

稲田晴年著『フランス語の綴りの読み方』［第三書房、2005年刊］による。

れは朝鮮語の「ε（ㅐ）音」の歴史的なりたちを、よく示している。

(3) フランス語のばあいも、話はまったく同じである。たとえば、フランス語で、「愛する」という意味の単語は、「aimer《エメ》（εme《エメ》）」である。つまり、「a」の音と「i」の音とが結びついて、「ε」の音になっている。そのことは、「aimer」という単語のつづりが、よく示している（つづりは、発音よりも、古い形を示していることが多い）。

(4) 英語のばあい、たとえば、「空気」を意味する「air《エア》（εə）」では、「a」と「i」の母音連続から、「ε」音を生じている。

(5) ドイツ語のばあい、「ウムラウト」とよばれる母音変化現象がある。たとえば、「力《ちから》」を意味するドイツ語は、「Macht《マハト》」である。この言葉からできた「強力な」を意味する形容詞は、mächtig《メヒティヒ》［mεçtiç］である。「mächtig《メヒティヒ》」では、うしろにでてくる「i」音の影響をうけて、まえの「a」音が、「ä（ε）」音に変っている。「i-ウムラウト」とよばれるものである。

(6) 日本語の上古語の「乙類のエ」は、発音も、歴史的な成立のプロセスも、朝鮮語やフランス語の「ε音」と、まったく同じものである。（「e」と「ε」との音韻的区別は、世界の言語で、わりによく見られるものである。）

(7) 日本語の上代の和歌（短歌や旋頭歌《せどうか》）をみれば、たとえば、「乙類のケ」は、一音節である。とすれば、それは、「kε」の音とみるべきである。

(8) 森博達氏の説くように、「乙類のエ」の推定音価を「əĕ（əi）」のような「二重母音」とすると、歴史はじまって以来、日本語では、二重母音は、二音節である。「乙類のエ」音を二音節とみると、和歌のリズムが、五・七・五などのリズムと合わなくなる。

(9) 中国語のように、「二重母音」で一音節とすると、それは、日本語の伝統に、あわないように思える。日本語では、一つ一つの母音は、きわめてはっきりと明晰に区別する傾向がある。日本語は、母音性の強い言語である。

(10) 森博達氏は、「乙類のエ」は、「咍韻」と「灰韻（唇音のみ）」とする。藤堂明保の『大字典』によれば、「咍」の字の中古音は、「həi」、漢音は「カイ」である。「灰」の字の中古音は、「huəi」、漢音は「カイ（クヮイ）」である。いずれも、頭子音を除いた部分（韻の部分）に「əi」の音をもつ。

私の説明体系のなかでは、「乙類のエ」の成立には、「後置定冠詞i」が働いているとみる。「əi」という「i」を残した形にしておいたほうが、語源の形がみえやすく、説明しやすい。

(11) 「乙類のエ」の本質は、「ɛ」である。

しかし、現代の日本人は、「ɛ」を発音せよといわれても、韓国の人やフランス人、ドイツ人などのように、「e」と「ɛ」とを、はっきりと区別して発音することがむずかしい。また、「ɛ」の音を、一口で説明することもむずかしい。

(12) そこで、「乙類のエ」を、拗音になぞらえて説明する方法が考えられる。

もともとの「ai」の音の、「a」の部分が、半母音的になったものとする理解である。

私は、たとえば、「乙類のケ」を「$k^{a}i$」と表記した。これは、藤堂明保の『大字典』では、「kəi」と表記されているものにあたる。藤堂の『大字典』で、「ə」と表記されているものを、「半母音」的なものと考えるわけである。

このように考えて、「$k^{a}i$」の音を発音すれば、私たち現代日本人も、「乙類のケ」を、比較的自然に発音できると思う。

(13) いま、東京方言の「カ、キ、ク、ケ、コ、キャ、キュ、キョ」を、「五母音三拗音」と表現するとする。すると、上代語の、「kạ、kị、kụ、kẹ、kɛ、kọ、kẉi、kıo」は、「六母音二拗音」と表現できる。また、「kạ、kị、kụ、kẹ、kọ、kẉï《クイ》、k^{a}ï《カイ》、kıo《キョ》」は、「五母音三拗音」と表現できる。「六母音二拗音」とみるほうが、より事実に即しているとみられるが、「五母音三拗音」とみるほうが、ふつうの日本人にとっては、わかりやすく、発音しやすいと思う。

森博達氏の所説は、すぐれているが、なお検討が必要である

また、森博達氏は、『日本書紀』の巻三〇の訓注にみられる「閇（閉）」の字を、「甲類のへ」とみられるなどされている。しかし、「閇」の字は、『古事記』をはじめ、諸文献で、ひとしく「乙類のへ」として用いられている。そのことは、『時代別国語大辞典　上代編』（三省堂刊）の巻末の「上代万葉仮名一覧表」（900ページ）などをみれば、一目瞭然のようにみえる。

たしかに、「閇（閉）」の字の、中古音は「pei」（上古音は「per」）で、「甲類のへ」に属する音をもっている。しかし、『日本書紀』の巻三〇は、中国人執筆の巻ではない。この巻三〇では、それまでの使用伝統を襲った「呉音」系の音をあらわす文字づかいがされているとみるべきである。

たしかに、「閇（閉）」の字の「漢音」は「ヘイ」であって、「甲類のへ」系の音をもつ。しかし、「呉音」は「ハイ」であって、「乙類のへ」系の音なのである。

そして、たとえば、『現代廣東語辭典』（以下、『現代広東語辞典』と記す。大学書林、一九九四年刊）を見れば、「閉」の字の音は「bai」であって、「乙類のへ」系の音となっている。「呉音」には、中国南方方言の影響があるとみられる。

これと同じような事例は、ほかにも存在する。

たとえば、「米」「迷」という字は、ふつう、「乙類のメ」として用いられている（『時代別国語大辞典　上代編』（三省堂刊）901ページ参照）。

しかし、「米」「迷」という字の、中古音は「mei（mbei）」（上古音は「mer」）で、母音部からみると、「甲類のメ」に属する音をもっている。

そして、「米」「迷」という字の「漢音」は、いずれも「ベイ」であって、「甲類」系の母音部をもつ。

しかし、「呉音」はいずれも「マイ」であって、「乙類のメ」系なのである。

さらに、『現代広東語辞典』を引けば、「米」「迷」の字の音は、それぞれ「máih」と「maih」であって、いずれも、まさに、「乙類のメ」系の音となっている。これは、中国南方方言の影響とみられる。

このように、『日本書紀』の中国人執筆の巻以外のところでは、さまざまな、伝統的な音にもとづく文字が用いられている。

なお、『古事記』の、「乙類のへ」としての「閇」の字の使用例については、この本のあとの、249ページ以下で論じられている。

そして、さらにいえば、「米」「迷」と、上古音、中古音、「呉音」、「漢音」において、まったく同音の「謎」の字が、『日本書紀』の中国人執筆の巻においては、「甲類のメ」として用いられていることは、注目すべきことである。中国人は、この字は、当時、「甲類のメ」の音であることを、認識していたのである。

そして、中国人執筆の巻々の歌謡では、「米」「迷」を、「乙類のメ」として用いることは、まったくなく、「乙類のメ」としては、「梅」「毎」のみを用いている。

中国人は、整然と書きわけているといえよう。以上のようなことを、あえてのべるのは、森博達氏の研究には、きわめてすぐれた点と、なお検討の余地のある点とが、ともにあることを記すためである。

森博達氏と私との見解の相違は、「乙類のイ、エ、オ」を、二重母音を許容する立場からみるか、「拗音的」なものを認める立場からみるか、中国語学的な立場からみるか、日本語学的な立場から見るか、などの違いから生じているということもできよう。

「乙類」についての統一的説明

以上のべてきたことを、さらに、質問とそれに答えるという形でまとめてみよう。新しい事例もあれば、これまでにのべてきたことの復習もある。

私の説明のしかたを、「拗音説」とよぶことにしよう。「拗音説」によるとき、以下のようなことがらが、統一的に、同じ原理で説明できる。「二重母音説」では、以下にのべるような疑問に対して、ほとんど説明されていないと思う。

〔質問1〕「乙類のオ」の問題

「木」のことを、上古語でも、「キ」という。これは、「乙類のキ」である。（『古事記』の「烏草樹《さしぶ》の紀《き》〔木〕など）。「木」のことを、また、「木《こ》の間」「木《こ》の実」のように「コ」ともいう。この「コ」は、「乙類のコ」である。

いっぽう、上古語で、「火」のことを、「ヒ」という。これは、「乙類のヒ」である（以下、甲類、乙類の判断は、三省堂刊『時代別 国語大辞典』による）。また、「火」のことを、「火中《ほなか》」「火《ほ》の穂《ほ》（炎《ほのお》）」のように「ホ」ともいう。「木」のばあいと同じようなケースである。それならば、「火」を意味する

「ホ」は、「木」のばあいにならえば、「乙類のホ」となりそうである。

しかし、ふつうは、この「ホ」は、「乙類のホ」とはみなされていない。

それはなぜか。


答　「乙類のオ」の母音部は、「ɪo」のような形で表記できる。

「木」を意味する「木《こ》」の音は、「kɪo」で表記できる。

これにならえば、「乙類の火《ホ》」が存在するとすれば、「pɪo」のような形で表記できるはずである。ところが、日本上古語（とくに、『古事記』以前の日本語）の「p」音は、口を円くすぼめて発する音である。「p」音じたいが、「pu」に近い音である。そのため、「甲類のホpo」を発したとしても、それは、「puo」に近くなる。日本語では、二重母音は原則としてないので、「u」が半母音化して、「pwo」のようになる。「w」は、半母音「ɪ」の範疇にはいるから、「pwo」は、「pɪo」の範疇にはいりうる。

つまり、「甲類のホ」を発音しても、日本上古語では、「乙類のホ」に近づきがちである。そのため、「甲類のホ」と「乙類のホ」との区別がつかない。

これが、「甲類のホ」と「乙類のホ」との区別がみられない理由である。

この問題については、あとの234ページ以下の、『古事記』の「ホ」についてのところで、くわしく説明している。


このように、甲類と乙類との区別が存在するかどうかは、頭子音の性質による。

[質問2]「乙類のエ」の問題

「菅《すげ》」というカヤツリグサ科の植物がある。「菅笠《すががさ》」「菅原《すがはら》」のような熟語のばあい、「スガ」と読むことが多い。単独で用いられるばあいは、「スゲ」という。このばあいの「ゲ」は、「乙類のゲ」である。いっぽう、「風《かぜ》」は、「風上《かざかみ》」「風下《かざしも》」「風車《かざぐるま》」など熟語のなかでは、しばしば「カザ」という。しかし、単独で用いられるばあいは「カゼ」という。このばあい、「カゼ」の「ゼ」は、なぜ、「乙類のゼ」にならないのか。

答 「菅《すげ》」は、もともとは、「スガ」といったとみられる。それに、準後置定冠詞「イ（i）」が加わり、「スガ」の「ガ」が、「gai」となった。これが、「乙類のゲ」の語源的な形である。この「ai」の部分が、口をひらいた「エ」の「ε」の音となった。「乙類のゲ」の音は、「gε」の音である。

「gai」の「a」の部分が、子音化した（半母音化した）と考えれば、「g^{a}i」のようにも書ける。「ə」を、あいまいな母音として、中国語学的には、「gəi」とも書ける。しかし、「甲類のゲ」は、一音節とみられるから、日本語学的には、「gε」と書くのがもっともよい。しかし、わかりやすさからいえば、「g^{a}i」と書くのがよいだろう。

「風」のことは、古くは、「カザ」といったとみられる。それに準後置定冠詞「イ（i）」が加われば、「ゼ」の部分が「zai」のようになる。これは「zε」に近いはずの音である。ところが、「ε」は、「エe」よりも、より口を開いた「エ」の音である。いっぽう「z」音は、上の前歯のうしろに舌を近づける音である。これは、「イ·i」を発するときの口の構えにやや近い。すなわち、「z音」は、「·i音化頭子音」

である。これが、「zɛ」を発するとき、口の開きをせまくする。その結果、口が十分にひらかず、「zɛ」音が「ze」音に近づく。かくて、「乙類のゼ」は、「甲類のゼ」に近づく。甲類と乙類との区別が失われる。これが、「ゼ」に、甲類、乙類の区別のみられない理由である。

やはり、甲類と乙類との区別が存在するかどうかは、頭子音の性質による。

(やや数式的に書けば、つぎのようになる。「ia」という母音連結は、「e」となる傾向があるとみられる。また、「z」音には、軽い「i」音がふくまれる。そのため、「乙類のゼ」の「zai」→「ziai」→「zei」→「ze」〔甲類のゼ〕。)

【質問3】「乙類のイ」の問題

「月《つき》」のことを、「月夜《つくよ》」など、熟語のなかでは、「ツク」という。そして、「月」が単独で、「ツキ」として用いられるばあい、上古語で、その「ツキ」の「キ」は、「乙類のキ」である。

いっぽう、「口」のことを、「口輪《くつわ》(轡《くつわ》)」など、熟語のなかでは「クツ」という。とするならば、「口」が単独で、「クチ」として用いられるばあい、上古語で、その「クチ」の「チ」は、「乙類のチ」になりそうである。しかし、そうならないのはなぜか。

答　「月」のことは、古くは、「ツク(tuku)」(尽く、からきたか)といったとみられる。それに、準後置定冠詞「イ(i)」が加わり、「tukui」となった。この「kui」が、「乙類のキ」の語源的な形である。この「kui」の「u」の部分が半母音化し、「kwi」の音となった。「乙類のキ」は、「kwi」の音である。

いっぽう、「口」のことは、古くは、「クツ(kutu)」といったとみられる。それに、準後置定冠詞「イ

(·i)」が加われば、「kutui」となる。これは、「kutwi」の音に近い。ところが、この「t」音は、「i音化頭子音」である。口の構えを、やや「·i」に近くする子音である。

その結果、「kutui」「kutwi」の音が、やや、「kutiui」「kutiwi」に近くなる。そのため、「u」や「w」音が、前後の「·i」音的な口の構えにはさまれ、同化し、前舌化し（舌を前にもって行き）、より「·i」音に近づく。その結果「kutiui」「kutiwi」が、ほとんど、「kuti」と同じものになる。これが、「口」の「チ」に、甲類、乙類の区別のない理由である。

このばあいも、「チ」に、甲類、乙類の区別が存在するかどうかは、頭子音「t」の性質による。（以上の説明は、話を、やや簡略化している。上代の「チ」の音は、あとの155ページの表26のように、ほぼ「ṭi」の音である。「ṭ」音も、「·i音化頭子音」である。このばあいは、むしろ、「乙類のチ」に近い。「kutiui」「kutiwi」が、「kuṭi」になっている。「.iu」「.iw」が、「ɪ」音になっている形である。「チ」は、すべて「乙類のチ」になる形で、甲類と乙類との区別が失われている。）

第Ⅳ編 『日本書紀』の万葉仮名

●解読の重要な鍵、藤堂明保編『学研 漢和大字典』●

藤堂明保（1915～1985。日中学院提供）

藤堂明保編『学研 漢和大字典』
（学習研究社、1978年刊）

漢字の音を、「発音記号」であらわすことによって、奈良時代の日本語の音韻を、統一的・体系的に説明することが可能となる。

東京大学の教授であった藤堂明保《とうどうあきやす》は、編集した『学研 漢和大字典』において、そこにおさめられている漢字のすべてについて、中国の各時代別の音を「発音記号」で示した。唐代（『日本書紀』の編纂された時代）の漢字の、中国の都、長安での音も、知ることができる。

これは、奈良時代の日本語の発音を知る大きな手がかりを与えてくれる。

1　『日本書紀』中国人執筆部分歌謡仮名づかいの問題点

長所と短所

『日本書紀』中国人執筆部分歌謡仮名づかい」は、わが国で口承で伝えられてきた歌謡を、一貫した原理によって、当時の中国北方音（長安音）にもとづく漢字（万葉仮名）で記している。

しかし、「『日本書紀』中国人執筆部分歌謡仮名づかい」も、長所と短所とをもつ。

長所は、当時の日本語の音に近い中国音をもつ漢字をとりだしてあてていることである。

当時の中国音のほうは、どのような音であったかが、今日、かなりよくわかっている。そこで、ここから、そのころの日本語の音をかなり正確に知ることができる。

いっぽう、『日本書紀』の仮名づかいの短所というか、問題点もいくつかある。

おもなものは、つぎの三つである。

(A)　清音と濁音とが、十分に書きわけられていない。

(B)　「タ」行、「ダ」行、「ナ」行、「ラ」行（つまり55ページ**表4**の歯茎音グループの、破裂音系グループ）において「ツ」と「甲類のト」、「ヅ」と「甲類のド」、「ヌ」と「甲類のノ」、「ル」と「甲類のロ」の区別が十分には書きわけられていない。たとえば、「奴」の字は、日本語の「ヌ」を表記するのにも、「甲類のノ」を表記するのにも用いられている。

この点に関して、藤堂明保は、その著『中国語音韻論』（光生館、一九八〇年刊）のなかで、つぎのようにのべている。（［　］内の注記と、傍線、およびゴシックは安本）

「都（ト）、奴（ノ）、盧（ロ）、素（ソ）などは、呉音でオ段に読まれることが多いが、時には、都（ツ）、奴（ヌ）、盧（ル）、素（ス）［素戔《すさ》の鳴《お》の尊《みこと》など］のように読まれることもある。これは中国の中古音系自体に**/o/と/u/**［/o/、/u/は、音韻表記］**との区別がなかったため**、「模」韻の韻母［「模mo」の音の頭子音をのぞいた部分］には、かなりの幅があって、日本人としてはオ段とウ段のどちらに入れるかきめかねたためであろう。」

これは、むしろ『日本書紀』の中国人執筆者が、日本語の「ト」と「ツ」とを弁別して表記する方法をもたなかったとみるべきであろう。

日本人にとって、「r《アール》」音と「l《エル》」音との音韻的区別がないように、当時の中国人にとって、「o」音と「u」音との音韻的区別がなかったのである。

(C)「ダ」行と「ナ」行、「バ行」と「マ行」の頭子音が十分に書きわけられていない。たとえば、「麼」の字は、日本語の「バ」をあらわすのにも、「マ」をあらわすのにも使われている。

ある言語を、別の音韻体系をもつ他の言語で表記することは、むずかしい。

英語や中国語の発音を、日本語のカタカナやひらがなを用いて、正確に表記することは、むずかしい。

たとえば、英語の「r《アール》」と「l《エル》」との区別を、カタカナや、ひらがなを用いて、区別して表記することはできない。

それと同じようなむずかしさは、日本語を中国語の文字で表記するばあいにも生ずるのである。

いま、さきの(A)の清音と濁音とが、十分に書きわけられていないという問題を、とりあげてみよう。

この問題については、すでに、江戸時代の、本居宣長が、気づいていた。

本居宣長は、『古事記伝』の「一の巻」で、「仮名《かな》の事」を論じ、つぎのようにのべている。

「『古事記』のなかで、清音と濁音とを確実に書き誤っていると見えるものは、ただの十例ほどにすぎない。そのほかの幾百もある清音、濁音は、みな正しく書きわけられている。ごくごくまれな書き誤りにこだわって、すべてを疑うべきではない。

『日本書紀』は、『古事記』にくらべると、清音と濁音とを書き誤っていることが大変多い。これは、首をかしげるようなことである（こはいといぶかしきことなり）。しかしまた、清音、濁音をまったく書き分けずに、混用しているわけではない。清音と濁音とは正しく分離できるので、のちの時代のまったく混用されている文献と同列ではない。また、『万葉集』は、『古事記』にくれべれば、書き誤っているところがやや多いが、『日本書紀』にくらべれば、誤りは大変すくない。清音、濁音を正しく書き分けているようである。」

なぜ、『日本書紀』に異例が多いのか

『日本書紀』に、清音と濁音の表記についての異例が多いのは、おもに、つぎのような理由によるとみられる。

（1）『日本書紀』の万葉仮名、とくに、「中国人執筆部分歌謡仮名づかい」は、西暦七〇〇年前後の中国の唐の長安音にもとづいている。
執筆にあたった中国人は、日本人の清音と濁音とを、正確には聞きわけていないようである。

ちょうど、日本人が英語を耳で聞いて、「r《アール》」音と「l《エル》」音とを、正確に書きわけるのが困難であるのに近い状況があったとみられる。

（2）当時の中国の長安音は、音韻が、大きく変化する移行期のさなかにあった。濁音「b」「d」「g」な

どが清音化して、「p」「t」「k」にほとんど近づき、また、たとえば、鼻音の「ma」が、「mba」音（ンバ」のような音）をへて、「ba」音に近づくという現象がおきていた。

中国人にとって、「ba」「pa」「ma」「mba」などが、きわめてまぎらわしい状況になっていた。日本語そのものによほど通じて、清音、濁音について系統的な知識をもたなければ、たんに耳で聞いて正確に記そうと心がけただけでは、中国人が、日本語の清音、濁音を正確に書きわけるのは、むずかしかったとみられる。

(3)「m」音が、「mb」音をへて、「b」音に近づくというような現象がおきていたため、当時の長安音をあらわす漢字で、「マ ma」と「バ ba」とを書きわけることがむずかしいというような現象もおきていた。『日本書紀』の中国人執筆の巻の歌謡において、「マ」をあらわすのにも、「バ」をあらわすのにも、同じ「麼」の字を用いている（あとの178・179ページ表33と180・181ページの表34参照）。「マ行」や「ナ行」音は、それぞれすべて、「バ行」や「ダ行」音と同じ文字を用いざるをえなかったのである。

日本語では、「マ」と「バ」、「ナ」と「ダ」は、はっきりとした別の音韻である。ところが、『日本書紀』の表記法によるとき、これらを書きあらわした漢字だけを見たのでは、「マ」か「バ」か、「ナ」か「ダ」か区別がつかない。『日本書紀』の「バ」をあらわす万葉仮名の九十パーセントは、「マ」とも読めるものである。

当時の長安音は、音韻変化の移行過程のさなかにあり、漢字の音がやや不安定で、日本語の実体を正確に書きわけることができない状況にあった。

そのために、『日本書紀』の万葉仮名によって、奈良時代語をさぐると、探求の結論が、あいまいになるばあいがある。

「漢音」について

「漢音」とよばれるものがある。やはり、唐代の「長安音」にもとづく。しかし、「漢音」は、「『日本書紀』仮名づかい」よりも、百年以上はのちの時代の、おもに九世紀ごろの長安音にもとづく。

「漢音」について、藤堂明保は、『学研 漢和大字典』の、「中国の文字とことば」の解説で、つぎのようにのべる。

「漢とは、中国を代表する呼び名であるから、（唐の）長安人は中国の標準語を『漢音』と称したのである。遣唐使たちは、長安でこの通念に接して帰国し、五、六世紀いらい日本に流布していた南朝式の発音を『呉音』と呼んでけなし、長安ことば、すなわち『漢音』を採用することを主張したのであった。

こうして奈良朝の末には、はや呉音・漢音の対立する風潮が、わが国の記録の上に登場する。

『明経《ミョウギョウ》の徒（論語・孝経など、儒教の古典を学ぶもの）は、呉音に習ふべからず。発音誦読すでに訛謬《カビュウ》を致せり。よろしく漢音を熟習すべし。』（『日本紀略』の七九二［延暦一一］年の勅）

こうして遣唐使や音博士の主張がとおり、朝廷では再三、学者や僧侶に対して、従来の呉音読みを漢音読みに改めるよう督促した。」

しかし、延暦九年（七九二年）の勅のあと、七九七年に成立した『続日本紀』の「光仁天皇紀」の天応《てんのう》元年（七八一年）の詔《みことのり》などでも、「麻」の字を、「マ」と読ませ（「麻」の漢音は、「バ」）、「婆」の字を「バ」と読ませ（「婆」の漢音は「ハ」）ている。このような読み方は、むしろ、あとでのべる『古事記』の太安万侶の仮名づかいと一致する。

太安万侶の仮名づかいは、日本語の音の書き分けには、便利なところがあったのである。
奈良時代の末には、「漢音」は、なお十分には、普及していなかったことがわかる。
おおむね「漢音」読みとなったのは、漢籍を通じて、平安朝以後に紹介された漢語といえる。

中国での音韻変化

『中国語学新辞典』（光生館刊）の「音韻変化」の項に、つぎのような説明がある。

「歴史的に見れば、中古のb、d、dzなどの平声《ひょうしょう》（音の高さが変動せず平らな調子）が、規則的に北京語のp'、t'、ts'などの陽（低い音ではじまる）平声に変化したということができる。その条件（原因）として、まず①中古の濁音は唐末に有声（声帯の振動を伴う音）の息を伴ったpɦ、tɦ、kɦ、tsɦ…などとなり、②かつ低平調であった—と考えられる。ついで有声の息ɦが無声の息hとなり、pɦ→ph→p'、tɦ→th→t'のように変化する（それは北方漢語で「紅」ɦuŋ→huŋとなる無声化と併行する）。同時に低平調の末尾が基準音高に戻る傾向をおびて升調（のぼりの調子）となった。このように音韻変化は一般に体系的であり、中世漢語の有声音の無声化は、b、d、g、dz…のほかɦ、zなど全般に及び、さらにpɦ、tɦなどの要素ɦまでもh化することとなる。つまり特定の条件を備えた音韻は、こぞって音韻変化をこうむるのである。」

「平声」や「陽平声」などの、声調（高低アクセントなど）のことを別にすれば、中古の濁音のb、d、dzなどが、p、t、ts系統の音に変化したことをのべている。

「ɦの濁音」の「ɦ」も清音化して、「h」となるのである。

「『日本書紀』仮名づかい」は、そのような変化の移行過程の、やや不安定な時期の中国音にもとづいてい

中　国
日　本
年
600
700
800
900
581
隋
619
618
・濁音が清音に移行。
唐
907
五　代
（後梁・後唐・後晋
・後漢・後周）
・587　物部氏滅ぼされる。
・593　聖徳太子摂政となる。
・645　大化の改新はじまる。
・660　白村江の戦い。日本大敗。
694　藤原京時代
710
・712　『古事記』成立。
・720　『日本書紀』成立。
奈良時代
784
長岡京時代
794
平安時代

図7　唐と奈良時代

る。

図7にみられるように、「奈良時代」は、八世紀のうちにはいり、それは、中国の唐の時代の中ほどにあたる。

『日本書紀』の仮名づかい

『日本書紀』の仮名づかいについてのべる。『日本書紀』のα群の歌謡は、中国人が日本語の歌謡を耳できき、その一つ一つの音に、もっともよくあてはまるとみられる西暦七〇〇年前後の唐の長安音で記したとみられる。

そのため、つぎのようなことがおきている。

(1)「『日本書紀』仮名づかい」は、中国語の「中古音」(隋・唐音)の範疇におさまる音をもつ漢字で記されている。『日本書紀』の万葉仮名の代表字の読みは、中国の他の時代の音よりも、基本的に「中古音」と一致している。

(2)『古事記』と異なり、『日本書紀』の万葉仮名の代表字の読みは、「呉音」よりも、「漢音」に近くなっている。

(3)「阿」「佐」など、伝統的に使われていて、音韻変化のなかった漢字は、そのまま使われている。しかし、「陀《だ》」「我《が》」「娜《だ》」「麽《ば》」など音韻変化のあったものは、変化して、あらたに長安音となったものにもとづき、日本語の音韻にふさわしいものをあてている。

(4)当時の日本語の音韻を、当時の中国人がどのように聞きなしたか、ということがわかるという意味で、『日本書紀』は、貴重な資料である。

しかし、日本人じたいの音のゆれ（個人差や、同じ音韻を、ときに清音風に発音したり、濁音風に発音したり）なども、そのまま表記する傾向がある。そのため、体系的な表記にはなっていないところがある。また、当時の日本語の音韻について、字母表（五十音図にあたるもの）をつくったうえで表記するということを行なっていない。そのため、同一の音韻を記すのに、何種類もの文字を使うというようなことがおきている。

上代特殊仮名づかいの音価の問題を考えるばあい、さきの55ページの**表4**の［**第1グループ**］の「カ行音」、すなわち、「カ」「キ（甲類）」「ク」「ケ（甲類）」「コ（甲類）」「乙類のキ」「乙類のク」「乙類のコ」の音を「基本形」と考え、他の行の音の音価は、「カ行音」を出発点とし、「カ行音」に準じて考えるとわかりやすい。

そこで、まず、「カ行音」の発音（音価）を、ややくわしくお話しておこう。

藤堂明保の『学研　漢和大字典』によって、『日本書紀』の中国人執筆の巻々の歌謡部分にあらわれる「カ行音」の漢字の、中国中古音をしらべ、また、その漢字の出現頻度を調査し、表の形で示せば、**表11〜表18**のようになる。

これらの表をみれば、つぎのようなことがわかる。

(1)「カ」「甲類のコ」を表記する過半の漢字の中古音が、「ka」「ko」である。漢音が、「カ」「コ」である。

これらは、現代の東京方言の「カ」「コ」とほぼ同じ音とみられる。

(2)「ク」の中古音は、すべて「kɪu」である。すでにのべたように、藤堂明保の『漢和大字典』の「ɪu」は、現代東京方言の「ウ ɯ」とほとんど等しいとみられる。また、「ク」の音を表記した漢字の「漢音」は、すべて「ク」。よって、「ク」も、現代東京方言の「ク」と、ほぼ同じ音とみられる。

表12 『日本書紀』中国人執筆の巻々・歌謡の「甲類のキ」の万葉仮名

(a) 漢字による分類と使用頻度

万葉仮名	漢音	中古音（隋・唐音）	使用頻度
枳	キ	kiĕ	50回
岐	キ	giĕ	15
企	キ	k'iĕ	6
祁	キ	gii	1
棄	キ	k'ii	1
祇	キ	giĕ	1
計			74

(b) 発音による分類と頻度

万葉仮名の中古音	頻度
kiĕ（枳）	50回
giĕ（岐・祇）	16
k'iĕ（企）	6
k'ii（棄）	1
gii（祁）	1
計	74

「ĕ」は、「特に短い e」の音。
「i」に近い音とみられる。

(c) 漢音による分類と頻度

漢音	頻度
キ（枳・岐・企・祁・棄・祇）	74回
計	74

表11 『日本書紀』中国人執筆の巻々・歌謡の「カ」の万葉仮名

(a) 漢字による分類と使用頻度

万葉仮名	漢音	中古音（隋・唐音）	使用頻度
柯	カ	ka	41回
架	カ	ka	19
舸	カ	ka	12
箇	カ	ka	8
歌	カ	ka	6
可	カ	k'a	1
伽	キャ	gıă	1
計			88

(b) 発音による分類と頻度

万葉仮名の中古音	頻度
ka（柯・架・舸・箇・歌）	86回
k'a（可）	1
gıă（伽）	1
計	88

(c)「漢音」による分類と頻度

漢音	頻度
カ（柯・架・舸・箇・歌・可）	87回
キャ（伽）	1
計	88

表14 『日本書紀』中国人執筆の巻々・歌謡の「甲類のケ」の万葉仮名

(a) 漢字による分類と使用頻度

万葉仮名	漢音	中古音（隋・唐音）	使用頻度
稽	ケイ	kei	4回
鶏	ケイ	kei	2
啓	ケイ	k‘ei	1
計			7

(b) 発音による分類と頻度

万葉仮名の中古音	頻度
kei（稽・鶏）	6回
k‘ei（啓）	1
計	7

(c) 漢音による分類と頻度

漢音	頻度
ケイ（稽・鶏・啓）	7回
計	7

表13 『日本書紀』中国人執筆の巻々・歌謡の「ク」の万葉仮名

(a) 漢字による分類と使用頻度

万葉仮名	漢音	中古音（隋・唐音）	使用頻度
倶	ク	kɪu	60回
炬	ク	kɪu	28
屨	ク	kɪu	2
計			90

・「kɪu」は、東京方言の「ク（kɯ）」と、ほぼ同じ音とみられる。

(b) 発音による分類と頻度

万葉仮名の中古音	頻度
kɪu（倶・炬・屨）	90回
計	90

(c) 漢音による分類と頻度

漢音	頻度
ク（倶・炬・屨）	90回
計	90

表16 『日本書紀』中国人執筆の巻々・歌謡の「乙類のキ」の万葉仮名

(a) 漢字による分類と使用頻度

万葉仮名	漢音	中古音（隋・唐音）	使用頻度
紀	キ	kɪei	5回
基	キ	gɪei	4
己	キ	kɪei	1
計			10

(b) 発音による分類と頻度

万葉仮名の中古音	頻度
kɪei（紀・己）	6回
gɪei（基）	4
計	10

(c) 漢音による分類と頻度

漢音	頻度
キ（紀・基・己）	10回
計	10

表15 『日本書紀』中国人執筆の巻々・歌謡の「甲類のコ」の万葉仮名

(a) 漢字による分類と使用頻度

万葉仮名	漢音	中古音（隋・唐音）	使用頻度
古	コ	ko	22回
姑	コ	ko	3
故	コ	ko	3
固	コ	ko	1
計			29

(b) 発音による分類と頻度

万葉仮名の中古音	頻度
ko（古・姑・故・固）	29回
計	29

(c) 漢音による分類と頻度

漢音	頻度
コ（古・姑・故・固）	29回
計	29

表18 『日本書紀』中国人執筆の巻々・歌謡の「乙類のコ」の万葉仮名

(a) 漢字による分類と使用頻度

万葉仮名	漢音	中古音（隋・唐音）	使用頻度
擧（挙）	キョ	kɪo	14回
據（拠）	キョ	kɪo	3
莒	キョ	kɪo	3
渠	キョ	gɪo	3
居	キョ	kɪo	2
計			25

(b) 発音による分類と頻度

万葉仮名の中古音	頻度
kɪo（擧・據・莒・居） gɪo（渠）	22回 3
計	25

(c) 漢音による分類と頻度

漢音	頻度
キョ（擧・據・莒・渠・居）	25回
計	25

表17 『日本書紀』中国人執筆の巻々・歌謡の「乙類のケ」の万葉仮名

(a) 漢字による分類と使用頻度

万葉仮名	漢音	中古音（隋・唐音）	使用頻度
該	カイ	kəi	7回
開	カイ	k‘əi	5
凱	カイ	k əi	1
愷	カイ	k əi	1
計			14

(b) 発音による分類と頻度

万葉仮名の中古音	頻度
kəi（該） k‘əi（開・凱・愷）	7回 7
計	14

(c) 漢音による分類と頻度

漢音	頻度
カイ（該・開・凱・愷）	14回
計	14

また、逆に、藤堂明保の『漢和大字典』の「ɯ」が、現代の東京方言の「ウ ɯ」にほぼ等しい音であることが、ここでも確かめられた形となる。

(3)「甲類のキ」の中古音の過半が、「kiĕ」である。すでにのべたように、藤堂明保の「大字典」の「ĕ」は、「·i」音に近い前舌の（舌を前にもって行く）短い「e」の音。かなり、「·i」音に近い。

また、「キ」の音を表記した漢字の漢音は、すべて、「キ」。よって、「キ」も現代東京方言の「キ」と、ほぼ同じ音とみられる。

なお、中古音（隋・唐音）のころ、漢字の「g」音は、かなり清音化し、「k」音に近くなっていた。**表11~表18**において、中国人執筆者が、しばしば、「k」音と「g」音とを、混同しているようにみえるのは、ちょうど、日本人が「r」音と「l」音とを、聞きわけにくくなっているのと、同じような状況であったためとみられる。このことは、逆に、これらの巻々の歌謡の表記者が、中国人であったことを、より確かにしているともいえよう。

(4)「甲類のケ」の、万葉仮名の中古音は、「kei」「k'ei」、漢音は、「ケイ」である。

「甲類のケ」は、現在の東京方言の「ケ」と、ほぼ同じ音であったとみられる。

ただ、唐代の北方長安の中国音では、ちょうど「ケke」にあたる音をもつ漢字が、存在しなかったとみられる。藤堂明保の『学研 漢和大字典』の巻末の音索引で引くと、「ケ」の音をもつ漢字が二一一文字ほど示されている。しかし、それらの漢字は、ことごとく、呉音などで「ケ」の音をもつものである。漢音で、「ケ」の音をもつものは、一つもない。

北方長安音で、日本語の「ケ」にぴったりあてはまる漢字が存在しなかったので、日本語の「ケ（甲類）（ke）」の音を、もっとも近い「kei」に聞きなして、「稽」「鶏」「啓」などの文字で表記したものとみられる。

（5）「乙類のケ」は、「kai」の音に由来するとみられる。ただ、「kai」の「a」音が、介音（頭子音と主母音とのあいだに介在するわたり音）のようになったとみられる。半母音的になり、あいまいな母音となり、中国人には、「ə」（英語のgirl［gəːl］の「ə」音）のように聞きなされ、その結果、「乙類のケ」が、「該 kəi」「開・凱・愷（以上の音は、kʻəi）」などの漢字で表記されたものとみられる。「乙類のケ」を表記した漢字の漢音は、すべて、「カイ」である。

（6）「乙類のキ」は、「kui」の音に由来するものとみられる。ただ、「kui」の「u」音が、半母音化し「クィ kwi」（クィーン、クィックなどのクィ）のようになり、その「wi」の音を、東京方言の「ウ（ɯ）」（「u」音ほど、舌を、奥に引かない。88ページの図3参照）と「·i」音との中間音の「ɪ」をふくむ音をもつ漢字「紀（kɪei）」などで表記したものとみられる。「ɪ」と「ɯ」とは、いずれも、中舌（舌を中ほどにもって行く）で、口を閉じるようにして発音する音である。日本語の「ウ（ɯ）」音が、しばしば、中国人によって、「ɪ」音のように聞きなされているようにみえる。

（7）「乙類のコ」は、「kɪo」の音をもつ。「ɪ」の音は、東京方言の「ウ（ɯ）」と、「·i」音との中間音である。「kɪo」は、「クォ kwo」（クォは、クォーター、クォークなどのクォ）と「キョ kyo」との中間音といえる。日本人が、「クォ kwo」と発音しても、「キョ kyo」と発音しても、中国人には、「乙類のコ」の類の音と聞きなされたであろうとみられる。「乙類のコ」を表記した漢字の漢音は、ことごとく「キョ」である。

「乙類のキ」「乙類のシ」について

以上のべたもののうち、「乙類のキ」について、いますこしくわしく説明しておこう。

「甲類のキ」を表記する漢字も、「乙類のキ」を表記する漢字も、ともに、「漢音」は「キ」である。「漢音」では、甲類か乙類かの区別がつかない。

このことは、『日本書紀』が編纂されたころ、「乙類のキ」が、かなり、「甲類のキ」すなわち「ki」の音に近づいていたことを思わせる。

「乙類のキ」は、本来、「kui」の音であったものが、「kui」の「u」音が、うしろの「i」音の影響をうけてウムラウト化し、「kui」の音が「kü」または「küi」のようになっていたことを思わせる。

「kui」→「kü（küi）」→「ki」

という変化の流れを考えるならば、『日本書紀』が編纂されたころ、「乙類のキ」は、「kü（küi）」の段階になっていたことが考えられる。

この「kü（küi）」を、森博達氏は、「kɪ」の形で表現されたものとみることができる。

ただ、そうすると、藤堂明保の『大字典』の音韻表記体系では、「ɪ」は単独では主母音にはなりにくいことがひっかかる。

「乙類のキ」を、「küi」の形や、『日本書紀』の歌謡のように「kɪei」の音をもつ文字であらわすと、二重母音的になる。日本語のばあい、伝統的に二重母音は二音節になり、一音節にはならないところに、抵抗感がある。

さらに、「乙類のキ」を「kü」であらわすと、「乙類のキ」と「i」音との関係がややはっきりしない。

結局、「kwi」で表記すれば、「i」音性も強調できるし、一音節性をたもつことにもなる。

なお、すでに、55ページの**表4**で示したように、「サ行」「ザ行」「タ行」「ダ行」「ナ行」「ラ行」などにおいては、「甲類のイ」列音と「乙類のイ」列音との区別がない。

そして、あとの147ページで示すように（表24）、たとえば、「シ」の音の表記のために、「之」の字も、「志」の字も、「斯」の字も用いられている。

「之」の字や「志」の字の中古音は、ともに「tʃɪei」である。「乙類のキ」を表記するのに用いた「紀」の字の中古音「kɪei」と同じ韻母（頭子音を除いた部分）をもつ。

また、「斯」の字の中古音は「siĕ」である。「甲類のキ」を表記するのに用いた「枳」の字の中古音「kiĕ」と同じ韻母をもつ。

「鹿」や「猪」をさす「しし」ということばを、中国人執筆の歌謡のなかで、「之之」とも「志志」とも、「斯斯」とも記されている。

つまり、「乙類のシ」となるような韻母をもつ「之」「志」も、「甲類のシ」となるような韻母をもつ「斯」も、区別なく「シ」の音を表記するのに用いている。

このようにたしかに、「甲類のシ」と「乙類のシ」との音韻的区別はない。

これは「シ」のばあい、語頭子音の「tʃ」や「s」が歯茎音であって、上の前歯のうしろに、舌の先を近づけて発音するので、語頭音じたいが、「·i」音性をもっているからである。「tʃɪui」または「tʃɪei」のように発音しても、「tʃɪui」または「tʃɪei」に近くなり、結局「tʃi」と変らなくなるためである。

『日本書紀』の「カ行音」のまとめ

カ行音について、これまでに検討したことをまとめれば、つぎのようになる。

カ行音を、「上代特殊仮名づかい」の代表例として、その内容を記憶するとすれば、つぎのようにおぼえればよい。

漢　音	備考
（キ）	「甲類のキ」のほうは、東京方言の「キ」と同じ音。
カイ	埼玉方言などの、「アケー（赤い）」「タケー（高い）」などの、口をひらいた「ケ」の音は、「乙類のケ」の音に近い。「甲類のケ」のほうの漢音は、「カイ」ではなく「ケイ」。
キョ	「甲類のコ」のほうは、東京方言の「コ」と同じ音。

カ、キ、ク、ケ、コ、クィ、カィ、キョ

そして、この「クィ、カィ、キョ」の部分が、以上に説明したような内容をもつものであることに、留意する。

「クィ」「カィ」「キョ」の内容を、今一度表の形にまとめれば、上の**表19**のようになる。

「カ行音」以外の他の音は、「カ行音」についての知識を基本とし、それに、あるていどの修正を加えることによって説明できる。

現代の日本語では、カ行音は、つぎの八つが基本である。

カ、キ、ク、ケ、コ、キャ、キュ、キョ

そして、「キャ」「キュ」「キョ」は「拗音《ようおん》」とよばれる。それにならえば、古代の「乙類のキ kwi」「乙類のケ kəi」「乙類のコ kɪo」も、広い意味での「拗音」の一種ということができよう。

以下では、**表19**の、「キ（乙）」「ケ（乙）」「コ（乙）」を表記するための表記「kwi」「$k^{a}i$」「$k^{w}_{y}o$」において、頭子音の「k」をのぞいた部分を、「母音部」と呼び、「w」や、小さい文字で記した「a」「wy」の部分を「半母音」または「半母音部分」と呼び、「i」「o」の部分を、「主母音」または「主母音部分」と呼ぶことにする。

表19　乙類の「キ」「ケ」「コ」の音

カ行の乙　類	記憶のための呼び方	この本での発音表記法	語源的音	代表字（使用頻度のもっとも多い字）の中古音
キ(乙)	クィ	kwi	kui	紀（kɪei）
ケ(乙)	カィ	$k^{a}i$	kai	該（kəi）
コ(乙)	キョ	$k^{w}_{y}o$	（kyoとkwoとの中間音）	擧（挙、kɪo）

「k」以外の子音ではじまる音の表記についても、これにならう。

統計的調査の必要性

ここで、筆写の過程でおきる「誤写」の問題をとりあげておく。古代の文献資料は、印刷されていたわけではない。千年以上のあいだ、筆写に筆写を重ねて、現代に残されたものである。そこでは、写し誤りは、しばしばおきた。

現在残されているテキストに、ある文字が存在しているということだけでは、その文字の確実な使用例の証拠とはなりにくい。その文字が、複数のテキストの、さまざまな文脈のなかで、複数回使用されているとき、そのすべてが、同じように書き誤られる確率は、小さくなるであろう。

文字の使用頻度をしらべることにより、一、二例の写し誤りにふりまわされる確率を小さくすることができる。

『日本書紀』の歌謡での例をあげておこう。

『日本書紀』の「巻第二十四」の「皇極天皇紀」にのっている歌謡番号108番の、「向《むか》つ峰《を》に　立《た》てる夫《せ》らが　柔手《にこで》こそ　我《わ》が手《て》を取《と》らめ　誰《た》が裂手《さきで》　裂手《さきで》そもや　我《わ》が手《て》取《と》らすもや」の歌のばあい、岩波書店刊の『日本書紀　上』、小学館刊の『日本書紀③』、大野晋著の

『上代假名遣の研究』（岩波書店刊）の三つのテキストによるとき、それぞれ、つぎのようになっている。
○《マル》でかこんだ文字に注目していただきたい。同じ「タ」の文字表記が、三つのテキストで異なっている。

【岩波書店刊『日本書紀　上』（日本古典文学大系）】

「武《む》舸《か》都《つ》烏《を》爾《に》　陀《た》底《て》屢《る》制《せ》囉《ら》我《が》　儞《に》古《こ》泥《で》擧《こ》曾《そ》　倭《わ》我《が》底《て》烏《を》騰《と》羅《ら》毎《め》　拕《た》我《が》佐《さ》基《き》泥《で》
作《さ》基《き》泥《で》曾《そ》母《も》野《や》　倭《わ》我《が》底《て》騰《と》羅《ら》須《す》謀《も》野《や》」

【小学館刊『日本書紀③』（日本古典文学全集）】

「武《む》舸《か》都《つ》烏《を》爾《に》　陀《た》底《て》屢《る》制《せ》囉《ら》我《が》　儞《に》古《こ》泥《で》擧《こ》曾《そ》　倭《わ》我《が》底《て》烏《を》騰《と》羅《ら》毎《め》　拖《た》我《が》佐《さ》基《き》泥《で》
作《さ》基《き》泥《で》曾《そ》母《も》野《や》　倭《わ》我《が》底《て》騰《と》羅《ら》須《す》謀《も》野《や》」

【大野晋著『上代假名遣の研究』（岩波書店刊）】

「武《む》舸《か》都《つ》烏《を》爾《に》　陁《た》底《て》屢《る》制《せ》囉《ら》我《が》　儞《に》古《こ》泥《で》擧《こ》曾《そ》　倭《わ》我《が》底《て》烏《を》騰《と》羅《ら》毎《め》　柂《た》我《が》佐《さ》基《き》泥《で》
作《さ》基《き》泥《で》曾《そ》母《も》野《や》　倭《わ》我《が》底《て》騰《と》羅《ら》須《す》謀《も》野《や》」

○《マル》でかこんだ「タ」を表記する文字が三者三様といってよい。
「陀」「拕」「拖」「陁」「柂」の五種類の漢字が用いられている。「誰《た》が裂手《さきで》」の「誰《た》」を表記する文字などは、三つのテキストでみなちがう。

誤写にふりまわされて議論をしないための、さまざまなフィルターをもうけておく必要がある。

この本での議論において『日本書紀』の歌謡のばあい、あきらかな誤字は訂正したうえで、大野晋の『上代仮名遣の研究』にもとづいて統計をとった。大野晋の『上代仮名遣の研究』は、統計をとりやすい形に、歌謡が整理されているのである。

「太安万侶《おおのやすまろ》仮名づかい」の表記の例外のほとんどは、書写の過程での誤写とみられる

『古事記』での例もあげておこう。

『古事記』の歌謡において、太安万侶は、あらかじめ作成されている「字母表（五十音図のようなもの）」にもとづき、かなり厳密に、一字を一音に対応させているようにみえる。

そして、文字使用のごくわずかの例外のほとんどは、千三百年にわたる書写の過程での、誤写によるようにみえる。

『古事記』の歌謡をみると、「マ」という音をあらわすのに、「麻mă」と「摩mua」の二種類の文字が使われているようにみえる。

そして、とくに使いわけはなく、同じ「島《しま》」を記すのに、「志麻」とも、「志摩」とも書いているようにみえる。いま、『古事記総索引』（平凡社刊）によって、『古事記』歌謡中の、「マ」の万葉仮名の使用状況をしらべてみると、**表20**のようになる。

ところで、今、「麻」「摩」の二種類の文字の、『古事記』の歌謡中に出現する例数と、地の文に出現する例数とをしらべてみる。すると、**表21**のようになる。

表21をみれば、「麻」の字は、おもに歌謡中に用いられているのに、「摩」の字は、おもに、地の文中で用いられていることがわかる。使用されている傾向が大きく異なる（統計学的には、カイ自乗検定で、一％水準で有意）。

表20、**表21**でみると、「摩」の字は、歌謡中に、6回ほど用いられていることになる。

表20 『古事記』歌謡中の「マ」の万葉仮名の使用頻度

万葉仮名	漢音	呉音	上古音（周・秦・漢代音）	中古音（隋・唐代音）	使用された語度数（%）
麻	バ	メ	măg	mă（mbă）	198例 （97%）
摩	バ	マ	muar	mua	6例 （3%）
計					204例（100%）

表21 「摩」の文字は、おもに、地の文中に出現する

文字	歌謡中に出現する例	地の文中に出現する例	計
麻（mă）	198例（80%）	48例（20%）	246例（100%）
摩（mua）	6例（20%）	24例（80%）	30例（100%）
計	204例（74%）	72例（26%）	276例（100%）

ところが、この6回の使用頻度というのは、じつは『古事記総索引』（平凡社刊）の「本文篇」によったばあいの使用頻度なのである。テキストによって、この使用頻度が、変ってくる。

例をあげよう。

『古事記総索引』の「本文篇」は、よく校定されたテキストである。

しかし、「日本思想大系本」の『古事記』（岩波書店刊）も、よく校定されたテキストである。

この二つのテキストで、たとえば、「仁徳天皇記」の第53番の歌謡の、「淡嶋《あわしま》 淤能碁呂嶋《おのごろしま》 檳榔《あじまさ》の 島《しま》も見《み》ゆ 離《さ》けつ嶋《しま》見ゆ」のところの原文を、比較してみよう。

【『古事記総索引』「本文篇」】

「阿《あ》波《は》志《し》摩《ま》 淤《お》能《の》碁《ご》呂《ろ》志《し》摩《ま》 阿《あ》遅《ぢ》摩《ま》佐《さ》能《の》 許《こ》志《し》麻《ま》母《も》美《み》由《ゆ》 佐《さ》気《け》都《つ》志《し》摩《ま》美《み》由《ゆ》」

【「日本思想大系」本の『古事記』】

「阿《あ》波《は》志《し》麻《ま》 淤《お》能《の》碁《ご》呂《ろ》志《し》摩《ま》 阿《あ》遅《ぢ》麻《ま》佐《さ》能《の》 志《し》麻《ま》母《も》美《み》由《ゆ》 佐《さ》気《き》都《つ》志《し》麻《ま》美《み》由《ゆ》」

〇《マル》でかこんで示したように、『古事記総索引』で、「摩」となっているものが、「日本思想大系」本の『古事記』では、「麻」になっているものが、三カ所におよぶ。

したがって、「日本思想大系」本の『古事記』によるときは、**表20**、**表21**の歌謡中に出現する6回の「摩」の字は、第53番の歌謡の部分だけで、3回へって、3回の使用頻度になってしまう。

そして、この第53番の歌謡のばあい以外に、『古事記総索引』の「本文篇」では、「阿《あ》賀《が》波《は》斬《し》豆《づ》摩《ま》邇《に》」（吾《あ》が愛《は》し妻《づま》に。歌謡番号59番）となっているものが、「日本思想大系」本の『古事記』では「阿賀波斬豆麻《ま》迩」となっている。「摩」が、「麻」になっている。

これもへらせば、**表20**、**表21**の、歌謡中の「摩」の出現頻度は、6例から2例にへってしまう。

つまり、もし「日本思想大系」本の『古事記』によるときは、**表20**に示す歌謡中の使用頻度において、「麻」の使用頻度は、「198例（97%）」から「202例（99%）」にふえる。「摩」の使用頻度は「6例（3%）」から「2例（1%）」にへってしまうのである。圧倒的多数は「麻」である。

とすれば、この「2例」の「摩」の使用も、もとからの特別な使用例ではなく、誤写の可能性を思わせる。

したがって、このような少数の使用例に焦点をおいて議論するのをなるべく避け、頻度数の多いものに、頻度数に応じた重点をおいて議論したほうがよいとみられる。

2　『日本書紀』の万葉仮名を調べる

「カ行音」

すでに、126〜129ページの**表11**〜**表18**に示した**『日本書紀』**の**「カ行音」**の調査結果を、出現頻度の大きい文字、出現頻度の大きい音を中心にしてまとめなおすと、**表22**のようになる。

この**表22**と、同じ形式で、『日本書紀』の中国人執筆の巻々の歌謡の「ガ行音」の万葉仮名についての調査結果をまとめると、**表23**のようになる。

この**表23**をもとに、『日本書紀』編纂の時代（七〇〇年〜七二〇年のころ）の、日本語の「ガ行音」について考えると、つぎのようになる。

きい漢字と音）

その他（内わけ。音とその頻度［漢字とその頻度］。漢字のふりがなは、上が漢音、下が呉音）	調査総頻度
2回（k'a［可《カ》《カ》1］、gıă［伽《キャ》《ギャ》1］）	88回
24（giě［岐《キ》《キ》15、祇《キ》《ギ》1］、k'iě［企《キ》《キ》6］、k'ii［棄《キ》《キ》1］、gii［祁《キ》《ギ》1］）	74
0	90
1（k'ei［啓《ケイ》《ケ》1］）	7
0	29
4（gıei［基《キ》《コ》4］）	10
0	14
3（gıo［渠《キョ》《ゴ》3］）	25
34	337

(1)　**表23**をみて、まず気がつくのは、「ガ行音」が、すべて鼻音の「ŋ」の形ではじまっていることである。「鼻音」は、息《いき》が、鼻を通る形で発せられる音である。「キング」の「ング」に近い音である。現在の東京方言では、「タマゴ」を、「tamaŋo」のように、すこし鼻にかかった音で発音する。これは「ガ行鼻濁音」といわれるものである。

では、『日本書紀』編纂の時代のわが国では、「ガ行」は、「ガ行鼻濁音」ではじまる音で発音されていたのであろうか。

これは、おそらくは、そうでない。『日本書紀』編纂のころも、現代東京方言とだい

表22　『日本書紀』カ行の代表字と代表音（代表字、代表音は、もっとも頻度の大

カ行代表字（ふりがなは、上が漢音、下が呉音）	代表音（中国語中古音［隋・唐音］）［漢音、呉音］	代表音の頻度（内わけ。ふりがなは、上が漢音、下が呉音）
カ（柯《カ》《カ》）	ka［カ、カ］	86回（柯《カ》《カ》41、哿《カ》《カ》19、舸《カ》《カ》12、箇《カ》《カ》8、歌《カ》《カ》6）
キ［甲］（枳《キ》《キ》）	kiě［キ、キ］	50（枳《キ》《キ》50）
ク（俱《ク》《ク》）	kɪu［ク、ク］	90（俱《ク》《ク》60、矩《ク》《ク》28、屨《ク》《ク》2）
ケ［甲］（稽《ケイ》《ケ》）	kei［ケイ、ケ］	6（稽《ケイ》《ケ》4、鶏《ケイ》《ケ》2）
コ［甲］（古《コ》《ク》）	ko［コ、ク］	29（古《コ》《ク》22、姑《コ》《ク》3、故《コ》《ク》3、固《コ》《ク》1）
キ［乙］（紀《キ》《コ》）	kɪei［キ、コ］	6（紀《キ》《コ》5、己《キ》《コ》1）
ケ［乙］（該《カイ》《カイ》	kəi［カイ、カイ］	7（該《カイ》《カイ》7）
開《カイ》《ケ・カイ》）	k'əi［カイ、カイ］	7（開《カイ》《ケ・カイ》5、凱《カイ》《カイ》1、愷《カイ》《カイ》1）
コ［乙］（擧《キョ》《コ》）	kɪo［キョ、コ］	22（擧《キョ》《コ》14、據《キョ》《コ》3、莒《キョ》《コ》3、居《キョ》《コ》2）
計		303

たい同じく、「ガ（ga）、ギ（gi）、グ（gu）、ゲ（ge）、ゴ（go）」のように発音されていたとみられる。

それが、「鼻濁音」で発せられたかのように記されているのは、なぜか。

これは、そのようにするしか、ほかに方法がなかったためとみられる。

当時の中国では、「g音」は、清音の「k音」に近くなっていた。したがって、「ga、gi、gu…」のように表記すると、「カ、キ、ク…」のような音を表記することになってしまう。

あとでくわしくのべるように、『古事記』のほうでは、「ガ」の音を、「ɦa（ヴァ、賀の漢字）」でうつし、「グ」の音を「gɪu（グ、具の漢字）」で表記している。これは、『古事記』は、『日本書紀』よりも、すこし古い時代の中国音をもとに表記しているからである。

の大きい漢字と音)

その他（内わけ。音とその頻度［漢字とその頻度］。漢字のふりがなは、上が漢音、下が呉音）	調査総頻度
0回	43回
0	3
0	5
0	0
0	5
0	9
0	7
1（gɪo［渠《キョ》《ゴ》1］）	4
1	76

紀』は、同一の人物「影姫《かげひめ》」を「箇《か》磑《げ》比《ひ》謎《め》」とも、「柯《か》导《げ》比《ひ》
音が「ガイ」で同じであることが示されている。よって、

『日本書紀』編纂の時代の中国では、「ɦ音」は清音化して、「h音」のようになっていた。「g音」もすでにのべたように、清音化して、「k音」に近くなっていた。したがって、「ガ」や「グ」を「ɦa」や「gɪu」の音をもつ漢字でうつすと、「ha（ハ）」や「kɪu（ク）」の音をうつしたことになってしまうのである。そのため、『日本書紀』の中国人執筆の巻々では、やむをえず、「ガ行音」を「ガ行鼻濁音」の「ŋ」ではじまる音をもつ漢字でうつしたとみられる。

(2) 表23の「ガ（ŋa）」「グ（ŋɪu）」「ゴ（ŋo）」は、現代の日本語の「ガ」「グ」「ゴ」と、ほぼ同じ音を写したとみられる。

(3) 「甲類のギ」を、「ŋɪě」の音をもつ「蟻」の音で写している。これは、すこし説明を要する。「ŋɪě」だと、「ɪ」を同じく中舌（舌を、あまり口先にもって行かず、あまりうしろにももって行かない）母音の「w」に近い音と見、「ě」を、すでにのべたように「i」に近い音とみると、「ŋɪě」は、「ŋwi」になる。これは、「甲類のギ」というよりは、むしろ、「乙類の

表23 『日本書紀』ガ行の代表字と代表音（代表字、代表音は、もっとも出現頻度

ガ行代表字（ふりがなは、上が漢音、下が呉音）	代表音（中国語中古音［隋・唐音］）［漢音、呉音］	代表音の頻度（内わけ。ふりがなは、上が漢音、下が呉音）
ガ(我《ガ》《ガ》)	ŋa［ガ、ガ］	43回（我《ガ》《ガ》36、鵝《ガ》《ガ》5、峨《ガ》《ガ》1、餓《ガ》《ガ》1、）
ギ［甲］（蟻《ギ》《ギ》）	ŋiě［ギ、ギ］	3（蟻《ギ》《ギ》）
グ(虞《グ》《グ》)	ŋıu［グ、グ］	5（虞《グ》《グ》4、遇《グ》《グ》1）
ゲ［甲］（使用例なし）	使用例なし	0
ゴ［甲］(娯《ゴ》《グ》、吾《ゴ》《グ》)	ŋo［ゴ、グ］	5（娯《ゴ》《グ》2、吾《ゴ》《グ》2、悟《ゴ》《グ》1）
ギ［乙］（擬《ギ》《ゴ》）	ŋıei［ギ、ゴ］	9（擬《ギ》《ゴ》8、疑《ギ》《ギ》1）
ゲ［乙］（皚《ガイ》《ガイ》）	ŋəi［ガイ、ガイ］	7（皚《ガイ》《ガイ》4、导《ガイ》《ガイ》*2、礙《ガイ》《ゲ》1）
ゴ［乙］（御《ギョ》《ゴ》）	ŋıo［ギョ、ゴ］	3（御《ギョ》《ゴ》3）
計		75

*「导」の字は、藤堂明保の『学研 漢和大字典』にのっていない。ただ、『日本書謎《め》』とも記す。かつ、「皚」も「导」も、ともに、『集韻』で、「牛代切」。つまり、「皚」と「导」とを、同音とみる。

ギ」に近いようにみえる。なぜこのようになっているのであろうか。

それは、当時の中国の漢字の中に「甲類のギ」にあたる「ŋi」「ŋii」「ŋiě」などの音を、直接持つ漢字が、存在しなかったためとみられる。

藤堂明保の『学研 漢和大字典』の巻末の索引には、「ギ」の音をもつ漢字が、八十六字のっている。その一つ一つにあたってしらべてみると、「ŋi」「ŋii」「ŋiě」の音をもつ漢字は、一つもない。おそらく、「ŋ」の音のなかに、舌を中舌化させる働きがあり、「ŋi」「ŋii」「ŋiě」のように発音しても、「i」が鋭い音にならず、「ŋɪi」「ŋɪě」に近くなるためであろう。

そこで、やむをえず、「甲類のキ」の「kiě」に一番近い母音部をもつ「ŋɪě」の音をもつ「蟻」の字を、「甲類のギ」を表記するのに用いたのであろう。そして、

「乙類のギ」には、「乙類のキ（紀 kɪei）」と同じ母音部をもつ「擬 ŋɪei」などをあてはめ、「甲類のギ」と区別することにしたのであろう。

「甲類のギ」を表記するのに、乙類系とみられる「蟻」の字が用いられている事情については、森博達氏の『古代の音韻と日本書紀の成立』の39ページに、中国語学の立場からのくわしい考察がある。

(4) 「甲類のゲ」は『日本書紀』の中国人執筆の巻々のなかの歌謡では、使用例がない。おそらく、当時のわが国では「甲類のゲ」として、他の「ガ」「ギ（甲）」「グ」「ゴ（甲）」と同じく、現代の東京方言の「ゲ」とほぼ同じ音が用いられていたものとみられる。

(5) 「乙類のギ（擬 ŋɪei）」「乙類のゲ（暟など、ŋəi）」「乙類のゴ（御 ŋɪo、渠 gɪo）」は、それぞれ「乙類のキ」「乙類のケ」「乙類のコ」と母音部が同じである。「乙類のキ」「乙類のケ」「乙類のコ」にならって考えればよい。

「歯茎音グループ」の「サ行」「ザ行」「タ行」「ダ行」「ナ行」「ラ行」における甲類と乙類との区別

つぎに頭子音が「s」「z」「t」「d」「n」「r（l）」などの歯茎音ではじまる「サ行」「ザ行」「タ行」「ダ行」「ナ行」「ラ行」をとりあげる。

この「歯茎音グループ」の頭子音は、いずれも、上の前歯のうしろに、舌の先をつけるか、または、近づけて発音するものである。

つまり、母音の「イ i」に近い舌の構えで、頭子音を発音するグループである。これを「イ（i《アイ》）音化頭子音」のグループと名づけよう。

母音部が頭子音の影響をうけ、「イ音化」されるのである（**図8**参照）。

その結果、「乙類のイ（ウィ ui＝wi）」は、「甲類のイ」に近づく。かくて、「イ列音」の、甲類と乙類の区別が失われる。

また、「乙類のエ（ai＝ε）」は、やや口を開いた「エ」であった。それが、頭子音の影響で、口を閉じる方向に動く。かくて、「エ列音」において、「甲類のエ（e）」と「乙類のエ（ε）」の区別が失われる。

「オ列音」については、「乙類のオ（ɪo）」が、「yo」または、「wo」に近い音なので、「イ音化頭子音」の影響をうけて、「io」に近くなる。

「ɪo」のような音も、「乙類のオ」の範疇にはいるので、「オ列音」だけは、甲類と乙類との区別が残される。

ただ、**図8**にみられるように、

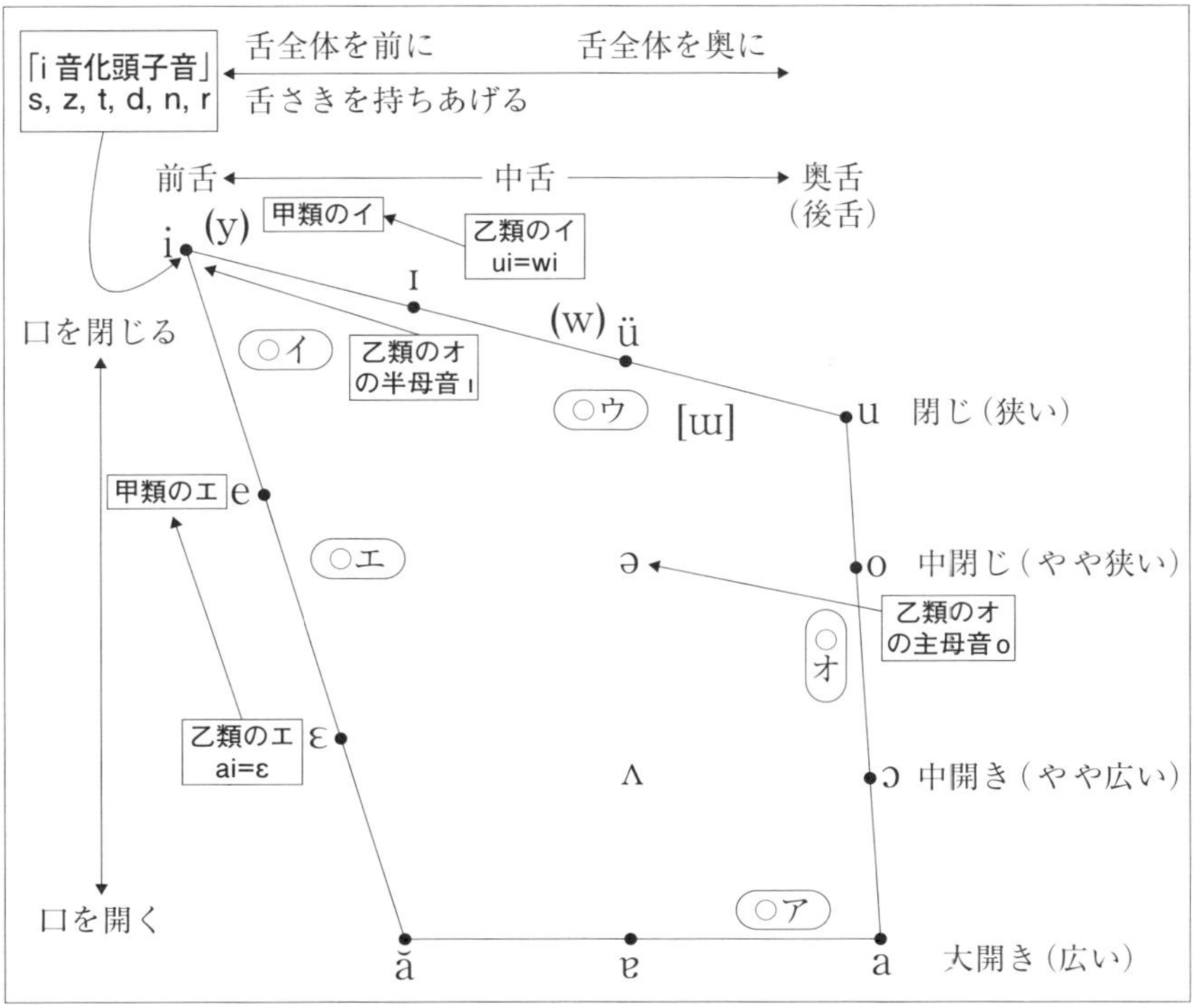

図8　「i 音化頭子音」による母音部の変化

「乙類のオ ɪo」の「半母音 ɪ」は、「イ音化頭子音」に、吸収されてしまう。つまり、「ɪ音」の代用を頭子音がしてしまう。そして、「主母音の o」の部分が、「ə」に近づく。その結果、「乙類のオ」をもつ「ソ（乙）」「ゾ（乙）」「ト（乙）」「ド（乙）」「ノ（乙）」「ロ（乙）」の「母音部」は、しばしば、「ɪo」から「ə」へ変化する。

の大きい漢字と音）

その他（内わけ。音とその頻度［漢字とその頻度］。漢字のふりがなは、上が漢音、下が呉音）	調査総頻度
9回（sa［娑《サ》《サ》9］）	25回
62（siě［斯《シ》《シ》21］、ʃɪei［始《シ》《シ》10］、ʃɪi［矢《シ》《シ》8、尸《シ》《シ》1］、ʃɪě［絁《シ》《セ》8、施《シ》《セ》1］、siei［思《シ》《シ》4、伺《シ》《シ》3、司《シ》《シ》1］、tʃɪi［旨《シ》《シ》3、指《シ》《シ》1］、ʒɪi［泊《シ》《ジ》1］）	117
0	30
13（tʃɪɛi［制《セイ》《セ》8］、ʃɪɛi［世《セイ》《セ》5］）	23
0	5
3（dzəŋ［贈《ソウ》《ゾウ》1］、dzək［賊《ソク》《ゾク》1］、ṣïo［所《ソ》《ショ》1］）	14
87	214

『日本書紀』の「サ行音」

「サ行」をとりあげる。

「サ行音」は、時代的、地域的に、かなり変異がみられる。

現代でも、北部九州や中国地方では、「せんせい（先生）」を「しぇんしぇい」のように発音する人がすくなくない。

「さ、し、す、せ、そ」が「しゃ、し、しゅ、しぇ、しょ」のようになる。また、「ざ、じ、ず、ぜ、ぞ」も、「じゃ、じ、じゅ、じぇ、じょ」のようになる。

私は、生れは、旧満州（現在の中国東北地方）であるが、父の郷里が、岡山県である。それで、高校生のころまで、岡山県で育った。

高校での数学の時間のことである。先生が数列の収《しゅう》斂《れん》（収束）の話をしていた。そしてたずねた。

表24　『日本書紀』サ行の代表字と代表音（代表字、代表音は、もっとも出現頻度

サ行代表字（ふりがなは、上が漢音、下が呉音）	代表音（中国語中古音［隋・唐音］）［漢音、呉音］	代表音の頻度（内わけ。ふりがなは、上が漢音、下が呉音）
サ（佐《サ》《サ》）	tsa［サ、サ］	16回（佐《サ》《サ》11、左《サ》《サ》4、作《サ》《サ》1）
シ（之《シ》《シ》）	tʃɪei［シ、シ］	55（之《シ》《シ》30、志《シ》《シ》25）
ス（須《シュ》《ス》）	siu［シュ、ス］	30（須《シュ》《ス》30）
セ（制《セイ》《セ》）	sei［セイ、サイ］	10（西《セイ》《サイ》4、細《セイ》《サイ》3、栖《セイ》《サイ》3）
ソ［甲］（蘇《ソ》《ス》）	so［ソ、ス］	5（蘇《ソ》《ス》3、泝《ソ》《ス》1、素《ソ》《ス》1）
ソ［乙］（曾《ソウ》《ソ・ソウ》）	tsəŋ［ソウ、ソ・ソウ］	11（曾《ソウ》《ソ・ソウ》11）
計		127

「この数列は、どのような値に、収斂しますか。」

すると、手をあげて、あてられた後《うしろ》の方の席にすわっていた生徒が、ひどく大きな声で答えた。

「ジェロ！」

それが、あまりに極端であったので、教室中が爆笑した。（過半の生徒は「0《ゼロ》」は、「ゼロ」と発音していたのである。）

「サ行」をとりあげて、**表22**～**表23**と同じような表をつくると、**表24**のようになる。

（1）　東京方言の「サ」に対応する『日本書紀』の中国人執筆の巻々の歌謡での代表音（もっとも使用頻度の多い音）は、「tsa（ツア）」である。

国語学者の大野晋も、「日本古典文学大系本」の『萬葉集一』（岩波書店、一九五七年刊）において、万葉仮名の「サ」の音が、「tsa」であることをのべている。

中国語学者の森博達《ひろみち》氏も、『日本書紀の謎を解く』のなかで、『日本書紀』の万葉仮名の「サ」の音が、「ᵗsa」であることをのべている。ただ、**表24**の「その他」の欄をみればわかるように、「sa」の音をもつ「娑《サ》」の字も九回（三十六パーセント＝9/25）ほど用いられている。「tsa」のように発音しても、「sa」のように発音しても、古代人は、現代の「サ」の音に対応する同じ音韻として聞いたとみられる。

（2）東京方言の「シ」に対応する『日本書紀』での代表音は、「之」の字などの音の「tʃɪei」である。この音は、「チ」に近いとみられる。また、現代の「シ」に近い音をもつ「斯 siĕ」「始 ʃɪei」などの文字も、かなり用いられている。古代人は、これらの音を、同じ音韻に属するものとして聞いたとみられる。「シ」には甲類、乙類の区別がみとめられないが、この「tʃɪei」の母音部「ɪei」は、「乙類のキ」を表記した「キ kɪei［紀など］」と同じものである。

（3）東京方言の「ス」に対応する『日本書紀』での音は、「·siu（須）」である。これは、現代の東京方言の「ス」とほぼ同じとみてよいであろう。「ク」が「kɪu（倶《ク》など）」で表記されるのにならえば、「ス」は「sɪu」のはずであるが、「s音」のもつ「イ音性」により「ɪ」音が強められて「·i」に聞きなされ、「·siu」の音をもつ漢字で表記されたものであろう。

（4）東京方言の「セ」に対応する『日本書紀』での代表音は、「sei（西など）」である。これは、『日本書紀』での「ケ」を表記する万葉仮名の「稽 kei」などと、母音部が同じである。現代の東京方言の「セ」の音と、ほとんど変りはなかったとみられる。ただ、「制 tʃɪɛi」（これは、チェイ、またはチェに近いとみられる）、「世 ʃɪɛi」（シェイ、またはシェに近いとみられる）なども、かなり用いられている。これらは『日本書紀』の時代、音韻的に、同じ範疇に属するとみられていたようである。

(5)　東京方言の「ソ」に対応する『日本書紀』の「甲類のソ」は、「蘇 so」などである。現代の東京方言と同じ音であるとみられる。

(6)　『日本書紀』の「乙類のソ」の代表音は、「tsəŋ（曾）」である。これは、本来は、「tsɪo」のような音であったものが、「ɪ」音は、頭子音「ts」のもつ「イ音性」に吸収され、「o」音が、「ts」のもつ「イ音性」に引かれて、そちらの方に動き、あいまい母音の「ə」（英語の girl〔gəːl〕の ə）の方向に近づいたものとみられる。現代の仮名《かな》では、表記しにくいが、しいて表記すれば、「ツィオ」を縮めて発音したような音といえようか。なお、「宗」の字の中古音が「tsoŋ」で、漢音が「ソウ」である。「当」の字の中古音は「taŋ」で、漢音は、「トウ（タウ）」である。

このような例からみれば、『日本書紀』の「乙類のソ」の代表字の「曾」の音「tsəŋ」の末尾に、「ŋ」の記号がついていることは、「乙類のソ」は、「ツィオウ」のように、うしろに、「ウ」の音がすこし響く音であった可能性がある。

『日本書紀』の「ザ、ジ、ズ、ゼ、ゾ」音

『日本書紀』の「ザ行音」について、これまでと同じような表をつくれば、**表25**のようになる。

この**表25**にもとづいて、おのおのの音を検討する。

(1)　「東京方言」の「ザ」に対応する音を表記した『日本書紀』の中国人執筆の巻々の歌謡のなかにみえる「ザ」の使用例は、一例があるのみである。

の大きい漢字と音）

その他（内わけ。音とその頻度［漢字とその頻度］。漢字のふりがなは、上が漢音、下が呉音）	調査総頻度
0回	1回
2（rɪ［貳《ジ》《ニ》1］、rɪĕ［児《ジ》《ニ》1］）	8
0	11
0	1
0	0
0	2
2	23

その音表記は、「dzaŋ」（蔵）である。

このころの中国では、濁音は、清音化していた。この表記は、比較的まれな、濁音残存例によったものか。

このころの日本語の「ザ」は、大略、現在の東京方言の「ザ」に近かったとみてよいであろう。音表記「dzaŋ」のおしまいに、「ŋ」の記号のついているところをみると、多少「ゾウ」のように、「ウ」音的な響きがついていたのかもしれない。あるいは、他に適切な文字がなかったので、「ŋ」の音のついたものを用いただけかもしれない。

(2) 東京方言の「ジ」に対応する音が、万葉仮名では、「rɪei（珥など）」となっている。頭子音が「r」になっている。このことについて、まず説明しよう。

この「r」音は、古代の「n」音が変化して、「r」音になったものである。「n」も「r」も、舌を、上の歯の歯ぐきのうしろにもって行って発音する点において、近いところがある。

中国語の「r」音は、舌さきと、歯ぐきのうし

表25　『日本書紀』ザ行の代表字と代表音（代表字、代表音は、もっとも出現頻度

ザ行代表字（ふりがなは、上が漢音、下が呉音）	代表音（中国語中古音［隋・唐音］）［漢音、呉音］	代表音の頻度（内わけ。ふりがなは、上が漢音、下が呉音）
ザ（藏《ソウ(サウ)》《ゾウ(ザウ)》）	dzaŋ［ソウ（サウ）、ゾウ（ザウ）］	1回（藏《ソウ(サウ)》《ゾウ(ザウ)》）1
ジ（珥《ジ》《ニ》）	niei（rɪei）［ジ、ニ］	6（珥《ジ》《ニ》5、耳《ジ》《ニ》1）
ズ（儒《ジュ》《ニュウ》）	niu（rɪu）［ジュ、ニュウ］	11（儒《ジュ》《ニュウ》6、孺《ジュ》《ニュウ》5）
ゼ（噬《セイ》《ゼイ》）	ʒɪɛi［セイ、ゼイ］	1（噬《セイ》《ゼイ》1）
ゾ［甲］	使用例なし	使用例なし
ゾ［乙］（茹《ジョ》《ニョ》）	nio（rɪo）［ジョ、ニョ］	2（茹《ジョ》《ニョ》）
計		21

ろの硬い口蓋部（硬口蓋部）とのあいだから声を摩擦して出す音である。

この音は、日本人が開くと、「リ」のようにも、「ジ」のようにも聞こえる音である。たとえば、「日本」という語の現代中国語の音は、「rìběn」であるが、これは、日本人には「リーペン」とも、「ジーペン」とも聞こえる音である。（中国語の発音記号では、「b」の記号は、無気音の「p」音をあらわすことに注意。中国語の発音記号では、「p」の記号の方は、有気音の「p」、すなわち、やや激しい息をともなう、「p^h」をあらわす。）

「日」という字は、「日時」「毎日」などでは「ニチ」と読む。「日月」「休日」などでは、「ジツ」と読む。「ニチ」の呉音は、「ニチ」であり、漢音は、「ジツ」である。

「ニチ」は、より古い時代の中国語の「日」の音を伝えており、「ジツ」は、唐の時代の「日」の音を伝えている。

「日本」のことを、「ニホン」ともいい、「ジャパン」ともいう。「日」の字が、「ニ」ではじまるように聞こえたことも、「ジ」ではじまるように聞こえたこともあったために生じた現象である。

「日」を「ジツ」と読む漢音のもとの音（唐代音）は、「riĕt」である。つまり、「riĕ」の音が、「ジ」の音に対応している。

藤堂明保は、隋・唐時代の「r音」の発音を「ř」の記号であらわし、「ř」について、以下のように説明している。

「舌の尖《さき》をわずかにそらせ、舌面を上あごに近づけて摩擦させた音。ジを発音しつつ、少し舌の尖《さき》をそらせるとよい。」

「そり舌音だが、やや舌面的なr」（舌面的とは、舌の面を、上口蓋に近づける意味とみられる。）

「（「人」という字の音について）六朝から隋唐にかけて、人 niĕn → řɪen（ニン→ジン）と変化し、六朝音をまねた呉音ではニン、隋唐音を輸入した漢音ではジンと訳した。」

そして、東京方言の「ジ」に対応する音を表記する万葉仮名の漢字の音の「rɪei（珥など）」の音の母音部の「ɪei」は、東京方言の「シ」に対応する音を表記する万葉仮名の漢字の音「tʃɪei（之など）」の母音部の「ɪei」と同じものである。これは、また、「乙類のキ」を表記する万葉仮名の漢字の音「kɪei（記など）」の母音部と同じものである。

「ジ」には、甲類、乙類の区別はないが、東京方言の「ジ」に対応する古代音の「ジ」は、乙類系の音をもっていたといえる。

(3) 東京方言の「ズ」に対応する音が「rɪu（儒など）」である。この母音部の「ɪu」は「ク」を表記する万葉仮名の「kɪu（倶など）」と同じものである。

『日本書紀』の「ズ」は、現代東京方言の「ズ」とほぼ同じ音であったとみられる。

（4）東京方言の「ゼ」に対応する万葉仮名の「噬」は、音が、「ʒɪɛi」である。このころ中国語では、濁音が、清音に近づきつつある時代であった。

「噬」の字の呉音は「ゼイ」、漢音は「セイ」である。

唐の時代のころ、「噬」の字の頭子音には、濁音性があるていど残っていたため、この字が、「ゼ」を表記するのに用いられたものであろうか。

（5）「甲類のゾ」を表記した万葉仮名は、調べた範囲では、使用例がない。

（6）「乙類のゾ」を表記した万葉仮名の「茹」の音は、「rɪo」である。この母音部の「ɪo」は、「乙類のコ」を表記する万葉仮名の「kɪo（挙など）」の母音部の「ɪo」と同じものである。この例のように、頭子音が、「歯茎音グループ」に属するばあいでも、母音部が、「ə音」に変化せず、「ɪo」のままであるばあいもある。

『日本書紀』の「タ、チ、ツ、テ、ト」音

つぎに「タ行音」をとりあげる。

「タ行音」について、これまでと同じような表をつくる。すると、**表26**のようになる。

この**表26**にもとづいて、各音を検討する。

（1）「タ」にあてた万葉仮名のうち、もっとも使用頻度の多い文字は、「陀」である。その音は、「da」である。

当時の中国では、濁音は、清音に変っており、「da」の音をもつ字の発音は、「ta」に変っていた。

の大きい漢字と音）

その他（内わけ。音とその頻度［漢字とその頻度］。漢字のふりがなは、上が漢音、下が呉音）	調査総頻度
15回（ta［多《タ》《タ》15］）	86回
7（ṭɪĕ［智《チ》《チ》4、知《チ》《チ》2］、ḍɪi［遅《チ》《ジ（ヂ）》1］	16
3（dəu［豆《トウ》《ズ（ヅ）》2、逗《トウ》《ズ（ヅ）》1］）	40
6（dei［堤《テイ》《ダイ》5、題《テイ》《ダイ》1］）	39
2（to［都《ト》《ツ》1］、təu［斗《トウ》《ツ》1］）	8
28（təŋ［等《トウ》《トウ》14、登《トウ》《トウ》14］）	61
61	250

「致」も「擻」も、ともに、「陟利切」とあることなどから、

藤堂明保は、『大字典』のなかで、「唐都長安では、濁音が清音化したため、b・d・gが音系の中の空間となった。」とのべている。

「da」は、「ta」の音を写したものとみられる。

当時のわが国の「タ」は、現代の東京方言の「タ」とほぼ同じものであったとみられる。

(2) 「チ」にあてた万葉仮名のうち、もっとも使用頻度の多い文字は、「致」であり、その音は「ṭɪi」である。

「t」の下に、「テン・」がついているのは、「そり舌音《じたおん》（巻舌音《けんぜつおん》）」である。

「ṭɪi」は、しいてカタカナで表記すれば、「ツィ」を強く発音したような音である。

すでに**表24**に示したように「シ」にあてた万葉仮名のうち、もっとも使用頻度の多い文字は、「之《シ》」であり、その音は、「tʃiei」であった。しいてカタカナ表記すれば、「チィ」のような音である。むしろ、こちらの方が、現代東京方言の「チ」に近い。

(3) 「ツ」にあてた万葉仮名のうち、もっとも使用頻度の多い文字は「都」である。「ツ」にあてた万葉仮名の使用例四十例のうち、三十六例、九十パーセ

表26　『日本書紀』タ行の代表字と代表音（代表字、代表音は、もっとも出現頻度

タ行代表字（ふりがなは、上が漢音、下が呉音）	代表音（中国語中古音［隋・唐音］）［漢音、呉音］	代表音の頻度（内わけ。ふりがなは、上が漢音、下が呉音）
タ（陀《タ》《ダ》）	da［タ、ダ］	71回（陀《タ》《ダ》39、柂《タ》《ダ》24、駄《タ》《ダ》8）
チ（致《チ》《チ》）	ṭɪi［チ、チ］	9（致《チ》《チ》7、掓《チ》《チ》2）*
ツ（都《ト》《ツ》）	to［ト、ツ］	37（都《ト》《ツ》36、覩《ト》《ツ》1）
テ（底《テイ》《タイ》）	tei［テイ、タイ］	33（底《テイ》《タイ》29、氐《テイ》《タイ》3、諦《テイ》《タイ》1）
ト［甲］（図《ト》《ズ(ヅ)》）	do［トウ、ズ（ヅ）］	6（図《ト》《ズ(ヅ)》3、度《ト》《ド》3）
ト［乙］（騰《トウ》《ドウ》）	dəŋ［トウ、ドウ］	33（騰《トウ》《ドウ》32、藤《トウ》《ドウ》1）
計		189

＊「掓」の字は、藤堂明保の『学研 漢和大字典』に記載がないが、『広韻』に、「致」と同音とみなした。

ントまでは、「都」の字である。「都」の字の中古音は「to」、漢音は「ト」である。

表26をみると、当時の中国人には、日本語の「ツtsu」「トto」とを、聞きわけることがむずかしかったようにみえる。

当時の中国の長安音にもとづくとき、「ツ」の音を正確に表記できる漢字が、存在しなかったとみられる。日本語の「ツ」の音を聞いても、それは、「トto」の音韻の範疇にはいる音に聞きなされたとみられる。

では、なぜ、『日本書紀』の編纂者は、日本語の「ツ」の音を表記するために、おもに、「都」という字をえらんだのか。

それは、以下にのべるような理由によるとみられる。

『日本書紀』の「欽明天皇紀」の二年（五四一）の条の『百済本紀』を引用した文のなかに、「佐魯麻都《さろまつ》」という人名がでてくる。ここで、「都」という字は、「ツ」と読まれている。これは、「都」という字の「呉音」の「ツ」と一致する。

そして、『日本書紀』の「垂仁天皇紀」にみえる人名「都怒我阿羅斯等《つぬがあらしと》」、「応神天皇紀」にみえる「都《つ》加使主《かのおみ》」「新斉都媛《しせつひめ》」など、渡来系の人たちの人名に、「都」を「ツ」と読ませる例が、しばしばみえる。『古事記』において、太安麻侶は、この百済などからもたらされたとみられる「都」を「ツ」と読む読み方を、採用した。『古事記』においては、あとの277ページの**表66**に示すように、「ツ」を表記する万葉仮名は、一三六例のうち一三五例、九十九パーセント以上は、「都」の字を用いているのである。

『日本書紀』の編纂者は、「ツ」と「ト」を区別するために、この伝統を襲っているのである。このようにして、当時の中国においては、実質的に音が同じである「都to」と「図do」のうち、「都」を「ツ」にあて、「図」を「ト」にあてて区別したのである。当時の中国人にとって、「ト」と「ツ」との区別がつかなかったことは、以下のようなことからもいえる。

いま、藤堂明保の『大字典』で、巻末の「音訓索引」で、「ツ」の音をもつ漢字の音を具体的にしらべてみる。

「ツ」の音をもつ漢字は、全部で三十一文字ある。その音は**表27**のとおりである。

表27をみれば、「ツ」の音は、ことごとく「呉音」である。「漢音」で、「ツ」の音をもつものは一つもない。

表27によるとき、中国語中古音では、その内容が、つぎのとおりである。

「to」の音のもの……九例

「tʻo」の音のもの……五例

「təu」の音のもの……九例

「tʻəu」の音のもの……四例

「tuŋ」の音のもの……一例
「tʻuŋ」の音のもの……一例

「to」「tʻo」は、現代の東京方言の「ト」にほぼあたる音であったとみられる。

「təu」「tʻəu」は、漢音の示すとおり、「トウ」に近く、東京方言の「ツ tsu」よりも、「ト to」の類の音であったとみられる。

「tuŋ」「tʻuŋ」は、いずれも、末尾に「ŋ」の音がついている。「トゥング」に近い音で、「漢音」の示すとおり、やはり「トウ」に近かったとみられる。

藤堂明保は、その著『中国語音韻論』（光主館、一九八〇年刊）の376ページでつぎのように記している。

「『東』[tʊŋ]、『工』[kʊŋ] などの母音 [ʊ] は、[u] と [o] との中間ぐらいにあたる音である。」

ここで、ブラケット[ ]にいれて示されている [tʊŋ] は、音声記号を示す。藤堂明保の『学研 漢和大字典』の「東」の字についての、音韻記号の /tʊŋ/ にあたるものとみられる。

「tuŋ」の音をもつ「棟」の字の音は、唐代のつぎの「中世音（宋・元代音）」では、「toŋ」になっている。

「tʻuŋ」の音をもつ「通」の字の音は、中世音では、「tʻoŋ」になっている。「toŋ」「tʻoŋ」は、いずれも、「トング」に近い音とみられる。

つまり、当時の中国の長安音では、日本語の「ツ」に、正確に対応し、表記できる文字が存在しなかった。日本語の「ト」と「ツ」とを区別して表記する方法をもたなかったとみられる。

『日本書紀』の編纂時も、日本語の「ツ」は、現代の東京方言の「ツ」と同じものであったとみられる。「呉音」にみられる「ツ tsu」と、ほぼ同じものであったとみられる。

「トウ」音系の「təu」「tʻeu」「tuŋ」「tʻuŋ」ではなく、また、おそらくは、「tu（トウ）」でもなかったとみら

「ツ」を表記する漢字	呉音	漢音	中国語上古音	中国語中古音
稌	ツ	ト	tʻag	tʻo
菟	ツ	ト	tʻag	tʻo
睹	ツ	ト	tag	to
賭	ツ	ト	tag	to
斁	ツ	ト	tag	to
鍮	ツ	トウ	tʻug	tʻəu
闍	ツ	ト	tag	to
黈	ツ	トウ	tʻog	tʻəu
襡	ツ	トウ	tug	təu
鬪	ツ	トウ	tug	təu
蠹	ツ	ト	tag	to

表27　「ツ」の音をもつ漢字

「ツ」を表記する漢字	呉音	漢音	中国語上古音	中国語中古音
土	ツ	ト	t'ag	t'o
斗	ツ	トウ	tug	təu
吐	ト・ツ	ト	t'ag	t'o
抖	ツ	トウ	…	təu
肚	ツ	ト	tag	to
兔	ツ	ト	t'ag	t'o
音	ツ	トウ	t'og	t'əu
妬	ツ	ト	tag	to
枓	ツ	トウ	tug	təu
蚪	ツ	トウ	tug	təu
通	ツウ	トウ	t'uŋ	t'uŋ
透	ツ	トウ	t'og	t'əu
陡	ツ	トウ	tug	təu
鬥	ツ	トウ	tug	təu
偸	ツ	トウ	t'ug	t'əu
兜	ト・ツ	トウ	tug	təu
都	ツ	ト	tag	to
堵	ツ	ト	tag	to
婾	ツ	トウ	t'ug	t'əu
棟	ツ・ツウ	トウ	tuŋ	tuŋ

れる。

（4）「テ」にあたる万葉仮名の漢字の音は「tei（庭《テイ》、諦《テイ》）」「dei（提《テイ》、題《テイ》）」となっている。

当時のわが国の「テ」の音は、現在の東京方言の「テ」と、ほぼ同じものであったとみられる。

「tei」「dei」の音の最後に、「-i」音がついているのは、当時の中国に、「テ（te）」を正確に記すことのできる文字がなく、もっとも近い「tei」の音をもつ漢字をあてたためとみられる。

『学研 漢和大字典』の巻末の音索引には「テ」の音をもつ漢字は、わずか、三文字示されているだけである。

その三文字の音は**表28**のようになっている。

表28 「テ」の音をもつ漢字

	啍	堆	鎚
呉音	テ・タイ	テ・タイ	テ
漢音	タイ	タイ	タイ
中古音（隋・唐音）	tuəi	tuəi	tuəi

いずれも、呉音で、「テ」の音をもっているものである。

唐の時代の長安音で、当時のわが国の「テ」の音を、正確に表記できる漢字は、なかったとみられる。

なお、**表26**の「dei（提、題）」の頭子音の「d」は、当時清音化しており、「t」の音になっていた。

（5）「甲類のト」は、現代の東京方言の「ト」と同じものであったとみられる。表26の「図」「度」などの「do」の音の頭音の「d」は、清音化し、「t」と同じもの。「都to」は、現代の「ト」と同じ。「斗təu」の音が「ト」に近いことは、「ツ」のところで説明した。（「ツ」の音をもつ漢字を示した表27のなかにも、「斗」の字がみえる。）

（6）「乙類のト」の「dəŋ（騰、藤）」の語頭の「d」音は、「t」音と同じ。母音部の「ə」は、本来は、「乙類のコkɪo」にみられる「ɪo」と同じものであるが、語頭音が歯茎音であることに引かれて変化した形。

「乙類のト」の音は、「tyo」と「two」との中間音（tɪo）のような音であったとみられる。「ə」の音は、「o」の音よりも舌を少し前、全体的にみて、中ほどにもって行って発音する音である。すでに、144ページ以下において説明したように、「t」は、「イ音化頭子音」である。舌の位置が、「イ」を発するときの位置に近い。そのため、「ɪo」の音の「ɪ」の部分は、頭子音の「t」のなかに吸収され、「主母音」の「o」のほうは、「ə」に近づく。

あるいは、日本人のほうは、「tyo」と「two」の中間音的な拗音（tɪo）を発しているのであるが、中国人には、それを正確に漢字であらわす方法がなく、「ə」を母音にもつ漢字で表記したということもできよう。

『日本書紀』の「ダ、ジ（ヂ）、ヅ、デ、ド」音

つぎに、「ダ行音」をとりあげる。

「ダ行音」についてこれまでと同じような表をつくると、表29のようになる。

の大きい漢字と音）

その他（内わけ。音とその頻度［漢字とその頻度］。漢字のふりがなは、上が漢音、下が呉音）	調査総頻度
9回（ta［多《タ》《タ》4］、da［陀《タ》《ダ》2、柂《タ》《ダ》2］、naŋ（ndaŋ）［嚢《ドウ（ダウ）》《ノウ（ナウ）》1］	15回
0	2
1（to［都《ト》《ツ》1］	14
3（ndet［涅《デツ》《ネチ》2］、tei［底《テイ》《タイ》1］）	15
0	2
0	4
13	52

この表29にもとづいて、各音を検討する。

（1）当時の日本語の「ダ」の音は、現代の東京方言の「ダ」とほぼ同じであったとみられる。当時の中国においては、濁音が清音化していた。したがって、「ダ」の音を、「陀da」の音でうつすと、それは、「タ」の音をうつしたことになってしまう。やむをえず、「タ」をうつす音で、「ダ」を写しているケースが八例ある（表29。「多」四例、「陀」二例、「柂」二例）。

「ンダ」に近い鼻濁音「nda」でうつしている例が七例ある（「娜」六例、「嚢」一例）。

（2）「ヂ」の音をとりあげる。

当時の日本語の「ヂ」は、「di」に近い音であったとみられる。

当時の中国では、濁音が清音化しつつあり、日本語の「ヂ」の音を、そのまま正確にうつす音がなかった。そのため、鼻濁音の「ンディ」のような音「ṇḍïi（膩）」をもつ漢字で表記している。

（3）「ヅ」の音をとりあげる。

「ヅ」の音を「トウ」に近い音をもつ漢字「豆dəu」で表記している。

ただ、「豆」の字の上古音は、「dug」である。呉音

表29 『日本書紀』ダ行の代表字と代表音（代表字、代表音は、もっとも出現頻度

ダ行代表字（ふりがなは、上が漢音、下が呉音）	代表音（中国語中古音［隋・唐音］）［漢音、呉音］	代表音の頻度（内わけ。ふりがなは、上が漢音、下が呉音）
ダ（娜《ダ》《ナ》）	na（nda）［ダ、ナ］	6回（娜《ダ》《ナ》6）
ヂ（膩《ジ(ヂ)》《ニ》）	ṇɪi（ṇḍɪi）［ジ（ヂ）、ニ］	2（膩《ヂ》《ニ》2）
ヅ（豆《トウ》《ズ(ヅ)》）	dəu［トウ、ズ（ヅ）］	13（豆《トウ》《ズ(ヅ)》7、逗《トウ》《ズ(ヅ)》6）
デ（泥《デイ》《ナイ》・堤《テイ》《タイ》）	nei（ndei）［デイ、ナイ］	6（泥《デイ》《ナイ》6）
	tei［テイ、タイ］	6（堤《テイ》《タイ》6）
ド［甲］（怒《ド》《ヌ》）	no（ndo）［ド、ヌ］	2（怒《ド》《ヌ》2）
ド［乙］（騰《トウ》《ドウ》）	dəŋ［トウ、ドウ］	4（騰《トウ》《ドウ》4）
計		39

は「ヅ」である。これなら、当時の日本語の「ヅ」の音に、ほぼぴたりである。あるいは、そのころの日本で慣用になっていた一むかし前の用字を踏襲したか。

(4)「デ」の字をとりあげよう。

当時の日本語の「デ」の音は、現代の東京方言と、ほぼ同じであったとみられる。

「デ」は、「de」に近い音であったとみられる。濁音は清音化していたので、「nd」のような鼻濁音を頭子音にもつ文字（泥［ndei］、涅［ndet］）でうつしたり、あるいは、濁音と清音の違いを無視して、「t」音を頭子音にもつ文字（堤［tei］、底［tei］）でうつしたりしている。

なお、「mdei」「tei」などのように、母音部が「ei」になっているのは、本来、「de」のような音をもつ文字を用いたかったのであるが、当時、そのような文字がなかったので、「ei」のような母音をもつものをあてたとみられる。（なお、「涅［ndet］」は、使用例が二例みられるが、それは、「比登《ひと》涅羅賦《てらふ》」「比枳涅世儒《ひきでせず》」の二例である。いずれも、「涅」の字のつぎに、「r」音や「s」音ではじまる歯茎音グループの字がきている。「涅 ndet」のおわりの歯茎音「t」音が、つぎの字の頭子音の歯茎音に吸収される形になっている。)

(5)「甲類のド」について考える。

の大きい漢字と音)

その他(内わけ。音とその頻度[漢字とその頻度]。漢字のふりがなは上が漢音、下が呉音)	調査総頻度
1回(nəi(ndəi)[乃《ダイ》《ノ・ナイ》1])	53回
23(niě(rɪě)[爾《ジ》《ニ》19]、ṇɪi(ṇḍɪi)[尼《ジ(チ)》《ニ》4])	74
1(no(ndo)[奴《ド》《ヌ》1])	8
1(net(ndet)[涅《デツ》《ネチ》1])	7
0	7
0	127
26	276

当時のわが国の「ド」は、現代の東京方言と、ほぼ同じく、「do」であったとみられる。

そのような音をそのままうつす文字が、中国の長安で用いられていた漢字がなかったので、「ndo」の音をもつ「怒」の文字を用いている。

(6)「乙類のド」について考える。

当時のわが国の「乙類のド」は、基本的には、「dɪo」つまり「dyoとdwoの中間音」であったとみられる。

「乙類のド」の表記に、「騰(中古音dəŋ)」の字が用いられている。

「騰」の字は、漢音は「トウ」であるが、呉音は、「ドウ」である。あるいは、当時の日本で、慣用になっていた前の時代の用字を踏襲したか。

表30　『日本書紀』ナ行の代表字と代表音（代表字、代表音は、もっとも出現頻度

ナ行代表字（ふりがなは、上が漢音、下が呉音）	代表音（中国語中古音［隋・唐音］［漢音、呉音］	代表音の頻度（内わけ。ふりがなは、上が漢音、下が呉音）
ナ（儺《ダ》《ナ》）	na（nda）［ダ、ナ］	52回（儺《ダ》《ナ》25、那《ダ》《ナ》24、奈《ダ》《ナ》2、娜《ダ》《ナ》1）
ニ（儞《ジ》《ニ》）	ṇɪei（ṇḍɪei）［ジ、ニ］	51（儞《ジ》《ニ》51）
ヌ（農《ドウ》《ノ、ノウ》）	noŋ（ndoŋ）［ドウ、ノ・ノウ］	7（農《ドウ》《ノ・ノウ》7）
ネ（禰《デイ》《ネ・ナイ》）	nei（ndei）［デイ、ネ・ナイ］	6（禰《デイ》《ネ・ナイ》4、泥《デイ》《ナイ》2）
ノ［甲］（奴《ド》《ヌ》）	no（ndo）［ド、ヌ］	7（奴《ド》《ヌ》4、弩《ド》《ヌ・ノ》2、努《ド》《ヌ》1）
ノ（乙）（能《ドウ》《ノ・ノウ》）	nəŋ（ndəŋ）［ドウ、ノ・ノウ］	127（能《ドウ》《ノ・ノウ》127）
計		250

以上のようにほとんど同じような説明を、くりかえす形になっている。

逆にいえば、ほとんど一貫した原理で説明できるということでもある。

いますこしつづけよう。

『日本書紀』の「ナ、ニ、ヌ、ネ、ノ」音

つぎに、「ナ行音」をとりあげる。

「ナ行音」について、これまでと同じような表をつくると、**表30**のようになる。この**表30**にもとづいて、各音を検討する。

(1)　『日本書紀』の「ナ」音は、現代の東京方言の「ナ」と同じ音であったと考えられる。

ただ、代表字（もっともよく用いられていた漢字）の「儺」の読みは、呉音が「ナ」、漢音が「ダ」である。現代の東京方言の「ナ」とは、呉音読みのほうが一致する。

藤堂明保の『大字典』では、「儺」の字の音は、つぎのようになっている。

上古音（秦・漢音）……nar
中古音（隋・唐音）……na（nda）

つまり、『日本書紀』の編纂された唐代においては、「na」から「nda」への移行期にあった。（以下、たとえば、「甲類のノ」「乙類のノ」なども、「no（ndo）」「nəŋ（ndəŋ）」などのようになっている。）

そのため、上古音、中古音において、「儺」と同じ音をもつ「娜」の字が、「ダ」を表記するのに用いられている。

つまり、中国においては、日本語の「ナ」と「ダ」とが、区別のつかない状況にあった。（**表29**参照。）

(2)『日本書紀』において、「ニ」を表記する代表字は、「儞」である。

「儞」の音の「ɲɪei」の母音部「ɪei」は、「乙類のキ」を表記する万葉仮名「紀」の音「kɪei」、「乙類のギ」を表記する万葉仮名「擬」の音「ŋɪei」、「シ」を表記する万葉仮名「之」の音「tʃɪei」、「ジ」を表記する万葉仮名「rɪei」などの母音部と一致する。「ニ」「シ」「ジ」などには、甲類、乙類の区別はないが、本来、乙類系の母音部である。

表30をみれば、『日本書紀』において「ニ」の表記のために、「爾」の字もかなり用いられている。「爾」の音の「niě」は、現代の東京方言の「ニ」の音と、まず同じ音とみられる。「儞」の音の「ɲɪei」も、現代の東京方言の「ニ」の範疇にはいりうる音と考えられる。

(3)「ヌ」の音について考える。

『日本書紀』において、「ヌ」の字を表記するために用いられている万葉仮名の「農」「奴」は、いずれも、「ヌ」よりも「ノ」を表記するのにふさわしい文字である。

「ツ」のばあいと同様、当時の中国においては、日本語の「ヌ」を正確に表記しうる文字がなく、日本語の「ヌ」の音を聞いても、「ノ」の範疇にはいる音のように聞きなしたとみられる。

(4)「ネ」の音をとりあげる。

『日本書紀』時代の「ネ」の音は、現代の東京方言の「ネ」と同じ音とみてよい。「ネ」の音を表記する文字「禰」の音「nei」の母音部は、「テ」を表記する文字「庭」の音「tei」の母音部と同じく「ei」になっている。

これは、当時の中国に、「ne」や「te」の音をそのまま表記する文字がなく、近い音をもつ漢字をあてたものとみられる。

(5)「甲類のノ」の音は、現代の東京方言の「ノ」と同じとみられる。

(6)「乙類のノ」を表記する漢字「能《のう》」の音「nəŋ」は、「乙類のト」を表記する漢字「騰《とう》」の音「dəŋ」や、「等」「登」の「təŋ」などと同じ構造である。

『日本書紀』の「ラ、リ、ル、レ、ロ」音

「ラ行音」をとりあげる。

これまでと同じような表をつくれば、**表31**のようになる。

「ラ行音」の頭子音には、すべて、「l」の記号が用いられている。

すでに、149ページの『日本書紀』の「ザ、ジ、ズ、ゼ、ゾ」音のところでのべたが、中国語での「r」音は、「日本」という語「rìběn」が日本人には、「リーペン」とも「ジーペン」とも聞こえるような音である。「r」の記号が日本語の「ラ行音」の頭子音の「r」とすこし異なっている。

中国語の「l」音と「r」音との二つのうちでは、「l」音のほうが、日本語の「ラ行音」の頭子音（ふ

つう「r」で表記される）に近い。

(1)『日本書紀』の「ラ」の音は、現在の東京方言の「ラ」とほぼ同じとみられる。この「頭子音」は、「l」で表すよりも、「r」であらわすほうがよいと、私は考えるが、これについては、あと（207ページ以下）でのべる。

(2)『日本書紀』の「リ」の音も、現代の東京方言の「リ」とほぼ同じとみてよい。

『日本書紀』で「リ」をあらわす代表音「lɪi利」などは、「lwi」の音などにやや近く、「lɪi」は、「乙類のリ」に近いことにもなる。ただ、「ラ行音」のような歯茎音では、145ページの**図8**に示したように、「乙類のイwi」が、「甲類のイ」に近づく。歯茎音は、「イ音化子音」であるので、「lwi」が、「liwi」に近づき、「w」の部分が、「i」と「i」とにはさまれて、「iwi」全体が、「i」音に近づいてしまうのである。

そのため、甲類、乙類の区別は存在しない。

このような理由によって、『日本書紀』の「リ」の音は、東京方言の「リ」とほぼ同じと判断される。

(3)『日本書紀』の「ル（lɪu屢など）」をとりあげる。

の大きい漢字と音）

その他（内わけ。音とその頻度［漢字とその頻度］。漢字のふりがなは、上が漢音、下が呉音）	調査総頻度
1回（lak［楽《ラク》《ラク》1］）	56回
15（lɪei［理《リ》《リ》13、里《リ》《リ》1、釐《リ》《リ》1］）	45
9（ləu［樓《ロウ》《ル》5］、lɪəu［流《リュウ(リウ)》《ル》3、留《リュウ(リウ)》《ル》1］）	30
6（lei［黎《レイ》《ライ》5、礼《レイ》《ライ》1］）	27
1（ləu［樓《ロウ》《ル》］）	5
1（ləŋ［稜《ロウ》《ロウ》1］）	6
33	169

至切」とある。これは、「利」の字が『広韻』に「力至切」の理由もあり、「利」と「唎」とは、同音とみなした。

表31　『日本書紀』ラ行の代表字と代表音（代表字、代表音は、もっとも出現頻度

ラ行代表字（ふりがなは、上が漢音、下が呉音）	代表音（中国語中古音［隋・唐音］）［漢音、呉音］	代表音の頻度（内わけ。ふりがなは、上が漢音、下が呉音）
ラ（羅《ラ》《ラ》）	la［ラ、ラ］	55回（羅《ラ》《ラ》45、囉《ラ》《ラ》6、邏《ラ》《ラ》4）
リ（理《リ》《リ》）	lɪi［リ、リ］	30（利《リ》《リ》12、梨《リ》《リ》9、唎《リ》*《リ》9）
ル（屢《ル》《ル》）	lɪu［ル、ル］	21（屢《ル》《ル》21）
レ（例《レイ》《レ》）	lɪɛi［レイ、レ］	21（例《レイ》《レ》21）
ロ［甲］（盧《ロ》《ル》）	lo（hlo）［ロ、ル］	4（盧《ロ》《ル》2、魯《ロ》《ル》2）
ロ（乙）（慮《リョ》《ロ》）	lɪo［リョ、ロ］	5（慮《リョ》《ロ》5）
計		136

＊「唎」の字は、藤堂明保の『学研 漢和大字典』に記載がないが、『集韻』に「力
とあるのと一致する。「唎」と「利」とは、現代音も、同じ「li」である。その他

これも、東京方言の「ル」とほぼ同じとみられる。すでに89・125ページなどでのべたように、藤堂明保の『大字典』での発音記号では、「ɪu」で表記されている音は、東京方言の「ウ ɯ」とほぼおなじである。

(4) 「甲類のロ lo」も、東京方言の「ロ」と同じとみられる。

(5) 「乙類のロ」を表記する「lɪo（慮《リョ》）」の母音部「ɪo」は、「乙類のコ」を表記する「kɪo（拳など）」の母音部と同じである。

上田万年の「P音考」

以下に、東京方言の「ハ行」「バ行」「マ行」に対応する『日本書紀』の音を考える。

まず、つぎのことを、のべておこう。

現代の東京方言の「h」音に対応する古代の音は、「p」音であった。

東京大学の教授であった国語学者、上《う》田《え》万《だ》年《かずとし》（一八六七〜一九三七）は、有名な論文「P音考」を発表した。

この論文は、はじめ、『語学創見』と題して、『帝国文

写真3　上田万年《うえだかずとし》（1867〜1937）

学』四ノ一（一八九八年）に発表された。

その後、『国語のため　第二』（冨山房、一九〇三年）におさめられた。また、この論文の、文語文からの現代語訳が『季刊邪馬台国』59号（梓書院刊）にのっている。

この論文では、現代の「h」音が、古代には、「p」音であったと考えられる理由として、つぎのようなことがあげられている。（以下のまとめは、国語学者、浜田敦によるもので、『国語学大辞典』〔国語学会編、東京堂出版刊〕にのせられている。）

(1) 清音・濁音の音韻的対立から考えて、濁音「b」に対する清音「p」が存在したはずである。それは、「h」音とは異なる。

(2) 「h」音は、古い日本語では、一つの音韻として認識されておらず、サンスクリット語・漢語の「h」音は、「k」で写されている。

(3) アイヌ語にはいった日本語は「p」音で写されている。

(4) 上古の音は熟語的促音（オコリッポイ）や方言（琉球諸島の言語には「p」音が存する）に残る。（上田万年は、「ポイ」は、「おほき（多き）」の意味とする。）

上田万年は、日本語の「ハ行」の子音が、時代とともに、p→ph→f→hと変化したことを考証した。

これは、現在では、p→F（Φ《ファイ（フイ）》とも表記する。口を「フ」を発音するときのように、円くすぼめて発音する音。この本では、以後「F」の記号を使う）→hのような変化とも考えられている。なお、「Φ」は、本来はギリシャ文字で、英語の「f」と同じ音をもつ。ただ、言語学では、「f」と音が異なり、日本語の「フ」の子音を表記するために用いる。二つの唇によって、摩擦させて発する音。無声音。これに対して、「フ」と同じく、口をすぼめるようにして発するが、有声のほうの両唇摩擦音の「ブ」は、「β」で表記することがある。しかし、この本では、「β」を、「b」で表記される音のなかに含めることにする。

現代の東京方言の「h」音に対応する音が、古代には、「p」音であったことは、定説化している。

たとえば、三世紀に記された『魏志倭人伝』にみえる倭国の女王「卑弥呼」の名にみえる「卑」の字を、藤堂明保の『学研　漢和大字典』で引き、その音をしらべると、つぎのようになっている。

上古音（周・秦・漢音）……pieg

中古音（隋・唐音）……piě

いずれも「p」音ではじまる。

中古音の「piě」の音は、ほぼ現代の東京方言の「ピ」の音にあたる。

また、『後奈良院御撰何曾《ごならいんぎょせんなぞ》』という文献がある。これは、室町時代の一五一六年に成立したものである。そこに、つぎのような、なぞなぞがのっている。

「母には、二度会うけれども、父には一度も会わないものは何か。」

このなぞの答えは、「くちびる」となっている。

これは、当時、「ハハ」を「パパ（papa または、FaFa）」のように発音していたため、「くちびる」が二度くっつく。つまり「会う」。すなわち両唇音であることを示しているとみられている（この解釈には、異論もみられる。たとえば、「はは」は、ひらがなで書かれていたため、「ばば（おばあさん）」の意味である。「b」音の方が「F」音よりも、二度会うのにふさわしい。当時、「ばば」は、「はは」のように表記されていた。「ちち」も「ぢぢ」で、おじいさんの意味である、など）。

「両唇音グループ」の、「パ（ハ）行」「バ行」「マ行」における甲類と乙類との区別

すでに、54・55ページの**表4**に示したように、『日本書紀』のばあい、「両唇音グループ」の「パ（ハ）行」「バ行」「マ行」において、「ポ（ホ）」「ボ」「モ」などのオ段の音については、甲類と乙類との区別が存在しない。

これは、以下のような理由による。

図9をご覧いただきたい。

「乙類のオ」の母音部は、本来「ɪo」のような音である。このうち「ɪ」は、半母音の「y」と「w」との中間音である。

「p」音（東京方言の「h」音に対応する）のばあいを、例にとって説明しよう。

「パ行」の、「乙類のポ」は、本来、

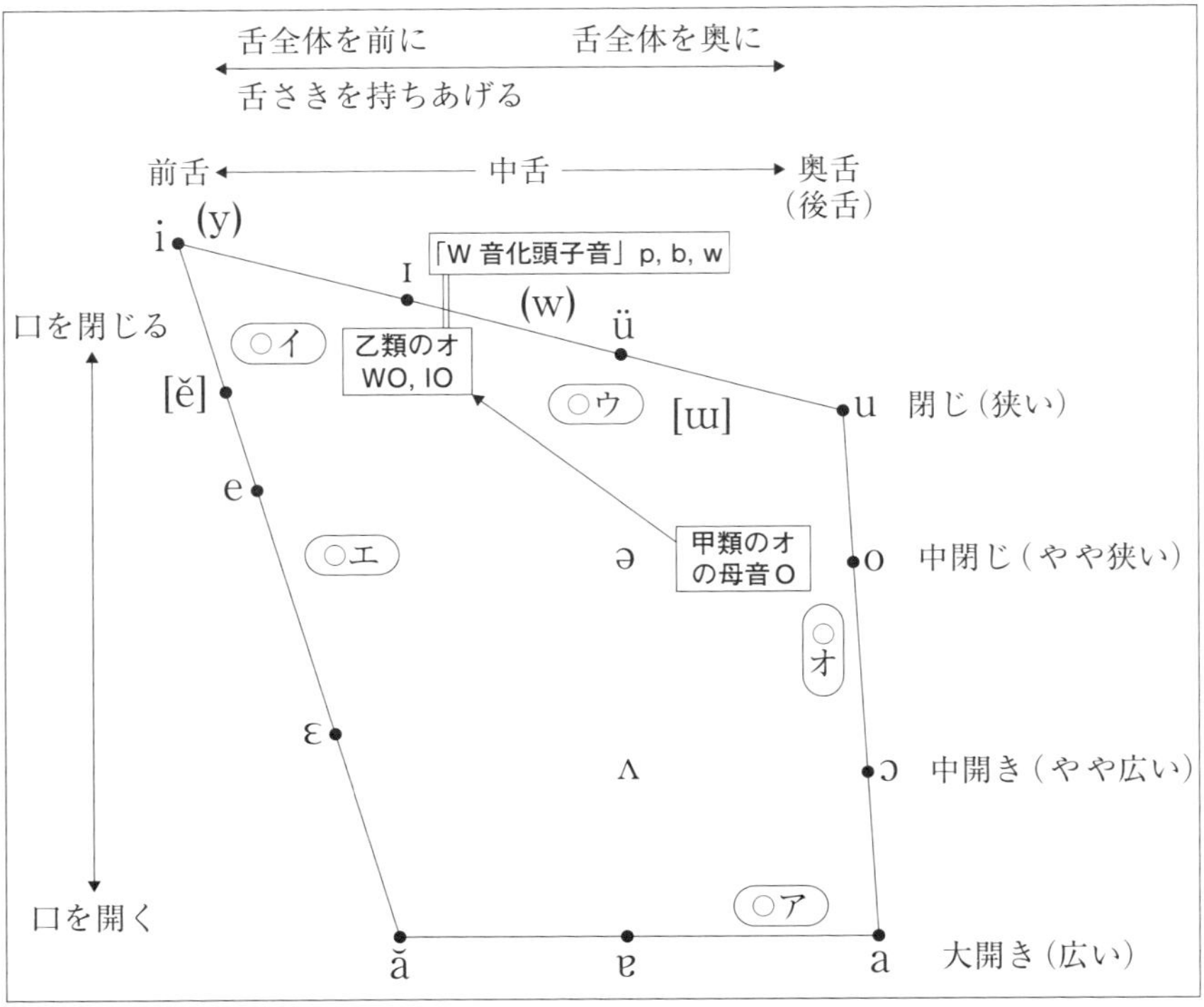

図9 「W音化頭子音」による母音部の変化

「pɪo」のような音になるはずである。この音は、「pyo」と「pwo」の中間のような音である。

また、「甲類のポ」は、本来、「po」の音のはずである。このばあいの「o」は、本来、口を開いて発音する音である。

ところが、頭子音の「p」音は、両唇音で、口を閉じぎみにして発音する音で、「o」の音を出すさい、口を開くのをさまたげる。

また、古代の「p」音は、口を円くすぼめて発音する円唇音の傾向をもっていたとみられる。「p」の音が、中国人からみれば、「pu」の音に近く聞こえる音であったとみられる。

そのため、「甲類のポpo」は、「puo」に近づく。すなわち、「pɪo」や「pwo」の音に近づく。つまり、「乙類のポ」に近づく。

これが、「甲類のポ」と「乙類のポ」との区別を消滅させた理由と考えられる。

このように、日本語の両唇音の「p」「b」「m」などは、すこし、口を円くすぼめて「p」「b」「m」を発音する音である。そのため「p」「b」「m」の音は、純粋の「p」「b」「m」音というよりも、「pw」「bw」「mw」の音に近づく。したがって、甲類の「ポ」「ボ」「モ」を発音しても、「pwo」「bwo」「mwo」に近くなる。つまり、「乙類のポ、ボ、モ」に近づく。そのため、甲類と乙類との区別が失われる。（図9参照。）

『日本書紀』の「ハ、ヒ、フ、ヘ、ホ」音

東京方言の「ハ、ヒ、フ、ヘ、ホ」に対応する『日本書紀』の音（実際には、ほぼ、「パ、ピ、プ、ペ、ポ」の音）をもつ万葉仮名について「歯茎音グループ」の各音のばあいに作成した表と同じような表をつくれば、**表32**のようになる。

の大きい漢字と音）

その他（内わけ。音とその頻度［漢字とその頻度］。漢字のふりがなは、上が漢音、下が呉音）	調査総頻度
20回（bua［婆《ハ》《バ》14、皤《ハ》《バ》4］、p'ɪuʌn［幡《ハン》《ホン》2］	78回
8（bii［毗《ヒ》《ビ》4］、biĕ［避《ヒ》《ビ》2］、p'iĕ［譬《ヒ》《ヒ》1］、piĕt［必《ヒツ》《ヒチ》1］）	32
14（bɪu［符《フ》《フ》9、輔《フ》《ブ》4］、pii［比《ヒ》《ヒ》1］）	35
2（biɛi［幣《ヘイ》《ベ》2］）	22
6（po［譜《ホ》《フ》2］、pau［保《ホウ》《ホ・ホウ》2、報《ホウ》《ホ・ホウ》1］、bəŋ［朋《ホウ》《ボウ》1］）	27
1（pɪui［悲《ヒ》《ヒ》1］）	3
3（puəi［杯《ハイ》《ヘ》3］）	14
54	211

この**表32**にもとづき、各音について考える。

(1) 東京方言の「ハ」の音に対応する『日本書紀』の音は、「pua（播など）」である。現代の「h」音は、『日本書紀』の「p」音に対応する。いや、むしろ、「pu」の音に対応する。当時のわが国の「pa」音の「p」は、口をすこし円くすぼめて発音する円唇音の傾向があったので、中国人には、「pu」のように聞こえることがあったので、「ハ」に対応する音が「pua」になっているとみられる。

(2) 東京方言の「ヒ」に対応する『日本書紀』の音は「pii（比）」などである。これは、現代の東京方言の「ピ」の音にかなり近いとみられる。「pii」の音の「p」の円唇性は、「パ」の音の「p（pu）」よりも小さいとみられる。（以下、頭子音p、b、mなどのもつ円唇性は、つぎに、「a」「ai（əi、ε）」のくるとき、とくにいちじるしく「パ（ハ）pua」「乙類のぺ（へ）puai, puəi, puε」などのようになる傾向があったようである。）

(3) 東京方言の「フ」に対応する『日本書紀』の音は、「pɪu」である。すでにのべたように、藤堂明保の『大字典』では、「ɪu」は、東京

表32　『日本書紀』ハ行の代表字と代表音（代表字、代表音は、もっとも出現頻度

ハ行代表字（ふりがなは、上が漢音、下が呉音）	代表音（中国語中古音［隋・唐音］）［漢音、呉音］	代表音の頻度（内わけ。ふりがなは、上が漢音、下が呉音）
ハ（播《ハ》《ハ》）	pua［ハ、ハ］	58回（播《ハ》《ハ》32、波《ハ》《ハ》18、簸《ハ》《ハ》8）
ヒ［甲］（比《ヒ》《ヒ》）	pii［ヒ、ヒ］	24（比《ヒ》《ヒ》24）
フ（賦《フ》《フ》）	pɪu［フ、フ］	21（賦《フ》《フ》14、甫《フ》《フ》5、府《フ》《フ》2）
へ［甲］（陛《ヘイ》《バイ》）	bei［ヘイ、バイ］	20（陛《ヘイ》《バイ》16、鞞《ヘイ》《バイ》4）
ホ（裒《ホウ》《ブ》）	bəu［ホウ、ブ］	21（裒《ホウ》《ブ》21）
ヒ［乙］（彼《ヒ》《ヒ》）	pɪě［ヒ、ヒ］	2（彼《ヒ》《ヒ》2）
へ［乙］（陪《ハイ》《ベ》）	buəi［ハイ、ベ］	11（陪《ハイ》《ベ》6、倍《ハイ》《バイ・ベ》5）
計		157

方言の「ウ ɯ」の音にほぼあてはまるとみられる。

「pɪu」は、東京方言の「プ」の音と、ほぼ同じとみられる。

(4) 東京方言の「甲類のへ」に対応する『日本書紀』の音は「bei」である。当時の中国では、濁音は、ほぼ清音化していたから、「bei」は、「pei」の音にほぼ等しい。この「pei」の音の母音部「ei」は、『日本書紀』で「ケ」の音を表記した「kei（稽など）」、「セ」の音を表記した「sei（制など）」、「テ」を表記した「tei（庭など）」、「デ」を表記した「ndei（泥）」、「ネ」を表記した「nei（禰など）」と同じものである。

東京方言の「ペ」の音の範疇にはいる音とみられる。「甲類のへ」の頭子音「p」の円唇性も、「パ」の頭子音「p（pu）」よりも、小さいとみられる。

(5) 東京方言の「ホ」に対応する『日本書紀』

の代表音（もっとも大きい頻度の音）は、「bəu（裒）」である。

154・155ページの**表26**をもう一度ご覧いただきたい。『日本書紀』では、「甲類のト」と「ツ」とが、ほとんど同じものとみなされている。そして、「to」と「təu」とが、ほとんど同じ類の音とみなされていたことがうかがえる。

東京方言の「ホ」に対応する『日本書紀』の音の「bəu」は、現代の東京方言の「ポ」に、かなり近い音とみてよいであろう。「bəu」の頭子音の「b」は清音化し、「bəu」が「pəu」のようになっているとみられる。

ところで、**表32**をみると、「ホ」に対応する万葉仮名として、「裒」の字も「朋」の字も用いられている。そして、この「裒」と「朋」の二つの字は、あとの次の節で示す**表33**（178・179ページ）をみればわかるように、濁音の「ボ」の字を表記するのにも、また用いられている。

つまり、当時の中国人にとって、清音の「ホ」と、濁音の「ボ」との区別が、あまりはっきりしていなかったのである。

そしてまた、「ホ」を表記した「朋」の音は、「bəŋ」である。これは、「乙類のソ」の表記にみられた「tsəŋ」「dzəŋ」の音、「乙類のト」や「乙類のド」の表記にみられた「dəŋ」、「乙類のノ」の表記にみられた「nəŋ」、「乙類のロ」の表記にみられた「ləŋ」などと、頭子音をのぞいた部分が一致する。

ここからは、「bəŋ」の音は、「乙類のボ」というにふさわしい。

いっぽう、「裒」の字のほうの音は、「bəu」である。この音は、「甲類のト」の表記に用いられている「斗（音はtəu）」や、「甲類のロ」の表記に用いられている「樓 ləu」と頭子音をのぞいた部分が一致する。

ここからは、「bəu」の音は、「甲類のボ」というのにふさわしい。

そして、「大君《おほきみ》」という同じ語を表記するのに、「於朋枳美《おほきみ》」とも「於裒枳彌《おほきみ》」とも記されている。

以上からわかるように、『日本書紀』の中国人執筆の巻々では、「甲類のホ」と「乙類のホ」との区別は、みられないということになる。

また、「甲類のボ」と「乙類のボ」との区別もみられない、ということになる。

(6)　「乙類のヒ」に対応する『日本書紀』の音は、「pɪě（彼など）」である。
134・135ページの**表19**に示したように、「乙類のキ」の語源的な音は、「kui」のような音で、これは、「kwi」のような音であったとみられる。ここから考えれば、「乙類のヒ」は、「pui」または、「pwi」のような音のはずである。

ところで、「乙類のヒ」を表記する漢字の音の「pɪě」の「ɪ」は半母音で、半母音「w」と半母音「y」との中間音のような音である。半母音「w」は、一応「ɪ」の範疇にはいる音といえよう。また、「ĕ」は、「·i」にかなり近い「e」の音である。ここから「pɪě」は、「pwi」あるいは、「pui」に近いといえよう。かくて、「pɪě」は、「乙類のヒ」を表記できる音といえよう。

ただ、142ページでのべたように、「甲類のギ」を表記するのに、「ŋɪě（蟻）」の音をもつ文字が用いられている。これは、その箇所でも、ややくわしく説明したが、当時の中国には、「甲類のギ」にあてはまる適切な文字が存在せず、やむをえず、「乙類のギ」系の音をもつ文字のなかから、もっとも「甲類のギ」に近いものを用いたものとみられる。

(7)　「乙類のヘ」に対応する『日本書紀』の音は、「buəi（陪など）」となっている。
134・135ページの**表19**に示したように、「乙類のケ」の語源的な音は、「kai」であったとみられる。また、「乙類のケ」の音をもつ万葉仮名の代表字の音は、「kəi」で、漢音は「カイ」であった。

の大きい漢字と音）

その他（内わけ。音とその頻度［漢字とその頻度］。漢字のふりがなは、上が漢音、下が呉音）	調査総頻度
5回（pua［播《ハ》《ハ》4］、bua［婆《ハ》《バ》1］）	25回
3（miĕ（mbiĕ）［弭《ビ》《ミ》2、彌《ビ》《ミ》1］）	10
0	1
0	1
1（bəu［裒《ホウ》《ブ》1］）	4
0	0
0	0
9	41

それにならえば、「乙類のへ」を記す万葉仮名の語源的な音は、「pai」で、「乙類のへ」の音をもつ万葉仮名の音は、「pəi」で、漢音は「ハイ」のようになることになる。じっさいの「乙類のへ」を記した万葉仮名の音は、「buai（陪、倍。漢音は、いずれもハイ）」「puai（杯。漢音は、ハイ）」である。

当時の中国では、濁音は、清音化していたから、これらの音は、「puai」の形にまとめられる。当時の日本語の「パ」を発するさいの頭子音「p」が「pu」の音に近いとすれば、「乙類のへ」は、「puai」を語源とするような音になる。これが、「puai」のようになったとみられる。これは、「pəi」にほぼ等しいとみられる。

『日本書紀』の「バ、ビ、ブ、ベ、ボ」音

「バ、ビ、ブ、ベ、ボ」音をとりあげる。

これまでと同じような表をつくれば、**表33**のようになる。

この**表33**にもとづいて考察する。

(1)　東京方言の「バ」の音に対応する『日本書紀』の音は、「mbua（麼など）」である。

表33　『日本書紀』バ行の代表字と代表音（代表字、代表音は、もっとも出現頻度

バ行代表字（ふりがなは、上が漢音、下が呉音）	代表音（中国語中古音［隋・唐音］）［漢音、呉音］	代表音の頻度（内わけ。ふりがなは、上が漢音、下が呉音）
バ（麼《バ》《マ》）	mua (mbua)［バ、マ］	20回（麼《バ》《マ》11、魔《バ》《マ》5、磨《バ》《マ》4）
ビ［甲］（寐《ビ》《ミ》）	miui (mbiui)［ビ、ミ］	7（寐《ビ》《ミ》7）
ブ（父《フ》《ブ》）	bıu［フ、ブ］	1（父《フ》《ブ》1）
ベ［甲］（謎《ベイ》《マイ》）	mei (mbei)［ベイ、マイ］	1（謎《ベイ》《マイ》1）
ボ（朋《ホウ》《ボウ》）	bəŋ［ホウ、ボウ］	3（朋《ホウ》《ボウ》3）
ビ［乙］	使用例なし	0
ベ［乙］	使用例なし	0
計		32

当時の中国では、濁音が清音化し、そのかわりに、鼻音のn、mなどが、nd、mbになるなどして、濁音に近づいた。

そのため、当時のわが国の「バ」の音を「mbua」などの音をもつ漢字で表記しているが、じっさいのわが国の音は、「bua」に近かったとみられる。「ハ」の音を「pua」の音をもつ漢字「播」などで表記したのと同じように、当時の「バ」は、口をすぼめて発音するような、すこし「u」音性をおびた「bua」のような音であったとみられる。

(2)　「甲類のビ」も、現代東京方言の「ビ」に近いものとみてよいであろう。代表字の「寐」の音の「mbiui」の「u」音は、「i」と「i」との間にはさまれて、「i」音化し、かなり、「bii」に近い音であったであろう。「弭」「弥」の字の音の「mbiĕ」なども、「biĕ」の音とみてよい。

(3)　「ブ」を表記した「父bıu」は、当時頭子音に濁音性をあるていど残していたか。あるいは、頭子音は清音化し、「pıu」のようになっていたが、『正倉院文

の大きい漢字と音）

その他（内わけ。音とその頻度［漢字とその頻度］。漢字のふりがなは、上が漢音、下が呉音）	調査総頻度
35回（mǎ［麻《バ》《メ》33、馬《バ》《メ》1］、maŋ［莽《ボウ(バウ)》《モウ(マウ)》1］）	85回
13（mɪui［美《ビ》《ミ》12］、miui［寐《ビ》《ミ》1］）	62
4（mɪuŋ［夢《ボウ》《ム》3］、mɪəu［牟《ボウ》《ム》1］）	40
0	1
43（mo［慕《ボ》《モ》11、謨《ボ》《モ》8、暮《ボ》《モ・ム》6、模《ボ》《モ》2］）、mɪəu［謀《ボウ》《ム》16］	199
0	3
0	15
95	405

書』にも「父《ぶ》」の使用例があるところからみて、先行の使用例を襲ったものか。あるいは、音が「pɪu」のようになっていても、音が近いので、かまわず用いたものか。

(4)「甲類のべ」を表記した「謎」の音は、「mbei」である。これを「bei」とみれば、「甲類のべ」を表記するにふさわしい。当時のわが国の「べ」は、現代の東京方言の「べ」に近いものとみてよいであろう。

(5)「ボ」については、すでに、前の節の「ホ」のところで、ややくわしくのべた。「甲類のボ」と「乙類のボ」との区別はなかったとみられる。

『日本書紀』の「マ、ミ、ム、メ、モ」音

『日本書紀』の「マ、ミ、ム、メ、モ」音について、これまでと同じような表をつくれば、**表34**のようになる。

この**表34**にもとづいて考える。

(1)「マ行音」と「バ行音」の表記上の区別が、かなりつきにくくなっていることがわかる。しばしば、同じ漢字や、同じ音をもつ漢字を、「マ行」にも、「バ行」にも用いている。たとえば、「麼」という同じ漢字が、「マ」の表記にも、「バ」の表記にも用いられている。「寐」という漢字は、「甲類のミ」にも、「甲類のビ」

表34 『日本書紀』マ行の代表字と代表音（代表字、代表音は、もっとも出現頻度

マ行代表字（ふりがなは、上が漢音、下が呉音）	代表音（中国語中古音［隋・唐音］）［漢音、呉音］	代表音の頻度（内わけ。ふりがなは、上が漢音、下が呉音）
マ（麻《バ》《メ》）	mua（mbua）［バ、マ］	50回（mua［磨《バ》《マ》19、麼《バ》《マ》12、摩《バ》《マ》11、魔《バ》《マ》8］）
ミ［甲］（瀰《ビ》《ミ》）	miĕ（mbiĕ）［ビ、ミ］	49（miĕ［瀰《ビ》《ミ》31、彌《ビ》《ミ》18］）
ム（武《ブ》《ム》）	mɪu（mbɪu）［ブ、ム］	36（mɪu［武《ブ》《ム》35、務《ブ》《ム》1］）
メ（甲）（謎《ベイ》《マイ》）	mei（mbei）［ベイ、マイ］	1（mei［謎《ベイ》《マイ》1］）
モ（母《ボウ》《ム・モ》）	məu（mbəu）［ボウ、ム・モ］	156（məu［母《ボウ》《ム・モ》156］）
ミ［乙］（微《ビ》《ミ》）	mɪuəi（mbɪuəi）［ビ、ミ］	3（mɪuəi［微《ビ》《ミ》3］）
メ（乙）（梅《バイ》《メ・マイ》）	muəi（mbuəi）［バイ、メ・マイ］	15（muəi［梅《バイ》《メ・マイ》8、毎《バイ》《マイ》7］）
計		310

にも用いられている。「謎」という漢字も「甲類のメ」にも、「甲類のベ」にも、用いられている。

(2) 「マ mua」は、「ハ（パ）pua」と同じ母音部（ua）をもつ。このばあいの「m音」や「p音」は、唇を現代の東京方言の「フ」のように、丸くつきだして発音する円唇音であろう。日本語の頭子音の「m」や「p」の音を、中国人は、「mu」「pu」のように聞きなしたものであろう。

(3) 『日本書紀』の「ミ miĕ」の音は、現代東京方言の「ミ」に近いとみられる。「ĕ」は、すでにのべたように、「特に短い」eの音である。「イ・i」の音に近い「エ」の音。

(4) 『日本書紀』の「ム mɪu」の音は、東京方言の「ム」とほぼ同じとみられる。すでにのべたように、「ɪu」は、東京方言の「ウ ɯ」と、ほぼ同じ音。

(5) 『日本書紀』の「甲類のメ mei」の音も現代東京方言の「メ」と同じとみられる。「甲類のメ mei」の母音部「ei」は、すでにみてきた「テ tei」「デ ndei」「ネ nei」「レ lei」「甲類のへ bei」「乙類のべ mbei」などの母音部と同じ。

(6)『日本書紀』の「モ meu」も、現代の東京方言の「モ」と、ほぼ同じとみられる。この母音部「eu」の形は、「甲類のト」の「斗 təu」「甲類のロ」の「樓 ləu」、「ホ」の「裒 bəu」などにも見られた。

(7)『日本書紀』の「乙類のミ」の音「mɪuai」は、かなり「ムイ」に近い音とみられる。

母音部の「ɪu」の音は、東京方言の「ウ ɯ」の音と同じ。「ə」の音は、「ム mɪu＝mɯ」から「i」にわたる間にはいったあいまい母音。

(8)『日本書紀』の「乙類のメ」を表記する「梅（muəi）」の「əi」は、「乙類のケ」の「kəi」、「乙類のゲ」の「ŋəi」、「乙類のヘ」の「buəi」などの「əi」と同じとみられる。ただ、「乙類のメ」や「乙類のヘ」では、頭子音が、円唇音の「m」音、「b」音であるため、中国人の耳には、「mu」「bu」のように響いたとみられる。

以上の「乙類のケ kəi」「乙類のゲ ŋəi」「乙類のヘ buəi」「乙類のメ muəi」をあらわす漢字「該」「皚」「陪」「梅」などの漢音は、それぞれ、「カイ」「ガイ」「ハイ」「バイ」などで、いずれも、「ai」系統の母音をふくむものである。

「甲類のメ」をあらわす漢字の音は、「メイ mei」系統の音

が大きい漢字と音）

その他（内わけ。音とその頻度［漢字とその頻度］。漢字のふりがなは、上が漢音、下が呉音）	調査総頻度
0回	55回
8（yiei 以《イ》《イ》8）	42
4（·ɪu 紆《ウ》《ウ》4）	22
0	1
0	40
12	160

ら発している。この喉の奥で息を止めて発する音を、声門閉

るのは、このような、声門閉鎖音を示す。

表35　『日本書紀』ア行の代表字と代表音（代表字、代表音は、もっとも出現頻度

ア行代表音（ふりがなは、上が漢音、下が呉音）	代表音（中国語中古音［隋・唐音］）［漢音、呉音］	代表音の頻度（内わけ。ふりがなは、上が漢音、下が呉音）
ア（阿《ア》《ア》）	·a［ア、ア］	55回（阿《ア》《ア》47、婀《ア》《ア》8）
イ（伊《イ》《イ》）	·ɪi［イ、イ］	34（伊《イ》《イ》34）
ウ（于《ウ》《ウ》）	ɦɪu［ウ、ウ］	18（于《ウ》《ウ》10、宇《ウ》《ウ》5、禹《ウ》《ウ》3）
エ（愛《アイ》《オ・アイ》）	·əi［アイ、オ・アイ］	1（愛《アイ》《オ・アイ》）
オ（於《ヨ》《オ》）	·ɪo［ヨ、オ］	40（於《ヨ》《オ》25、飫《ヨ》《オ》15）
計		148

＊日本人は、母音ではじまる語を発するとき、無意識のうちに、一度息を止めてか
鎖音という。上の表で「·a」などのように、「a」のまえに、テン「·」がついてい

である。ここに「甲類のメ」と「乙類のメ」との違いがみられる。

『日本書紀』の「ア、イ、ウ、エ、オ」音

以下では、「ア、イ、ウ、エ、オ」の行、「ヤ、イ、ユ、エ、ヨ」の行、「ワ、イ、ウ、ヱ、ヲ」の行をとりあげる。母音の行、および、ふつう半母音といわれる「y」音や、「w」音が、子音風に頭音になる行である。

まず、「ア、イ、ウ、エ、オ」の行、つまり「ア行」音をとりあげる。

『日本書紀』の中国人執筆とみられる巻々の歌謡について、これまでに作成したのと同じような表をつくれば、**表35**のようになる。

この**表35**をみれば、つぎのことがいえるようである。

(1)『日本書紀』の、現代の東京方言の「ア」に対応する音「·a」（コラムⅣ参照）は、ほぼ、現代の東京方言の「ア」と同じとみてよい。

(2)「イ」に対応する代表音は、代表字「伊」の音の「·ɪi」である。あとで述べるところであるが、『古事記』では、

コラムⅣ　声門閉鎖音《せいもんへいさおん》

藤堂明保の『学研　漢和大字典』を引くと、たとえば、「阿《あ》」の字の中古音は「·a」とされている。「伊《い》」の字の中古音は、「·ii」とされている。

いずれも、母音の類ではじまる「a」や「ii」の左の肩の横に、テン「·」が打たれている。

これは、「a」や「ii」などの母音類を発するまえに、軽く喉《のど》の奥で息をとめ、声門を閉じてから、それを破裂させて発音することを示している。

喉《のど》の中央部の左右に声帯がある。この左右の声帯のあいだにある「すきま」が声門である。

この声門を閉じるようにしてから発音するという、音ともいえない音を、「声門閉鎖音」という。

「声門閉鎖音」は、きちんと書くときは、「ʔ」の記号で記す。「·a」は、「ʔa」のように書くこともできる。

現代の東京方言では、語頭に、「声門閉鎖音」がはいっても、はいらなくても、とくに意味は変らない。音韻としての弁別性をもたない。

ただ、言語によっては、語頭などに、声門閉鎖音がはいるか否かによって、ことばの意味が変ってくることがある。つまり、声門閉鎖音がはいるか否かが、音韻的区別をもつことがある。

たとえば、沖縄の首里方言では、「ʔutu《うつ（うとう）》」といえば、「音《おと》」のことである。「u t u《うつ（ううとう）》」といえば、「夫《おっと》」のことである。（首里方言では、東京方言の「o」の音がほぼ規則的に「u」の音に変る。「事《こと》（koto）」は、「kutu《くとう》」といい、「雲《くも》（kumo）」は、「kumu《くむ》」という。

いっぽう、東京方言では、「夫《おっと》」は、「oʔto《おっと》」のように発音している。「音《おと》（oto《おと》）」とは、意味が違う。

東京方言では、「アッ」とおどろいたとき、「aʔ」のように発音している。

東京方言の「イ」にあたる万葉仮名としては、「伊」の字だけしか用いられていない。

「伊」の字の中古音「·ɪi」は、やや「ユイ」または「ウィ」に近づいた音である。音としては、むしろ、「乙類のイ」、すなわち、「ui」からきた「wi」に近づいた音である。

「甲類のイ」は「·i」「·ii」「·iĕ」などの類の音とみられる。藤堂明保の『大字典』をひくと、少数ではあるが、「·iĕ」の音をもつ「縊」「螠」などの字がのっている（いずれも、漢音は、「イ」）。しかし、これらの文字は、『日本書紀』の万葉仮名では用いられていない。

「行く」を「いく」ともいい、「ゆく」ともいう。この併存は、奈良、平安時代からのものである。

今日、「言う」を「いう」とも「ゆう」ともいう。「ゆう（ゆふ）」の使用例は一三〇〇年代の文献にみえる。

九州の壱岐《いき》を『万葉集』の三六九六番の歌では、「由吉能之麻《ゆきのしま》」と記している。『和名抄』にも、「由岐《ゆきの》島《しま》」とある。『懐風藻《かいふうそう》』でも、「伊文連《いきのむらじ》」を、目録では、「雪連《ゆきのむらじ》」と記している。

「夢《ゆめ》」のことは、奈良時代には、「いめ」といった。

「いささむらたけ」の「いささ」は、「ゆささ」ともいう。

「斎《い》み清める」意味の「斎《ゆ》む」は、「斎《い》む」ともいう。

このように「イ」と「ユ」とが通《かよ》う例がみられるのは、古代の「イ」が、「イ」と「ユ」との中間的な音であるためかもしれない。

(3)

『日本書紀』の歌謡では、「イ」を表記するのに、「伊（音は·ɪi）」が三十四回用いられている。「以（音は、yiei)」の字も八回用いられている。

この「以」の字の音の「yiei」は「ヤ行のイ」というべきものである。

しかし、『日本書紀』では、「磐《いは》」を、「伊波《いは》」とも記し、「以簸《いは》」とも記している。「言《い》ふ」の未然形「言《い》は」を、「伊波」とも記し、、「以播《いは》」とも記している。

「伊」と「以」、つまり「ア行のイ」と「ヤ行のイ」とのあいだに、とくに使いわけはないようにみえる。

(4) 『日本書紀』の歌謡では、「ウ」を表記するのに「ɦɪu」の音をもつ「于」「宇」「禹」などが計十八回用いられている。「ɪu」の音をもつ「紆」の字が四回用いられている（表35）。

「ɦɪu」の音は、「ア行のウ」というよりも、むしろ、「ワ行のウ」というべきもののようにみえる。

藤堂明保の『大字典』を引くと、「ワ行のイ（すなわちヰ）」の音をもつものとして、「ɦɪui」の音をもつ「位」「帷」「鮪」「痏」などの字がのっている。また、同じく「ワ行のイ（ヰ）」の音をもつものとして、「ɦɪuĕ」の音をもつ、「為」「薳」などがのっている。

これらが「ワ行」音ならば、「于」「宇」「禹」などの「ɦɪu」も、「ワ行のウ」というべきであろう。「wu」に近い音である。

いっぽう、藤堂明保の『大字典』では、「ɪu」は、現代東京方言の「ウ（ɯ）」と同じ音を示しているとみられる。「紆（ɪu）」のほうは、「ア行のウ」といえる。

そして、『日本書紀』では、「上《うへ》」を、「宇陪《うへ》」とも記し、「紆陪《うへ》」とも記す。「ワ行のウ」的な「于」「宇」「禹」なども、「ア行のウ」的な「紆」も、とくに使いわけていないようである。

『古事記』では、あとで、データを示すように「ワ行のウ」とみられる「宇（ɦɪu）」の字しか用いられていない。

『日本書紀』は、「ワ行のウ」から、「ア行のウ」への移行期にあったといえようか。

(5)　東京方言の「エ」に対応する『日本書紀』の「エ」は、「愛《アイ》·əi」である。「愛」の字の音の「·əi」は、「乙類のエ」の音である。

(6)　東京方言の「オ」に対応する『日本書紀』の「オ」は、「於」「飫」などである。いずれも、「·ɪo」の音をもつ。これは、「乙類のオ」の音であって、「甲類のオ」の音ではない。

「於」「飫」の漢音は「ヨ」である。現在の東京方言の「オ」よりも、すこし「ヨ」に近く発音された「オ」といえようか。

『日本書紀』の「ヤ、イ、ユ、エ、ヨ」音

つぎに、「ヤ行」音をとりあげる。

これまでに作成したのと同じような表をつくれば、**表36**のようになる。

この**表36**をみれば、つぎのようなことがいえる。

(1)　『日本書紀』の「ヤ（野〔yiă〕）」は、まずまず、現代の東京方言の「ヤ」の範疇にはいる音といえそうである。

(2)　『日本書紀』の「ユ」も東京方言の「ユ」とほぼ同じとみてよい。

(3)　『日本書紀』や『古事記』では、「ヤ行のエ」が、「ア行のエ」や「ワ行のヱ」と区別される音韻として存在した。「ヤ行のエ」は、「イェ」のような音である。

「枝《えた》」の「エ」や、「吉野《えしの》」の「エ」は、「ヤ行のエ」であった。「ヤ行のエ」は、「𛀀」と表記されるこ

とがある。

(4)「ヤ行のヨ」には、甲類と乙類との区別があった。

「甲類のヨ」と「乙類のヨ」とは、それぞれ、具体的には、どのような音で、どのような区別があったのであろうか。

が大きい漢字と音）

その他（内わけ。音とその頻度［漢音とその頻度］。漢字のふりがなは、上が漢音、下が呉音）	調査総頻度
0回	48回
0	19
0	16
1 （yiɛu 遙《ヨウ(エウ)》《ヨウ(エウ)》1）	3
0	16
1	102

まず、「乙類のヨ」の音の検討からはじめよう。

森博達氏は、その著『日本書紀の謎を解く』（中公新書）の99ページで「乙類のヨ」の音を「jə」、「甲類のヨ」を「jo」と表記しておられる。

藤堂明保の『大字典』では、森博達氏が、「j」の発音記号であらわす音を、「y」であらわしている。私のこの本では、藤堂明保の表記法にしたがう。これは、たんに、表記法の違いといえる。言語学の分野では、この音を「j」で表記することが多い。

森博達氏の「乙類のヨ（jə＝yə）」と「甲類のヨ（jo＝yo）」との区別は、妥当である。

まず、「乙類のヨ」のばあい、「乙類のコ」が、「kɪo」の音であることにならえば、「yɪo」のような音であることになる。

ところが、頭子音が、「s」「z」「t」「d」「n」「r」の

表36　『日本書紀』ヤ行の代表字と代表音（代表字、代表音は、もっとも出現頻度

ヤ行代表音（ふりがなは、上が漢音、下が呉音）	代表音（中国語中古音［隋・唐音］）［漢音、呉音］	代表音の頻度（内わけ。ふりがなは、上が漢音、下が呉音）
ヤ（野《ヤ》《ヤ》）	yiă（ヤ、ヤ）	48回（野《ヤ》《ヤ》28、耶《ヤ》《ヤ》15、夜《ヤ》《ヤ》5）
ユ（喩《ユ》《ユ》）	yiu（ユ、ユ）	19（喩《ユ》《ユ》13、庾《ユ》《ユ》4、愈《ユ》《ユ》1、瑜《ユ》《ユ》1）
𛀁（曳《エイ》《エイ》）（ヤ行のエ）	yiɛi［エイ、エイ］	16（曳《エイ》《エイ》16）
ヨ［甲］（用《ヨウ》《ユウ》、庸《ヨウ》《ユウ》）	yioŋ（ヨウ、ユウ）	2（用《ヨウ》《ユウ》1、庸《ヨウ》《ユウ》1）
ヨ［乙］（與《ヨ》《ヨ》）	yio（ヨ、ヨ）	16（與《ヨ》《ヨ》8、預《ヨ》《ヨ》5、余《ヨ》《ヨ》3）
計		101

ように、舌の先を、上の前歯のうしろにつけるか、または近づけて発音するばあい、「乙類のオ」の音「ɪo」は、しばしば、「ə」の音に変化する。「o」よりも、舌をまえにもって行く（中舌にする）ことになるからである。

「y」もまた、頭子音としてみるばあい、舌の先を上の前歯のうしろに近づけて発音する音である。

したがって、「yɪo」の音は、「yə」のようになる。

ところで、中国の漢字のばあい、正確に「yə」の音をもつ漢字が存在しない。

藤堂明保の『学研 漢和大字典』の巻末の索引で、「ヨ」の音をもつ漢字の音をしらべてみると、つぎの三種類しかないことがわかる。

(a)「·yio」の音をもつもの（与、予、余などの）…二十一文字

(b)「·ɪo」の音をもつもの（於、淤、飫などの）………五文字

(c)「yioŋ」の音をもつもの（傭、墉の）……………二文字

『日本書紀』と『古事記』では、このうちの(a)の「·yio」の音をもつ漢字を、「乙類のヨ」にあて、強いイ（y、i）頭音をもたない(b)の「·ɪo」の音をもつ漢字を、「ア行のオ」にあて、(c)の「yioŋ」の音をもつ漢字を、「甲類のヨ」の表

記にあてているのである。

「yioŋ」の音をもつ漢字（「用」「庸」）の漢音は、「ヨウ」である。他の選択肢がなく、「yioŋ」と「yio」のみを比較したばあい、「yioŋ」のほうが、舌全体をうしろにもって行く（奥舌、後舌の）傾向があり、「o」の部分を、よりはっきりと発音すると判断したのであろう。

あるいは、単に、使用頻度の多い「乙類のヨ」のために、中国語でも使用頻度の多い「yio」の音をもつ漢字をあてはめただけかもしれない。弁別ができればよいということで、「乙類のヨ」に「yio」の音をもつ漢字をあてはめ、「甲類のヨ」に「yioŋ」の音をもつ漢字をあてはめたのかもしれない。『古事記』以来、そのようにするのが、伝統であったから。

『古事記』のばあい、有坂秀世の、「甲類のオ列音と乙類のオ列音とは、同一語根内に共存しない」という「音韻結合の法則」（これについては、あとの、226ページ以下にくわしい）が、ほぼ厳密に成立する。

そこで、『古事記』の歌謡から、「乙類のヨ」をふくむ語で、他の「乙類のオ列音」をふくむ語（共存例）をとりだし、その音をしらべてみると、つぎのようになる。これらは、いずれも、「同一語根内」にあるものである。下線部はいずれも、「乙類のオ列音」のものでなければならない。

「響《とよ》む（登與牟《とよむ》）」……………………………… təŋ-yio-mɪəu

「装《よそ》ひ（與曾比）」（三回用いられている）……………… yio-tsəŋ-pii

「宜《よろ》し（與呂志）」……………………………………… yio-lɪo-tʃɪei

「豊御酒《とよみき》（登與美岐」（二回用いられている）………… təŋ-yio-mɪui-gɪĕ

「装《よそ》ひ（余曾比）」……………………………………… yio-tsəŋ-pii

「豊寿《とよほ》ぎ（登余本岐）」………………………………… təŋ-yio-puən-gɪĕ

「横《よこ》（余許《よこ》）」……………………… yio-hıo
「動揺《とよ》む（登余牟）」………………………… təŋ-yio-mıəu

「乙類のヨ（yio）」と「同一語根内」の「乙類のオ列音」を分類すれば、つぎの表37のようになる。（三回用いられているものは、三回、二回用いられているものは、二回に数えた。）これらの、それぞれの頭子音部をのぞいた部分は、共通の性質の音をもつとみてよい。全十一例のうち、九例は、「ə」の音をもつ。

表37 「乙類のヨ」と「同一語根内」の「乙類のオ列音」の分類

音	頻度
təŋ	4回
tsəŋ	4
puən	1
lıo	1
hıo	1
計	11

「乙類のヨ」の真の音は、これらと共通の音をもち、「yə」に近いものとみられる。ただ、正確に「yə」の音をもつ漢字がないので、それに近い「yio」の音をもつ漢字をあてたものとみられる。あるいは、「乙類のヨ」は、本来「yıo」の音であるが、「ı」音が、語頭の「y」音によって強められ「i」音となり、その結果、「yio」になったと考えられる。

「甲類のヨ」は、現在の東京方言の「ヨ yo」と、ほぼ同じ音であった可能性が大きい。「o」は、舌を「ə」よりも奥にひき、はっきりと発音される。

ただ、中国がわで、「ヨ yo」にそのままあてはまる漢字がなかったので、「乙類のヨ」と区別するために、「yioŋ」の音をもつ漢字（用、庸など）を用いたもののように考えられる。

『日本書紀』の「ワ、ヰ、ウ、ヱ、ヲ」音

「ワ行」音をとりあげることにする。
これまでと同じような表をつくれば、**表38**のようになる。
この**表38**から、つぎのようなことがいえる。

の大きい漢字と音）

その他（内わけ。音とその頻度［漢字とその頻度］。漢字のふりがなは、上が漢音、下が呉音）	調査総頻度
5回（ɦua 和《カ(クワ)》《ワ》5）	27回
1（ɦɪuě 爲《イ(ヰ)》《イ(ヰ)》1）	7
0	5
9（ɦo 乎《コ》《オ(ヲ)・ゴ》6、ɦuəŋ 弘《コウ》《グ》3）	57
15	96

(1) 『日本書紀』の「ワ」の音は、現在の東京方言の「ワ」とほぼ同じ音とみてよいであろう。ローマ字風に書けば、「wa」の音である。

(2) 「ヰ」の音も、ほぼ、「ウィ wi」ような音であったとみられる。「威 ·ɪuəi」「偉、謂 ɦɪuəi」「爲 ɦɪuě」などの音のなかにふくまれる「ɪu」の音は、ほぼ、現在の東京方言の「ウ ɯ」と同じ音である。「ə」は、あいまいなつなぎ音とみる。「ě」は、「イ i」に近い短い「エ」の音。これらは、いずれも、「wi」の音の「ウィ」または「ヴィ」に近かったとみられる。

(3) 「ワ行」の「ウ」の音は、ふつうその存在を考えないが、すでにのべたように、「ア行」の「ウ」としてとりあつかった「于」「宇」「禹」などの音の「ɦɪu」は、やや、「ワ行のウ wu」に近い音である。

(4) 「ワ行のヱ」も、「we」に近い音とみてよい。

表38　『日本書紀』ワ行の代表字と代表音（代表字、代表音は、もっとも出現頻度

ワ行代表字（ふりがなは、上が漢音、下が呉音）	代表音（中国語中古音［隋・唐音］）［漢音、呉音］	代表音の頻度（内わけ。ふりがなは、上が漢音、下が呉音）
ワ（倭《ワ》《ワ》）	·ua（ワ、ワ）	22回（倭《ワ》《ワ》22）
ヰ（威《イ(ヰ)》《イ(ヰ)》、偉《イ(ヰ)》《イ(ヰ)》）（ワ行のイ）	·ɪuəi（イ［ヰ］、イ［ヰ］） ɦɪuəi（イ［ヰ］、イ［ヰ］）	3（威《イ(ヰ)》《イ(ヰ)》3） 3（偉《イ(ヰ)》《イ(ヰ)》2、謂《イ(ヰ)》《イ(ヰ)》1）
ヱ（衛《エイ(ヱイ)》《エ(ヱ)》）（ワ行のエ）	ɦɪuɛi（エイ［ヱイ］、エ［ヱ］）	5（衛《エイ(ヱイ)》《エ(ヱ)》5）
ヲ（嗚《オ(ヲ)》《ウ》）（ワ行のオ）	·o（オ［ヲ］、ウ）	48（嗚《オ(ヲ)》《ウ》37、烏《オ(ヲ)》《ウ》11）
計		81

（5）　『日本書紀』のばあい、「ワ行のオ」の代表音（もっとも出現頻度の多い音）は、「·o」である（「嗚」「烏」［注意。これは、「鳥《とり》」の字ではなく、「烏《からす》」の字である。「嗚」の字の右のつくりも「鳥」ではなく、「烏《からす》」］などの字の音）。

これは、現代の東京方言の「ア行のオ」とほぼ同じ音である。

すでに、『日本書紀』の編纂時に、「ワ行のヲ」の音は、現代の東京方言の「オ」のような音になっていたとみられる。

ただ、『日本書紀』の時代の「ア行のオ」にあたる音は、「於」など「·ɪo」の音をもつものであった。「乙類のオ」というべき音をもっていた。したがって、「ア行のオ·ɪo」と「ワ行のヲ·o」とは、聞きわけられたとみられる。

なお、**表38**をみればわかるように、「ワ行のヲ」として、「乎 ɦo」、「弘 ɦuəŋ」なども用いられている。「弘」はあきらかに、「乙類」系の音をもつ。

「ワ行のヲ」にあたる万葉仮名のうち、「嗚·o」の音は、すでにのべたように、現代の東京方言の「ア行のオ」

と、ほぼ同じ音である。そして、「乎 ɦo」の音は、判断がむずかしいが、「u」「ɪu」「ɪ」などの音が、「ɦ」のつぎにはいっていないので、「甲類」系とみるべきであろう。「ɦ」を「w」に近いとみて、ほぼ「wo」とみれば、これは、ふつう、「ヲ」で記されるものである。

『日本書紀』では、「·o」の音をもつ「嗚」や「烏」も、「ɦo」の音をもつ「乎」も、「乙類」系の「ɦuəŋ」の音をもつ「弘」も、ともに、助詞の「を」を表記するのに用いられている。とくに使いわけは、されていないようである。

しかし、「ア行のオ」である「·ɪo」の音をもつ「於」「飫」が、助詞の「を」に用いられている例はない。あきらかに、「ワ行のヲ」と「ア行のオ」とは、使いわけがなされている。

なお、あとでのべるように、『古事記』で、「ワ、ヰ、ヱ、ヲ」音を表記する漢字の音は、すべて、頭子音として、「ɦ音」をもつ。

『古事記』から『日本書紀』にうつるあいだに、「ワ行のオ」は、「ヷ（ɦa）」の頭子音「ɦ」をもつ音から、「ɦ」の頭子音をもたないものへと、しだいに変ってきているようにみえる。

(6) ここまでのところで、似たような音が、かなりでてきているので、すこし整理してみよう。すると、**表39**のようになる。

表39　「ア行のオ」「ワ行のオ」「ヤ行のヨ」

ɪo（ə） （ア行のオ） 〔乙類のオ〕	o （ワ行のオ） 〔甲類のオ〕 （東京方言の「オ」）
yə（yɪo） 〔乙類のヨ〕 （yを、やや強く、「イイヨ」にも近く発音する。）	yo 〔甲類のヨ〕 （oを、やや強く発音する。東京方言の「ヨ」。）
中舌 （舌を中ほどに。oの音がイにやや近づく。）	奥舌 （舌をうしろに引く。）

つまり、『日本書紀』の編纂時においては、「ワ行のオ（ヲ）」の実質の音が、現在の東京方言の「オ」の音、つまり、「ア行の甲類のオ」の音と等しいものに変っていた。そして、当時の「ア行のオ」のほうは、「乙類のオ」の音をもっていた。それらと平行的に、「甲類のヨ」と「乙類のヨ」とが存在していた。

そして、「ワ行のオ」においては、「オ（o）」と「ヲ（wo）」との区別が失われていた。『日本書紀』の「ワ行のオ」は、実質の音は、「o（ア行の甲類のオ）」であっても、「漢音」は、「ヲ」で表記され、「ワ行のオ」としてあつかわれていた。

古代八母音についてのまとめ

『日本書紀』についてのここまでの調査をもとに、古代八母音についてまとめれば、さきに、26～29ページで示した【全体のまとめ】のようになる。

「二重母音」のあり方

中国語と日本語との、「二重母音（母音の連続）」のあり方の違いについて、いますこし補足をしておこう。

中国語では、二重母音において、Aの母音からBの母音への移行が、日本語よりもなめらかである。そのため、二重母音が「一音節」であることはありうる。

しかし、上代日本語では、二つの母音がつながるばあい、Aの母音からBの母音への移行が、中国語ほどなめらかではない。日本語は、母音が単純で、一つ一つの母音の区別がはっきりしている言語である。

上代日本語では、母音の連続を、やや極端に避ける傾向があった。

現在、「青い」は、「aoi」で、母音が三つ連続する。しかし、上代は、「awosi」で、母音が連続することはない。「顔《かお》（kao）」は、上代では、「かほ（kaFo、または、kapo）」であった。

そのため、母音が連続するような形になるばあい、つぎのいずれかのようになった。

(1) まれに、二重母音が、二つの音節になるばあいがある。

たとえば、『日本書紀』の「継体天皇紀」の歌に、「于魔伊禰矢度儞《うまいねしとに》（味《うま》寝《い》寝《ね》し間《と》に。きもちよく寝ているあいだに）」という句がある。このばあい、「于魔伊《うまい》」の、「まい（mai）」の部分が、二重母音になる。

この「魔伊《まい》」は、あきらかに、二音節になっている。一音節ではない。一音節の二重母音ではない。また、『万葉集』の一五三番の歌に、「奥津加伊《おきつかい》　痛勿波祢曽《いたくなはねそ》（沖《おき》つ櫂《かい》　いたくなはねそ。沖の船の櫂《かい》もひどくはねないでおくれ）」という句がある。このばあい、「奥津加伊《おきつかい》」の、「かい（kai）」の部分が、二重母音になっている。これもあきらかに、二音節である。一音節の二重母音ではない。

(2) 二重母音のうちの一つを「脱落」させるばあいがある。

たとえば、「高天《たかあま》（takaama）」の二重母音の、一つの「a」を落として、「高天《たかま》（takama）」という。「常《とこ》磐《いは》（tököiFa）」の二重母音の一つの「ö」を落として、「常磐《ときは》（tökiFa）」という。「荒礒《あらいそ》（araiso）」の二重母音の一つの「a」を落として、「荒礒《ありそ》（ariso）」という。……などである。

すこしのちの時代の例をあげよう。『古今和歌集』に在原業平《ありはらのなりひら》のつぎの歌がある。「世中《よのなか》にたえてさく

らのなかりせば　春の心はのどけからまし」この、「のどけからまし」は、「のどけくあらまし」のちぢまったものである。「くあ（kua）」の二重母音のところが、「u」が脱落し「か（ka）」になっている。

（3）　別の音を「添加」して、二重母音をさけるばあいがある。

たとえば、「春雨《はるあめ》（Faruame）」のばあい「s」音を添加して、「春雨《はるさめ》（Farusamë）」という。「荒稲《あらいね》（araine、籾《もみ》のついたままの米、または、精製していない米）」のばあいも、「s」音のついた形で、「荒稲《あらしね》（arasine）」という。

以上を要するに、中国語のばあい、二重母音でありながら一音節になることはありえても、上代日本語の「やまとことば」のばあい、二重母音は、和歌（短歌、旋頭歌など）の五・七のリズムなどからみて、二音節か、母音の一つを脱落させる形で一音節となっている。

したがって、「乙類のイ、エ、オ」などの段の母音を、二重母音とみるのには、無理がある。すくなくとも日本語の伝統にそぐわない。二重母音とみると、上代語のばあい、二音節となって、五・七のリズムが崩れたりする。

私が、これらを、半母音的なものをふくむ「拗音的なもの」とみるか、あるいは、「ai→ε」のような変化による一音節のものとみる理由は、ここにある。

拗音的な性質をもち、一音節のものとすれば、現代の拗音になぞらえて理解することができる。すくなくとも、一般の人にはわかりやすいと思う。そのような説明のしかたで、不都合さもほとんどないと思う。

日本語では、二つの母音の連続は、伝統的に、一音節ではなく、二音節なのである。

中国語と日本語とでは、音韻体系に、かなり大きな違いがある。

中国語の音韻体系のなかで日本語を理解するのは、もともと、すくなからず無理がある。

それは、ちょうど、英語を、日本語の音韻体系のなかで理解しようとすると、「thank you」を「サンキュー」とするように、「tha（θæ）」を「サ」と考えざるをえないのと似ている。英語を知らないばあい、日本語のカタカナ表記の「サンキュー」は、大きな手がかりを与えてくれる。

しかし、「サンク thank（θæŋk）」については、英語の「sank（sæŋk）」（sink［沈む、の過去形］）と、意味が同じかどうかなど、さまざまなことを、考えあわせる必要がある。

それと同じように、日本語の上古音は、最終的には、日本語の音韻体系のなかで理解すべきである、というのが、私の立場である。

上代日本語の字母表

上代特殊仮名づかいについての本や論文は、かなりある。

しかし、八つの母音などが、どのような音であるかを推定し、字母表（五十音図にあたるもの）の形で、きちんと示しているものは、ほとんどない。

私が見出したほとんど唯一のものは、森博達氏が、『日本書紀の謎を解く』（中公新書、中央公論社、一九九九年刊）や、『古代の音韻と日本書紀の成立』（大修館書店、一九九一年刊）で示されているもので、**表40**のようなものである。

表40について、森博達氏は、「これはもとより一試案にすぎない」（『古代の音韻と日本書紀の成立』）、「類推を加えて作成した上代日本語の推定一覧表」（『日本書紀の謎を解く』）と記す。

森博達氏作成の**表40**は、中国語学の深い学識によってささえられている。教示されるところが、はなはだ多い。

とくに、『日本書紀』の巻々を、α群とβ群とにわけ、それをもとに探求されたことは、画期的な業績といえよう。

私も、森博達氏の探求をふまえたうえで探求を行なった。ただ、森博達氏と私とでは、立場の違いから、結論において、重なるところも多いが、相違するところもかなりある。私の得た結果を、森博達氏作成の**表40**の形式にならって示せば**表41**のようになる。

以下に、**表40**と**表41**とを対比させる形で、森博達氏と私との、音価推定結果のおもな違いを、今一度まとめてみよう。

(1)「乙類のオ」の例がわかりやすいと思うので、まず、「乙類のオ」をとりあげる。

「乙類のオ」の母音部を、森博達氏は、「ə」とする。これに対し、私は、この母音部の基本形は、「ɪo」であるとする。

私は、すでにのべたように、「乙類のオ」は、「ɪo」が原形で、頭子音が、舌の先が前歯のうしろに近づく、あるいは、口を閉じがちになる「s、z、t、d、n、p、b、m、y、r」などのあとでは、「ɪo」が「ə」に近づくと考えてよいと思う。つまり、「ɪo」のほうが原形で「ə」のほうを、一定の条件のもとで「ə」になった「条件異音」と考えたほうがよいように思う。「ɪo」から「ə」への変化は考えやすいが、もともと「ə」であったものが、「k」「g」などのあとで、「ɪo」になる条件は考えにくい。（英語のgirl［gəːl］などの「g」のあとの「ə」のように、「g」のあとでも「ə」を発音することができる。このばあい、「ɪo」にならない。）

「乙類のコ」を示す文字は、わが国の漢音において、「キョ」という「一音節の拗音」としてうけとめられ、あるいはうけつがれている。「乙類のコ」を、「kɪo」としたばあいは、「ɪ」を半母音の一種と考え

表40　上代日本語推定音価一覧表（森博達氏案）

	ア列	イ列 甲類	イ列 一類	イ列 乙類	ウ列	エ列 甲類	エ列 一類	エ列 乙類	オ列 甲類	オ列 一類	オ列 乙類
ア行	ɑ		i		u		əĕ			ə	
カ行	kɑ	ki		kɪ	ku	ke		kəĕ	ko		kə
ガ行	ŋgɑ	ŋgi		ŋgɪ	ŋgu	ŋge		ŋgəĕ	ŋgo		ŋgə
サ行	^{t}sɑ		^{t}ʃi		su		^{t}ʃe		so		^{t}sə
ザ行	^{d}zɑ		^{d}ʒi		zu		^{d}ʒe		zo		^{d}zə
タ行	tɑ		ti		tu		te		to		tə
ダ行	dɑ		di		du		de		do		də
ナ行	nɑ		ni		nu		ne		no		nə
ハ行	pɑ	pi		pɪ	pu	pe		pəĕ		po	
バ行	bɑ	bi		bɪ	bu	be		bəĕ		bo	
マ行	mɑ	mi		mɪ	mu	me		məĕ	mo		mə
ヤ行	jɑ				ju		je		jo		jə
ラ行	lɑ		li		lu		le		lo		lə
ワ行	wɑ		wi				we			wo	

れば、拗音的な「キョ」とつながりうる。

「乙類のコ」を、森博達氏のように「kə」としたのでは、「乙類のコ」の漢音が拗音であることとつながりにくくなるのではないか。

(2)「エ列乙類の母音」を、森博達氏は、**表40**のように「əĕ」の形で示される。私の作成した**表41**では、「əi」の形で示されている。藤堂明保の『大字典』では、「エ列乙類の母音」は、「əi」の形で表記されている。おそらく、森博達氏は、「i」音が、そのまえの「ə」音の影響をうけ、「e」音にやや近くなったものとして、「ĕ」の表記を用いられたものであろう。

表41　上代日本語推定音価一覧表（安本案）

	ア列	イ列		ウ列	エ列		オ列	
		甲類　一類　乙類			甲類　一類　乙類		甲類　一類　乙類	
ア行	·a	·ɪi $(^{w}_{y}i)$		ワ行へ	·əi (^{a}i)		·ɪo $(^{w}_{y}o)$	
カ行	ka	ki	kwi	ku	ke	kəi $(k^{a}i)$	ko	kɪo $(k^{w}_{y}o)$
ガ行	ga	gi	gwi	gu	ge	gəi $(g^{a}i)$	go	gɪo $(g^{w}_{y}o)$
サ行	tsa	tʃwi [si]		su	se (ʃe)		so	tsə
ザ行	dza	dʒwi [dzwi]		zu	ʒe		zo	dzɪo[$d^{w}_{y}o$] [zɪo($z^{w}_{y}o$)]
タ行	ta	twi		tu	te		to	tə
ダ行	da	dwi		du	de		do	də [dɪo ($d^{w}_{y}o$)]
ナ行	na	nwi [ni]		nu	ne		no	nə
ハ行	pa	pi	pwi	pu	pe	pəi $(p^{a}i)$	po	
バ行	ba	bi	bwi	bu	be	bəi $(b^{a}i)$	bo	
マ行	ma	mi	mwi	mu	me	məi $(m^{a}i)$	mo	(mə)
ヤ行	ya			yu	ye		yo	yə
ラ行	ra	rwi		ru	re		ro	rɪo $(r^{w}_{y}o)$
ワ行	·wa	·wi		(ア行より) ·wu	we		·o (wə)	

・[　] 内は、『古事記』の代表音（最頻度音）にもとづく推定が、『日本書紀』の代表音にもとづく推定と異なっているばあいの、『古事記』による推定値。
・乙類の音の推定は、「クィ、カィ、キョ」理論が、あるていど反映された形で行なわれている。
・「ɪ」は、半母音「y」と、半母音「w」との、中間の半母音。

私は、「・i」を、すでにのべたように、後置定冠詞的なものとみるので、原形を尊重し、かつ、藤堂明保の『大字典』にしたがって「əi」の表記を用いた。

森博達氏は、「エ列乙類の母音には、中国語では「咍」韻が最も近かったことがわかる」と記している（『古代の音韻と日本書紀の成立』）。そして、藤堂明保の『大字典』では、「咍」の中古音は「həi」となっている。母音は、「əi」である。かつ、漢音は、「カイ」である。「・i」音性がめだつ感じである。

もっとも、「エ列乙類の母音」についての「əĕ」と「əi」は、たんなる表記法の違いともいえる。

ただ、たとえば、「乙類のエ」を表記する漢字の多くは、「該」「戒」「階」「開」「愷」「凱」「慨」など、「カイ」または「ガイ」の音をもつものである。ここからも、「i（イ）音性」を表記上に示したいところである。

(3)

「エ列乙類の母音」を森博達氏は、「二重母音」とみる。たしかに、「二重母音」とみてもよいのであるが、『日本書紀』の歌謡の中国人表記の「エ列乙類」の文字をみても、「一音節」（一母音）のものとされているようである。

たとえば、『日本書紀』の第80番の歌をみてみよう。つぎのようなものである。

「あたらしき　猪名部《ゐなべ》の工匠《たくみ》　かけし墨縄《すみなは》　其《し》が無《な》けば　誰《たれ》かかけむよ　あたら墨縄（惜しいこと、猪名部の工匠の張った墨縄。その工匠がいなくなれば、いったい誰が張るのだろうか。惜しい墨縄だ。）」

この歌において「かけし墨縄」の「かけし」の原文は、「柯《か》該《け(乙)》志《し》」となっている。「誰かかけむよ」の「かけむよ」の原文は、「柯《か》該《け(乙)》武《む》預《よ》」となっている。「其《し》が無《な》けば」の「無けば」の原文は、「那《な》稽《け(甲)》麼《ば》」となっている。「乙類のケ（該。カイ、ガイのai系統の音をもつ）」と、「甲類のケ（稽、ケイのei系統の音をもつ）」とが、使いわけられている。そして、この歌は、「五・七・七・五・七・七」の「旋頭歌《せどうか》」のリズムにしたがっている。

「旋頭歌」では、下の三句目において、頭の三句目の語を反復するという形式をとる。「墨縄」の語が反復されている。典型的な「旋頭歌」の形式にしたがっている、といえる。

したがって、「乙類のケ」を表記した「該《け》」も、「甲類のケ」を表記した「稽」も、ともに、「一音節」とみるべきである。

つまり、「乙類のケ」は、やや口をひらいた「kɛ」のような「一音節」の音に近いとみるべきである。

このことを、いますこしくわしく、つぎに説明しておこう。

(4)

朝鮮語学や、中国音韻論の専門家であった河野六郎《こうのろくろう》（東京教育大学［現筑波大学］教授など。一九一二〜一九九八）は、「『日本呉音』に就《つ》いて」という論文（『河野六郎著作集　第2巻』［平凡社、一九七九年刊］所収）のなかでのべている。

「中国語には日本語には無い音節が沢山ある。日本語の音節は原則的にCV（安本註。Cは、子音［consonant］、Vは、母音［vowel］をあらわす。CVは、子音＋母音）構造を示す。ところが中国語にはCVはもとより、CVCの構造もあれば、CVVもある。（中略）三重母音もある。このような複雑な音節構造を持つ中国語の音節を日本語の単純なCV構造で受けとめるために日本語は種々の工夫を行った。VもしくはCVのような音節は容易に受け入れることができたが、CVC、CVVのごとき構造はこれを二音節に分解してCV-C、CV-Vのようにせざるを得なかった。」

中国語の世界に住むと、二重母音やさらには三重母音も、ふつうの、ありふれたことのようにみえる。人類の言語で、ふつうに起きうる現象のようにみえる。

しかし、日本語の伝統においては、けっしてそうではなかった。

現代の東京方言では、上代（奈良時代）にくらべて、ずっと頻繁《ひんぱん》に、二重母音、三重母音がみられるようになっている。

「赤い（akai）」「顔（kao）」「白い（siroi）」「額《ひたい》（hitai）」など。

これらは、奈良時代には、「赤《あか》き（akaki）」「顔《かほ》（kaFo）」「白《しろ》き（siroki）」「額《ひたひ》（FitaFi）」であって、いずれも、母音が、二つ続くことはなかった。

ただ、日本語の東京方言では、「akai」「kao」「siroi」「hitai」の下線部のように、母音が連続することがあっても、それらの母音の一つ一つは、「一音節」をなす。

そのため、これらの語は、それぞれ、「三音節」「二音節」「三音節」「三音節」の語である。

ところが、中国語では、しばしば、一音節のなかで、一つの母音から別の母音へと、移り変わる。

日本語の「寛《ひろ》い（hiroi）」は、三音節である。中国語の「寛《クワン》（kuan）」は、二重母音で、一音節である。

中国語では、「会《クワイ》（kuài）」、「了（liǎo）」のような、三重母音で一音節をなすものもある。

一音節の一つの語のなかに、二つ、あるいは、三つの母音をつめこむことは、中国語ではふつうのことである。しかし、日本語では、ふつうのことではない。

中国語は、「単音節（monosyllabic《モノシイラビック》）言語」の傾向が強い。日本語は、基本的に、「多音節（polysyllabic《ポリシイラビック》）言語」である。言語の基本的な性質が、かなり異なる。

「単音節言語」では、一音節で、一語を形づくる。すると、同じ音で、意味の異なる語ができやすい。

そこで「声調《せいちょう》（tone《トーン》）」とよばれる高低などの音調のパターンを何種類か定める（現代中国の標準語［北京語］では、四種類［四声《しせい》という］）。その四声のどれかを、一音節からなる一語に、固定的に付与する。それが、語の意味を区別する情報をもたらすことになる。

中国語ではまた、一語一音節のなかで、二つあるいは三つの母音が移り変わる。それに、いくつかのパターンがある。これも、中国語に語の意味を区別する情報を与えることになる。

中国語のような単音節の言語では、一音節のなかに、たくさんの情報をつめこまざるを得ないのである。

いっぽう、日本語の方は、多音節言語である。

一つ一つの音節の構造は、単純である。そして、いくつかの音節をつなげて一語をつくることによって情報をふやし、意味の区別ができるようにする。

このため、中国語では、声調が違ったり、「帯気音」と「無気音」との区別（たとえば、「ka［歌、など］」と、「kʻa［可、など］」の違い）のあるものが、まとめられて、日本語の一つの音節（たとえば、「カ」）にあてられることとなる。

このように、中国語と日本語とのあいだには、音韻の構造に、かなり大きな差がある。

このような事情があるため、たとえば、「寛《クワン》（kuan）」という音のばあい、中国語の体系のなかで説明すれば、「ua」は、二重母音であって、「a」は主（母）音、「u」は副音である、ということになる。あるいは、「寛《クワン》（kuan）」は、「介音《かいおん》（わたり音）」の「u」をもつ「合口呼（口の開きのせまい音節）」ということになる。

いっぽう、日本語の体系のなかで説明すれば、「寛《クワン》（kuan）」は、呉音も漢音も、「クワン」であって、これは、「kwan」で、「u」は、「w」のような「半母音」とみなされることになる。「kwan」は、拗音《ようおん》の一種である、ということになる。本来の日本語では、単独で音節をつくりうる母音が、一音節のなかに、二つならぶことはない、ということになっているからである。

森博達氏は、中国語学の立場から、「二重母音で一音節」とみてよい、として、上代日本語の「乙類のケ」などを説明しておられるようにみえる。

しかし、日本語学の立場では、「二重母音」であれば、ふつう二音節になる。

中国語学の立場では、「二重母音は、副音と主（母）音で一音節」という形で説明されるものが、日本語学では、「二重母音であれば二音節、そうでなければ、半母音と母音で一音節（つまり拗音）」という形で説明される。

日本上古語の乙類の音を、一音節の二重母音とみるのは、日本語の説明体系のなかでは、やや無理がある。また、二重母音を二音節とみると、和歌（日本の歌。定型の歌。旋頭歌などを含む）の五・七のリズムに合わなくなる。

「乙類のエ」などは、朝鮮語において、「a（朝鮮文字［ハングル］で、ㅏ）」と「i（ハングルで、ㅣ）」とが合わさって、「ɛ（ハングルで、ㅏとㅣを合わせた文字ㅐ）」となった。（105ページ参照）。それと、同じような状況を考えざるをえないであろう。

つまり、一音節の「ɛ」の音を考えるのである。（88ページの**図3**、105ページ**図5**参照）。

ただ、後置定冠詞的な「i」音を意識するとすれば、母音「a」が半母音化したものと考えて、「$k^{a}i$」と表記するのも一法であろう。

東京方言に、「キャ、キュ、キョ」などの半母音をもつ拗音があるから、それになぞらえて、「拗音的なもの」として理解するのが、一般的には、わかりやすいのではなかろうか。

ここで、私が、「拗音的なもの」といったのは、一音節の母音とみるに足りない半母音的なものをふくむ音節構造をひろくさすもの、と考える。私は、日本語の音韻構造は、中国語にくらべてはるかに簡単なので、なるべく簡単な構造パターンで考えたほうがよいと思うのである。

（5）　森博達氏の表40では、「イ列乙類」の母音が、「kɪ」「pɪ」「mɪ」など、「ɪ」とされている。藤堂明保の『大字典』では、「ɪは中舌的で、あいまいなイ介音」とされている。「ɪ」だけで主母音（中国語学では、韻母という）となるケースは、まれではなかろうか。藤堂明保の示す韻母表には、みあたらない。日本語の「イ列乙類」の母音は、もともと、「ui」から来ているとみられる。その「u」が半母音化して、「w」になったものとして、「wi」の形の「拗音的なもの」としたほうがわかりやすいと思う。

（6）　「ラ行」の頭子音を、森博達氏は、「l」で示されている。私は、「r」で示した。たとえば、現代の東京方言の「ラ行」の「r音」は、中国語の「r音」とも、「l音」とも異なる。現代の東京方言の「r音」を、正確に表記する音をもつ漢字が、中国語のなかに存在していない。つまり、中国語の「手もちの駒」のなかに、日本語の「r音」を正確に表記しうるものがないのである。中国語の「手もちの駒」のなかで、しいて、東京方言の「r音」に近いものをえらぶということになると、それは、現代でも、中国語の「r音」よりも「l音」であろう。中国語の「r音」のほうは、すでに150～152ページのなどで述べたように、やや、日本語の「ジ」に近いような音である。このような事情は、上代においても変わりがなかったとみられる。

上代の日本語の「ラ行音」の子音に、もっとも近い中国語の音は、「l音」であるという森博達氏の主張は正しい。しかし、そのことは、上代の日本語の「ラ行音」の子音が、「l音」であったことを意味しない。

現代でも、東京方言の「ラ行音」の子音に最も近い中国語の音は、「l音」である。しかし、東京方言の「ラ行音」の子音は、ふつう、「l音」では表記しない。「r音」で表記される。

東京方言の「r音」は、大阪方言の「r音」と、ほぼ、同じ範疇のものである。東京の人が、大阪の人の「r音」に、とくに違和感を感じることはない。

現代と奈良時代とは、およそ、一三〇〇年の年代差がある。東京方言と大阪方言との分裂の時期は、一三〇〇年前よりも、数百年古いとみられる。

埼玉県の稲荷山古墳出土の鉄剣銘文にみられるように、五世紀末には、大和朝廷の勢力は、関東に達している。奈良時代には、大和朝廷の勢力は、東北まで進出している。

つまり、東京方言と大阪方言とは、共通の祖語から、「r音」をうけつぎ伝えているとみられる。

さらに、沖縄首里方言の「r音」も、東京方言や大阪方言の「r音」と同種のものである。そして、東京方言と沖縄首里方言との分裂の時期は、今から、一七五〇年前後昔と考えられる（拙著『研究史　日本語の起源』〔勉誠出版、二〇〇九年刊〕参照）。

つまり、一七五〇年ていど昔の共通祖語から、東京方言と沖縄の首里方言とは、同じ種類の「r音」を、うけついでいると考えられる。

奈良時代の日本語にだけ、一時的に中国語の「l音」のような音が存在したとは、考えにくい。

したがって、『日本書紀』の編纂のころに、わが国で用いられていた「ラ行音」の子音は、現代の東京方言と同じ種類のものとみて、「r」の形で表記してよいものと、私は考える。

(7)　同様のことは、「ガ行音」の頭子音についてもいえる。200ページの**表40**にみられるように、森博達氏は、「ガ行音」の頭子音を、「ŋg」とされる。これも、私は、当時の日本語の「ガ行音」の頭子音は、現代の東京方言と同じく、「g音」であったと考える。ただ、中国語の「手もちの駒」のなかに、日本語の「g音」を正確に表記しうるものがなかったので、当時の中国語の音のなかでは、それにもっとも近いものとしては、「ŋg」をとらざるを得なかっただけのようにみえる。

たとえば、「ガ行音」のなかの、「ガ」の音をとりあげみよう。「ガ」の音は、「ガ行音」「ガ、ギ、グ、ゲ、ゴ」のなかでもっとも使用頻度が大きい。『日本書紀』でも、『古事記』でも、「ガ」は、「ガ行音」全体のなかの半分以上を占める（143ページの**表23**、あとの271ページの**表63**参照）。

ただ、「ガ」の音を、あとの271ページの**表63**に示しているように、『古事記』では、「ɦa」の音をもつ漢字（賀、何）で表記している。

「ŋ」は、鼻濁音系の音であるが、「ɦ」は、鼻濁音系の音ではない。「ɦ」は、「hの濁音」ともいわれる音である。

『日本書紀』の編纂のことよりもまえの『古事記』編纂以前のころにおいて、「ガ」は、鼻濁音的な音ではない。『日本書紀』の編纂よりもあとの時代においても、鼻濁音的な音ではない。このような情況をみれば、『日本書紀』編纂のころの日本語においてのみ鼻濁音的であったとは思えない。

当時、中国の北方方言では、濁音が清音化していっていた。日本語の「ガ行音」の子音を、正確に表記する方法がなかったので、頭子音を「ŋ」で記したものとみられる。

『古事記』の「ガ音」表記にみられる「ɦa」は、中国の漢字のもつ「ɦ音」に、なお濁音性が残っていた時代の状況を反映したものであろう。そのころは、日本語の「ガ」の音の語頭音の「g」にもっとも近いものが「ɦ」であったとみられる。

なお、東京方言の「卵（tamaŋo）」、琉球の与那国方言の「影（kaŋi）」などの鼻濁音は、語中や語尾にみられるものである。

日本語の歴史の流れのなかで、語頭の鼻濁音が、一般的な時代があったとは思えない。

森博達氏は、円仁の『在唐記』の文などを引いて説明されるが、『在唐記』の文は、いくつもの解釈の余地がある。かつ、奈良時代の文献ではない。平安時代の文献である。
仏典以外の、一般の「やまとことば」の音についての議論になっているかどうかにも疑問がある。
それに、「ガ」の音が、頭子音に鼻濁音をもつとすれば、「バ」の音も、頭子音に、鼻濁音的なものをもつことにならないか。

『日本書紀』で「バ」の音を表記した万葉仮名二十五回のうち、二十回、八〇パーセントまでは、「mb」といういう頭子音をもっているからである（179ページの**表33**）。しかし、森博達氏は、「バ」の頭子音を鼻濁音の「mb」にせず、「b」にされているのである。

以上のべてきたように、英語の「l」と「r」との区別を、日本語の音韻のみによったのでは、うまく説明できないように、当時の日本語の音韻は、当時の中国語の音韻の持ち駒だけでは、説明できないものがあるのである。

(8) 以上のべてきたことのほか、たとえば、「セ」の音価を、森博達氏は、「^{t}ʃe」とする。しかし、『日本書紀』の歌謡で、頻度のもっとも大きい音は、147ページの**表24**をみればわかるように「sei」（西、細、栖の字などの音）である。

これは、東京方言の「セ」に近い音をうつしたものとみられる、というようなことがある。あとで示す**表42**のように、国語学者の大野晋も、上代の「セ」の音を「se」としている。ただし、147ページの**表24**をみれば、「制」の字もかなりな頻度をもつ。これは森博達氏のいう「^{t}ʃe」にあたる。この音も、「セ」の範疇にはいっていたといえる。

以上のような結果の違いは、森博達氏と私との立場や方法が、つぎのような点で異なっていることから来ているところもある。

（1）　森博達氏の著書・論文では、「牙音」（頭子音が、k、kʻ、g、ŋである音）「喉音」（語頭音が、h、ɦ、y、声門閉鎖音などで始まる音）「暁母」（頭子音hのもの）「匣母《こうぼ》」（頭子音ɦのもの）「全清音」（頭子音が、pではじまるものなど）「次清音」（頭子音が、pʻではじまるものなど）「全濁音」（頭子音が、bではじまるものなど）「次濁音」（頭子音が、mbではじまるものなど）のように、中国語学の専門用語が多用されている。議論は、それだけ厳密なのであるが、専門外の人には、かなり理解がむずかしいと思う。

これらは、いずれも、発音記号による表記をみれば、区別のつくものである。

私は、できるだけ、発音記号によって表記し、そこにみられる規則性にもとづいて、上代日本語の音がどのようなものであるか、その音価を考えるようにした。

（2）　私のばあい、音の表記法は、藤堂明保の『学研　漢和大字典』に、基本的にしたがった。したがって、同じ音でも、森博達氏と私とでは、表記法が異なるばあいがある。

たとえば、「野」「夜」の頭音を、森博達氏は、「·j」で記す。藤堂明保の『大字典』では、「y」で記す。そのため、上古音の「ヤ」の推定音が、森博達氏の**表40**では、「·ja」と記され、私の作成した**表41**では、「ya」と記されている。

森博達氏作成の**表40**では、「前舌のア列母音」は「a」で、「奥舌のア列母音」は「ɑ」で示されている。いっぽう、藤堂明保の『学研　漢和大字典』では、「前舌のア列母音」は「ă」で、「奥舌のア列母音」は「a」で示されている。これらは、たんに、表記法上の違いといえる。

国語学者、大野晋の字母表

国語学者の大野晋も、上代日本語についての字母表的なものを示している（『万葉集　一』〔日本古典文学大系

4〕岩波書店、一九五七年刊。『日本語の文法を考える』〔岩波新書〕岩波書店、一九七八年刊、など）。

それらをまとめれば、**表42**のようになる。

表42は、「さ」の音を「tsa」と記し、「す」の音を「tsu」と記す。このように、具体的に音価を記しているものもあるが、「乙類のイ、エ、オ」の段の母音は、「ï」「ë」「ö」のウムラウト記号で記しているだけである。具体的な内容が示されていない。

大野晋作成の**表42**の字母表の形式にならって、『日本書紀』の歌謡における字母表を、私なりに作成すれば、**表43**のようになる。

この**表43**の作成にあたっては、まず、これまでに行なった調査にもとづき、**表44**を作成した。**表44**は、『日本書紀』の歌謡の万葉仮名の代表字（使用頻度のもっとも大きい漢字）と、代表音（出現頻度のもっとも大きい中国中古音）の表である。

表43は、**表44**にもとづき、さらに、森博達氏作成の**表40**（200ページ）、大野晋作成の**表42**を参考として作ったものである。

表42　大野晋による上代日本語の字母表

わ wa	ら ra	や ya	ま ma	ば ba	は Fa	な na	だ da	た ta	ざ dza	さ tsa	が ga	か ka	あ a
ゐ wi	り ri	— —	み(甲) mi	び(甲) bi	ひ(甲) Fi	に ni	ぢ di	ち ti	じ zi	し si	ぎ(甲) gi	き(甲) ki	い i
— —	る ru	ゆ yu	む mu	ぶ bu	ふ Fu	ぬ nu	づ du	つ tu	ず dzu	す tsu	ぐ gu	く ku	う u
ゑ we	れ re	𛀁 (ヤ行のエ) ye	め(甲) me	べ(甲) be	へ(甲) Fe	ね ne	で de	て te	ぜ ze	せ se	げ(甲) ge	け(甲) ke	— —
を wo	ろ(甲) ro	よ(甲) yo	も(甲) mo	ぼ bo	ほ Fo	の(甲) no	ど(甲) do	と(甲) to	ぞ(甲) dzo	そ(甲) tso	ご(甲) go	こ(甲) ko	— —
— —	— —	— —	み(乙) mï	び(乙) bï	ひ(乙) Fï	— —	— —	— —	— —	— —	ぎ(乙) gï	き(乙) kï	— —
— —	— —	— —	め(乙) më	べ(乙) bë	へ(乙) Fë	— —	— —	— —	— —	— —	げ(乙) gë	け(乙) kë	え(乙) ë
— —	ろ(乙) rö	よ(乙) yö	も(乙) mö	— —	— —	の(乙) nö	ど(乙) dö	と(乙) tö	ぞ(乙) dzö	そ(乙) tsö	ご(乙) gö	こ(乙) kö	お(乙) ö

表43　『日本書紀』歌謡における字母表（安本作成）

わ wa	ら ra	や ya	ま ma	ば ba	は pa	な na	だ da	た ta	ざ dza	さ tsa	が ga	か ka	あ a
ゐ wi	り ri	— —	み(甲) mi	び(甲) bi	ひ(甲) pi	に ni	ぢ di	ち ti	じ zi	し tʃi	ぎ(甲) gi	き(甲) ki	い i (ɪi)
う (ア行より) wu	る ru	ゆ yu	む mu	ぶ bu	ふ pu	ぬ nu	づ du	つ tu	ず zu	す su	ぐ gɹ	く ku	う (ワ行へ)
ゑ we	れ re	(ヤ行のエ) ye	め(甲) me	べ(甲) be	へ(甲) pe	ね ne	で de	て te	ぜ ʒe	せ se	げ(甲) ge	け(甲) ke	— —
を (ア行へ)	ろ(甲) ro	よ(甲) yo	も mo	ぼ bo	ほ po	の(甲) no	ど(甲) do	と(甲) to	ぞ(甲) zo	そ(甲) so	ご(甲) go	こ(甲) ko	お(甲) (ワ行より) o
— —	— —	— —	み(乙) mwi	び(乙) bwi	ひ(乙) pwi	— —	— —	— —	— —	— —	ぎ(乙) gwi	き(乙) kwi	— —
— —	— —	— —	め(乙) məi(mɛ)	べ(乙) bəi(bɛ)	へ(乙) pəi(pɛ)	— —	— —	— —	— —	— —	げ(乙) gəi(gɛ)	け(乙) kəi(kɛ)	え(乙) əi(ɛ)
— —	ろ(乙) rɪo	よ(乙) yə	— —	— —	— —	の(乙) nə	ど(乙) də	と(乙) tə	ぞ(乙) zɪo	そ(乙) tsə	ご(乙) gɪo	こ(乙) kɪo	お(乙) ɪo

（イ列・エ列・オ列で甲乙の別のないものを（甲）の列にならべて書いたものがあるが、それは、ただちに甲類の音をもつものであることを示すものではない。おなじ意味内容を表記するのに、甲類の音をもつ文字も、乙類の音をもつ文字も、ともに使用されているばあいがある。）

表44 『日本書紀』の万葉仮名の代表字（右フリガナは漢音、左フリガナは呉音）と代表音（代表字は、使用頻度のもっとも大きい漢字、代表音は、その音である頻度がもっとも大きい中古音）

［第2グループ］ 歯茎音グループ					［第1グループ］ 軟口蓋音グループ		グループ 行 段
ナ行	ダ行	タ行	ザ行	サ行	ガ行	カ行	
ナ 儺《ダ》《ナ》 na	ダ 娜《ダ》《ナ》 nda	タ 陀《タ》《ダ》 da	ザ 藏《ソウ(ザウ)》《ゾウ(ザウ)》 dzaŋ	サ 佐《サ》《サ》 tsa	ガ 我《ガ》《ガ》 ŋa	カ 柯《カ》《カ》 ka	ア段
ニ 爾《ジ》《ニ》 ṇɪei	ヂ 膩《ジ(ヂ)》《ニ》 ṇḍɪi	チ 致《チ》《チ》 tɪi	ジ 珥《ジ》《ニ》 rɪei	シ 之《シ》《シ》 tʃɪei	ギ(甲) 蟻《ギ》《ギ》 ŋɪě	キ(甲) 枳《キ》《キ》 kɪě	イ(甲)段
ヌ 農《ドウ》《ノ・ノウ》 noŋ	ヅ 豆《トウ》《ズ(ツ)》 dəu	ツ 都《ト》《ツ》 to	ズ 儒《ジュ》《ニュウ》 rɪu	ス 須《シュ》《ス》 siu	グ 虞《グ》《グ》 ŋɪu	ク 俱《ク》《ク》 kɪu	ウ段
ネ 禰《デイ》《ネ・ナイ》 nei	デ 泥《デイ》《ナイ》 提《テイ》《タイ》 ndei	テ 庭《テイ》《タイ》 tei	ゼ 噬《セイ》《ゼイ》 ʒɪɛi	セ 制《セイ》《セ》 sei	ゲ(甲) 使用例なし	ケ(甲) 稽《ケイ》《ケ》 kei	エ(甲)段
ノ(甲) 奴《ド》《ヌ》 no	ド(甲) 怒《ド》《ヌ》 ndo	ト(甲) 圖《ト》《ズ(ツ)》 do	ゾ(甲) 使用例なし	ソ(甲) 蘇《ソ》《ス》 so	ゴ(甲) 娯《ゴ》《ゴ》 吾《ゴ》《グ》 ŋo	コ(甲) 古《コ》《ク》 ko	オ(甲)段
―― ――	―― ――	―― ――	―― ――	―― ――	ギ(乙) 擬《ギ》《ゴ》 ŋɪei	キ(乙) 紀《キ》《コ》 kɪei	イ(乙段)
―― ――	―― ――	―― ――	―― ――	―― ――	ゲ(乙) 皚《ガイ》《ガイ》 ŋəi	ケ(乙) 該《カイ》《カイ》 kəi 開《カイ》《ケ・カイ》 kʻəi	エ(乙)段
ノ(乙) 能《ドウ》《ノ・ノウ》 nəŋ	ド(乙) 騰《トウ》《ドウ》 dəŋ	ト(乙) 騰《トウ》《ドウ》 dəŋ	ゾ(乙) 茹《ジョ》《ニョ》 rɪo	ソ(乙) 曾《ソウ》《ソ・ソウ》 tsəŋ	ゴ(乙) 御《ギョ》《ゴ》 ŋɪo	コ(乙) 擧《キョ》《コ》 kɪo	オ(乙)段

［第4グループ］ 母音・半母音系グループ			［第3グループ］ 両唇音グループ			
ワ行	ヤ行	ア行	マ行	バ行	ハ行	ラ行
ワ 倭《ワ》《ワ》 ·ua	ヤ 野《ヤ》《ヤ》 yia	ア 阿《ア》《ア》 ·a	マ 麻《メ》《マ》 mua	バ 麼《マ》《バ》 mbua	ハ 播《ハ》《ハ》 pua	ラ 羅《ラ》《ラ》 la
ヰ (ワ行のイ) 威《イ(ヰ)》《イ(ヰ)》 ·ɪuəi 偉《イ(ヰ)》《イ(ヱ)》 ɦɪuəi	―― ――	イ 伊《イ》《イ》 ·ɪi	ミ(甲) 瀰《ミ》《ビ》 mie	ビ(甲) 寐《ミ》《ビ》 mbiui	ヒ(甲) 比《ヒ》《ヒ》 pii	リ 理《リ》《リ》 lɪi
―― ――	ユ 喩《ユ》《ユ》 yiu	ウ 于《ウ》《ウ》 ɦɪu	ム 武《ム》《ブ》 mɪu	ブ 父《ブ》《フ》 bɪu	フ 賦《フ》《フ》 pɪu	ル 屢《ル》《ル》 lɪu
ヱ (ワ行のエ) 衛《エ(ヱ)》《エイ(ヱイ)》 ɦɪuɛi	エ (ヤ行のエ) 曳《エイ》《エイ》 yɪɛi	―― ――	メ(甲) 謎《マイ》《ベイ》 mei	ベ(甲) 謎《マイ》《ベイ》 mbei	ヘ(甲) 陛《バイ》《ヘイ》 bei	レ 例《レ》《レイ》 lɪɛi
ヲ (ワ行のオ) 嗚《ウ》《オ(ヲ)》 ·o	ヨ(甲) 用《ユウ》《ヨウ》 庸《ユウ》《ヨウ》 yioŋ	―― ――	モ 母《ム・モ》《ボウ》 məu	ボ 朋《ボウ》《ホウ》 bəŋ	ホ 裒《ブ》《ホウ》 bəu	ロ(甲) 盧《ル》《ロ》 lo
―― ――	―― ――	―― ――	ミ(乙) 微《ミ》《ビ》 mɪuəi	ビ(乙) 使用例なし	ヒ(乙) 彼《ヒ》《ヒ》 pɪě	―― ――
―― ――	―― ――	エ(乙) 愛《オ・アイ》《アイ》 ·əi	メ(乙) 梅《メ・マイ》《バイ》 muəi	ベ(乙) 使用例なし	ヘ(乙) 陪《ヘ》《ハイ》 buəi	―― ――
―― ――	ヨ(乙) 與《ヨ》《ヨ》 yio	オ(乙) 於《オ》《ヨ》 ·ɪo	―― ――	―― ――	―― ――	ロ(乙) 慮《ロ》《リヨ》 lɪo

第V編 『古事記』の万葉仮名

●表記にみられる規則性と法則性●

有坂秀世《ありさかひでよ》（1908～1952）

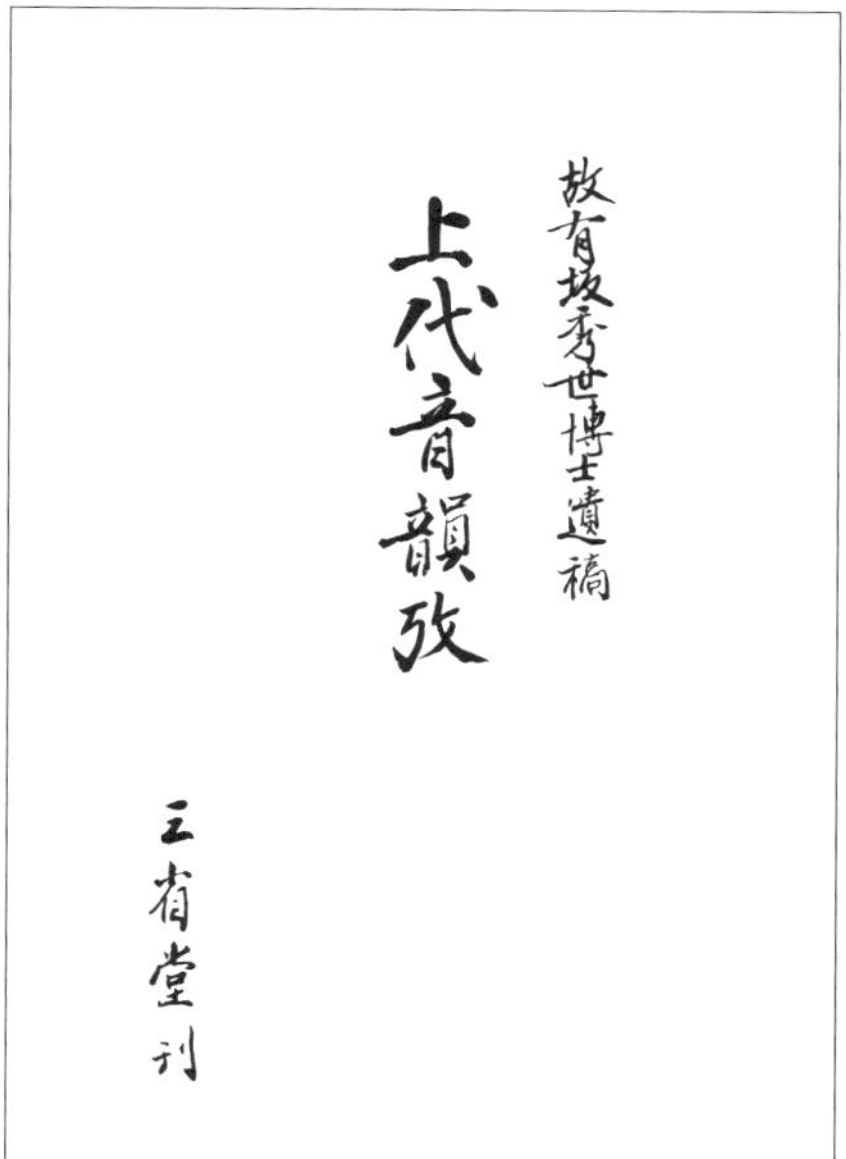

故有坂秀世博士遺稿

上代音韻攷

三省堂刊

有坂秀世著『上代音韻攷《じょうだいおんいんこう》』
（三省堂、1955年刊。上の写真もこの本の口絵写真による。）

有坂秀世《ありさかひでよ》の「甲類のオ列音と乙類のオ列音とは、同一結合単位内に共存することがない。」という音節結合の法則は、『古事記』の範囲内では、あたかも、物理学の法則のように、きわめて整然と貫徹されている。

それが、『日本書紀』では、くずれている。

1　『古事記』の「モ」

『古事記』は、「甲類のモ」と「乙類のモ」とを書きわけている

『古事記』の編纂は、七一二年、『日本書紀』の編纂は、七二〇年。その間、わずか八年しかへだたっていない。

しかし、あきらかに、『古事記』は、より古い時代の日本語の特徴を示し、『日本書紀』は、より新しい時代の日本語の特徴を示している。

この「第Ｖ部」では、『古事記』と『日本書紀』との違っているところに焦点をあて、『古事記』の特徴をのべる。

『古事記』と『日本書紀』との比較によって、それぞれの文献の特徴を知ることができる。また、そこから、『古事記』よりもさらに古い時代の日本語の様相を、かいまみることができる。

まず、『古事記』では、「甲類のモ」と「乙類のモ」とを、書きわけていることをとりあげる。『日本書紀』は、「甲類のモ」と「乙類のモ」とを書きわけていない。これは、『古事記』と『日本書紀』それぞれの、特色といえる。

このことは、どのような内容を意味するのであろうか。

そのことを、以下、具体的に検討しておこう。これは、あとの、「オ」「ヲ」「ホ」「ボ」などについて検討する出発点となりうる。

『古事記』の「甲類のモ」と「乙類のモ」の区別は、中国語「上古音」による

『古事記』でも、以下、「歌謡」の部分の万葉仮名について調べることにする。地名や人名などの表記のために用いられている万葉仮名は、『古事記』の編纂時以前に他の資料などに用いられていた表記法の伝統を襲っている可能性がある。情報に、やや雑多なものがまじる度合いが強くなるとみられる。「歌謡」の部分は、太安万侶《おおのやすまろ》の表記意識が反映されやすく、表記にあるていどの一貫性がたもたれ、法則などが見いだしやすくなる。

まず、藤堂明保の『学研 漢和大字典』によって、『古事記』において、「甲類のモ」を表記するために用いられている「毛」の字と、「乙類のモ」を表記するために用いられている「母」の字、さらに、甲類・乙類の書きわけをしていない『日本書紀』で「モ」を表記するために用いられている万葉仮名の、中国語の「上古音」「中古音」「呉音」「漢音」などを表の形にまとめる。すると、**表45**、**表46**、**表47**のようになる。

これらの表を、じっと見てみよう。

これらの表によれば、『古事記』における「甲類のモ」と「乙類のモ」との音価の違いは、おもに、中国語の「上古音」によってもたらされているようにみえる。

すなわち、中国語の「中古音」のほうでみたばあいは、「毛」の字の音の「mau」も、「母」の字の音の「meu」も、ともに、「甲類のモ」系の音をもつことになる。

音の上で、区別がつかないことになる。

すでに調べたように、『日本書紀』の万葉仮名では、おもに、中国語の「中古音」を基準として、用いる万葉仮名を定めていた。

そこで、『日本書紀』の中古音での例を、参考にして考えることにしよう。

表45　『古事記』の「甲類のモ」の万葉仮名の音

万葉仮名	使用頻度	上古音	中古音	呉音	漢音
毛	37	mɔg	mau (mbau)	モウ	ボウ

表46　『古事記』の「乙類のモ」の万葉仮名の音

万葉仮名	使用頻度	上古音	中古音	呉音	漢音
母	136	muəg	məu (mbəu)	ム・ボウ	ボウ

表47　『日本書紀』の「モ」の万葉仮名の音

万葉仮名	使用頻度	上古音	中古音	呉音	漢音
母	156	muəg	məu (mbəu)	ム・モ	ボウ
謀	16	mɪuəg	mɪəu (mbɪəu)	ム	ボウ
慕	11	mag	mo (mbo)	モ	ボ
謨	8	mag	mo (mbo)	モ	ボ
暮	6	mag	mo (mbo)	モ・ム	ボ
模	2	mag	mo (mbo)	モ	ボ

まず、『古事記』で、「乙類のモ」を表記するために用いられている「母」の字について考える。

「母」の「中古音」の「məu」の母音部「əu」は、『日本書紀』においては、「甲類のト」を表記する「斗 təu」や、「甲類のロ」を表記する「樓 ləu」と同じである。

つまり、「中古音」にもとづけば、「母 məu」は、「乙類のモ」ではない。「甲類のモ」を表記するのにふさわしい文字になってしまう。

これに対し、『古事記』の「乙類のモ」を表記する「母」の字の「上古音」は、「muəg」である。これは、「乙類のモ」を表記するのにふさわしい音をもつ。

『日本書紀』で、「乙類のソ」を表記する「中古音」の「曾 tsəŋ」「贈 dzəŋ」や、「乙類のト」を表記する「中古音」の「等 təŋ」「登 təŋ」「騰 dəŋ」「藤 dəŋ」、「乙類のド」を表記する「騰 dəŋ」、「乙類のノ」を表記する「能 nəŋ」、「乙類のロ」を表記する「稜 ləŋ」などと、母音部において、共通性がある。

このように、『古事記』の「乙類のモ」を表記する「母」の字の音は、「上古音」でみたばあい、「乙類のモ」にふさわしい。「中古音」でみると、「甲類のモ」系の音になってしまう。

「母」の「上古音」が、「muəg」で、頭子音の「m」のつぎに、「u」音がはいっているのは、当時の日本語の「m」音が口を丸くすぼめて発音する音であったためであろう。

つぎに、『古事記』で、「甲類のモ」を表記するために用いられている文字「毛」について検討する。「毛」の字の「上古音」は、「mɔg」、「中古音」は、「mau」である。この母音部は、あとでのべる『古事記』の「甲類のト」を表記するために用いられている「刀」の字の「上古音」の「tɔg」、中古音の「tau」とそれぞれ同じである。「上古音」「中古音」ともに、「甲類」系の母音をもつとみてよいであろう。

ただ、「上古音」の「mɔg」のほうが、より、「甲類のモ」の音にふさわしいであろう。

いるようにみえる。

『日本書紀』のばあい、ほとんどの文字が、その文字の「中古音」にもとづいて選ばれている。『古事記』のばあいも、かなりな文字は、「中古音」にもとづいて定められているのであるが、いくつかの文字は、「モ」の例のように、「上古音」によって選ばれているようにみえる。

つまり、『古事記』のほうが、『日本書紀』よりも、より古い時代の中国音にもとづいて文字が選ばれている傾向がみえる。

『古事記』における「甲類のモ」と「乙類のモ」との区別のしかた

『日本書紀』のばあいも、「モ」の音を表記するために、「母」の字がかなりの頻度で用いられている。しかし、『日本書紀』編纂のころの「母」の字は、中国音じたいが、「上古音」の「乙類系」の母音をもつ「mɯəg」から、「中古音」の「甲類系」の母音をもつ「məu」に変化していた。

また、『日本書紀』では、「乙類のモ」系の母音をもつ「謀」の字（「上古音」は「mɯəg」、「中古音」は「mɪəu」）も、「モ」の表記に用いられている。ほぼ、完全に「甲類のモ」の音をもつ「慕」「謨」「暮」などの文字も、「モ」の表記に用いられている。

そして、『古事記』では、助詞の「モ」を表記するのに、「乙類のモ」である「母」の字のみを用いている。

いっぽう、『日本書紀』では、助詞の「モ」を表記するのに、「母」の字も、「乙類のモ」系の「謀」の字も、「甲類のモ」系の「慕」の字や、「謨」の字や、「暮」の字も用いられている。

つまり、『日本書紀』では、「モ」の表記にあたって「甲類」と「乙類」の区別はみとめられない。

これに対し、『古事記』では、「甲類のモ」には、かならず「毛」の字を使い、「乙類のモ」には、かならず「母」の字を使い、整然と、規則的に使いわけている。助詞の「モ」には、かならず「母」の字のほうを用いている。

その状況を、いますこしくわしくみてみよう。

有坂秀世《ありさかひでよ》の「音節結合の法則」

国語学者、有坂秀世《ありさかひでよ》（一九〇八～一九五二）は、「甲類のオ列音と乙類のオ列音とは、同一語根内に、共存しない」という「音節結合の法則」をといた。

簡単にいえば、たとえば、「母能《もの》（mönö 物）」という複合語ではない単語をとったばあい、「モ」が「乙類のモ」であれば、「ノ」も、かならず「乙類のノ」であるということである。一つの単位単語のなかで、甲類と乙類とがまざって、「monö」や「möno」のようになることはない、という法則である。

この「音節結合の法則」は、『古事記』の範囲内では、あたかも、物理学の法則のように、きわめて整然と貫徹されている。それが、『日本書紀』では、くずれている。

以下、『古事記』のばあいについて、その貫徹状況を検討してみよう。

『古事記』の歌謡において、「甲類のモ」をふくみ、しかも他のオ列音が、同一語根内に、共存している例は、すべてで、つぎの八例だけである。

「毛毛《もも》」（股《もも》、momo）

「毛毛《もも》」（股《もも》、momo）

「毛毛《もも》」（百《もも》、momo）

「毛毛《もも》」（百《もも》、momo）
「毛古《もこ》」（許《もこ》［伴］、moko）
「毛毛《もも》」（百《もも》、momo）
「毛毛志紀《ももしき》」（百石城《ももしき》、momosiki）
「毛毛豆多布《ももづたふ》」（百伝《ももづた》ふ、momozutapu）

この八例のほかに「伊刀古《いとこ》」（いとしい人、ito-ko）があるが、これは、「愛子《いとこ》」の複合語で、同一語根とはいえない可能性がある。

いずれにせよ、ここにあげた八例（または九例）は、「甲類」のもののみが用いられ、「甲類」と「乙類」とが共存する例は存在しない。

また、「乙類のモ」をふくみ、オ列音が、同一語根内に共存している例は、『古事記』の歌謡では、二十二例ある。

そのうち、出現順に、はじめの十例ほどをあげれば、つぎのとおりである。

「許母理豆能《こもりづの》」（隠水《こもりず》の、kömörizunö）
「美母呂《みもろ》」（御諸《みもろ》、mimörö）
「淤母波受《おもはず》」（思《おも》はず、ömöpazu。「淤」が「乙類のオ」の音をもつことは、次章でのべる。
「母能《もの》」（物《もの》、mönö）
「母登《もと》」（本《もと》、mötö）
「母登《もと》」（本《もと》、mötö）
「許母《こも》」（薦《こも》、kömö）

「杼母《ども》」（等《ども》、dömö）
「許母理久《こもりく》」（隠国《こもりく》、kömöriku）
「淤母比《おもひ》」（思《おも》ひ、ömöpi）

このように、「乙類」のもののみが用いられ、「甲類」と「乙類」とが共存する例は存在しない。

『古事記』の「モ」のばあい、有坂秀世の「音節結合の法則」は、成立している。

「甲類のモ」と「乙類のモ」とは、整然と書きわけられている。

『日本書紀』では、「舉慕摩矩羅《こもまくら》」（薦枕《こもまくら》」（94番の歌）など、「中古音」で、「乙類のコ」の音をもつ「舉（挙）hıo」と「甲類のモ」系の音をもつ「慕mo」とが、同一語根内で用いられ、「kömo」のようになる例がみられる。「音節結合の法則」がくずれている。

2 『古事記』の「ア行のオ」について

『古事記』の「ア行のオ」


『古事記』で「ア行のオ」を表記するために用いられている字は、「淤」と「意」の二つだけである。

『日本書紀』の中国人執筆の巻々の歌謡では、「ア行のオ」にあたる音を表記するのに用いられているのは、「於」と「飫」の二つだけである。

これらの文字の「上古音」「中古音」「呉音」「漢音」は**表48**、**表49**に示すとおりである。

これらの四つの文字の音は、いずれも、「乙類のオ」の音をもつ。

「淤」「於」「飫」は、「中古音」によっており、『古事記』の「意」の字は、「上古音」によっている、とみ

表48　『古事記』の「ア行のオ」の万葉仮名の音

万葉仮名	使用頻度	上古音	中古音	呉音	漢音
淤	47	·ɪag	·ɪo	オ	ヨ
意	33	·ɪəg	·ɪei	イ	イ

表49　『日本書紀』の「ア行のオ」の万葉仮名の音

万葉仮名	使用頻度	上古音	中古音	呉音	漢音
於	25	·ɪag	·ɪo	オ	ヨ
飫	15	·ɪag	·ɪo	オ	ヨ

られる。「意」の字は、「推古期遺文」といわれるものに属する文字である。「呉音」よりも古い漢代ごろの音を伝えているものとみられている。五世紀ごろの埼玉県の稲荷山古墳出土の鉄剣銘文において、「意」の字は、すでに、「意《お》富《ほ》比《び》垝《こ》」(大彦《おほびこ》)として、「ア行のオ」の表記に用いられている。

『古事記』『日本書紀』の「ア行のオ」が「乙類」に属することは、大野晋、森博達氏などものべておられる。

『古事記』の歌謡で、「ア行のオ」をふくみ、オ列音が同一語根内に共存している例は、四十一例ある。

そのうち、出現順に、はじめの十例ほどをあげれば、つぎのとおりである。

「淤《お》曾《そ》夫《ぶ》良《ら》比《ひ》」(押《お》そぶらひ、ösöburapi)

「淤《お》登《と》多《た》那《な》婆《ば》多《た》」(弟棚機《おとたなばた》、ötötanabata)

「淤《お》富《ほ》久《く》爾《に》奴《ぬ》斬《し》」(大国主《おほくにぬし》、öpökuninusi、「富」の字が「乙類のホ」の音をもつことは、あとでのべる)

「意《お》富《ほ》祁《け》久《く》」(多《おほ》けく、öpökeku)

「意《お》富《ほ》牟《む》盧《ろ》夜《や》」(大室屋《おほむろや》、öpömuroya)

「意《お》能《の》」(己《おの》、önö)

「意《お》富《ほ》岐《き》美《み》」(大君《おほきみ》、öpökimi)

「意母布《おもふ》」（思ふ、ömöpu）
「意富佐邪岐《おほさざき》」（大雀《おほさざき》、öpösazaki）
「意富佐邪岐《おほさざき》」（大雀《おほさざき》、öpösazaki）

以下、同様に、四十二例のすべてについて、有坂秀世の「音節結合の法則」は整然と成立している。

「甲類と乙類の区別がないばあい」に二種類ある

以上のようにみてくると、「甲類と乙類の区別がない」というケースに、つぎの【A類（甲・乙両類存在）】、【B類（甲・乙一方のみ存在）】の二種類があることがわかる。

【A類（甲・乙両類存在）】『日本書紀』の「モ」の表記のように、伝統的に「乙類のモ」を表記するのに用いられてきた「母」の字も、「乙類のモ」系の音価を持つ「謀」の字も、「甲類のモ」の音価をもつ「慕」「謨」「暮」も、区別なく、助詞の「モ」を表記するのに用いられているようなばあい。これを「甲類系、乙類系の音をもつ文字がそれぞれ存在し、使用上区別がないばあい」と呼ぶことにしよう。

【B類（甲・乙一方のみ存在）】『古事記』の「ア行のオ」のように、「甲類のオ」の音の文字が、存在せず、「乙類のオ」の文字だけが、一方的に用いられているために、「甲類、乙類の区別がないばあい」。これを「乙類のオだけが存在し、そのため区別がないばあい」とか、あるいは、「甲類のオだけが存在し、区別がないばあい」などのように呼ぶことにしよう。

『日本書紀』の「ア行のオ」

『日本書紀』のばあいも、「ア行のオ」にあたる文字には、「乙類のオ」にあたる「中古音」の「·IO」の音価をもつ「於」「飫」だけしか用いられていない。

この点では、『古事記』のばあいと同じである。

ただ、『日本書紀』「欽明天皇紀」の中国人執筆の歌謡のなかの、100番と101番の歌のなかで、「大葉子《おほばこ》」という人名を、「於譜磨故《おほばこ》」と記している。この計二回用いられている「於譜磨故」において、「於」の中古音は「ɪo」で、「乙類のオ」である。しかし、「譜《ほ》」の中古音は、「po」であって、「甲類のホ」である（「ホ」の甲類、乙類問題については、あとで検討する）。「於譜磨故《おほばこ》」は、「öpobako」のようになる。『日本書紀』では、有坂秀世の「音節結合の法則」が、成立していないばあいがあるようにみえる。

3　『古事記』の「ワ行のヲ」について

『古事記』の「ワ行のヲ」

つぎに、『古事記』の「ワ行のヲ」をとりあげよう。

『古事記』で、「ワ行のヲ」を表記するために用いられている字は、「袁」と「遠」との二つだけである。

これらの文字の「上古音」「中古音」「呉音」「漢音」を表の形でまとめれば、**表50**のようになる。

この**表50**に示したように、『古事記』で、「ワ行のヲ」を表記するために用いられている「袁」と「遠」は、「上古音」「中古音」「呉音」「漢音」ともに、まったく同じ音をもつ。

そして、この二つの文字は、中古音にもとづき、「乙類のヲ」系の音をもっていたと判断される。

頭子音のつぎに、「ɪ」または「u」、または「ɪu（東京方言のウ ɯと同じ音）」のいずれかがはいるものは、ほぼ「乙類」系とみてよい。

表50 『古事記』の「ワ行のヲ」の万葉仮名の音

万葉仮名	使用頻度	上古音	中古音	呉音	漢音
袁	156	ɦɪuăn	ɦɪuʌn	ヲン	ヱン
遠	44	ɦɪuăn	ɦɪuʌn	ヲン	ヱン

「袁」「遠」の中古音の母音部にみられる「ʌ」については、藤堂明保が、その著『中国語音韻論』（光生館、一九八〇年刊）の377ページで、およそ、つぎのようにのべる。

「ɔにおいては、唇は丸めを帯びて後舌面が緊張している。しかしその丸めをぬくと、ややあいまいな後舌母音［ʌ］が現われる」

「ɔの状態で丸めをぬいた母音［ʌ］」

『言語学大辞典』第3巻（三省堂、一九九二年刊）なども、その裏表紙の裏で、発音記号をまとめて説明し、「ʌ」と「ɔ」などを、左右のペアの形で示し、「記号が対になっているところは、右側のものが円唇母音を表わす」と記している。

つまり「ʌ」は、口を開いて発音する「オɔ」の音に近い音である。「袁」と「遠」の「呉音」は「ヲン」で、「ワ行のヲ」と関係のある音となっている。

『古事記』の歌謡で、「ワ行のヲ」をふくみ、オ列音が同一語根内に共存している例は、全部で十九例を数える。

そのうち、「袁登賣《をとめ》（売）」（孃子《をとめ》）という表記が、十三回をしめる。

その十九例の使用例のすべてを示せば、つぎのようになる。

「袁登賣《をとめ》」（孃子《をとめ》、ɦötöme）……………………十三回
「遠登賣《をとめ》」（孃子《をとめ》、ɦötöme）……………………二回
「登袁加《とをか》」（十日、töɦöka）……………………一回
「袁許《をこ》」（愚《をこ》、ɦökö）……………………一回
「許袁呂許袁呂《こをろこをろ》」（こをろこをろ［水の音］、köɦörököɦörö）…一回

「袁登都《をとつ》（彼《をと》つ［遠《をと》つ］、ɦötötu）……………………………一回

ふつう、『古事記』の「ワ行のヲ」については、「甲類」「乙類」の区別をみとめないが、それは、すべてが「乙類」のみのケースで、さきの**【B類（甲・乙一方のみ存在）】**とみるべきである。『古事記』のばあい、有坂秀世の「音節結合の法則」は、ここでも、やはり整然と成立しているようにみえる。

なお、「遠」の字は、ひらがなの「を」の字の祖先字である（**表51**参照）。

『日本書紀』の「ワ行のヲ」

『日本書紀』の中国人執筆の巻々の歌謡では、「ワ行のヲ」にあたる音を表記するのに用いられているのは、「嗚」「烏」「乎」「弘」の四つを数える。

これらの文字の「上古音」「中古音」「呉音」「漢音」を表の形にまとめれば、**表52**のようになる。

この**表52**の「嗚」「烏」の中古音の「·o」の音は、現代東京方言の「オ」の音とほぼ等しく、どう見ても、「乙類」系の音とはいえない。音としては、「甲類」系というべきであろう。

「弘」の字の音「ɦuəŋ」は、まず、「乙類」系の音といえよう。

そして、193ページでものべたが、**表52**の「嗚」「烏」「乎」「弘」のすべてが、助詞の「を」を表記するのに用いられている。これらの「嗚」「烏」「乎」「弘」の音は、日本語としては、さきの**【A類（甲・乙両類存在）】**の意味で、

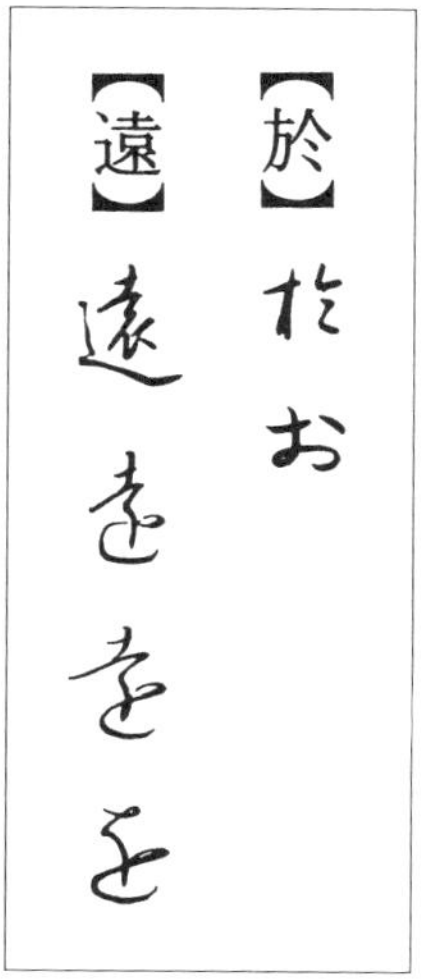

表51　ひらがなの、「お」の祖先字は「於」、「を」の祖先字は「遠」（『日本国語大字典』による）

表52　『日本書紀』の「ワ行のヲ」の万葉仮名の音

万葉仮名	使用頻度	上古音	中古音	呉音	漢音
嗚	37	·ag	·o	ウ	ヲ
烏	11	·ag	·o	ウ	ヲ
乎	6	ɦag	ɦo	ヲ・ゴ	コ
弘	3	ɦuəŋ	ɦuəŋ	グ	コウ

音韻的区別がないようである。

なお、「嗚」「烏」の字の「中古音」は、「·o」で、東京方言の「オ」と等しいものであるが、「漢音」では、「ア行のオ」ではなく、「ワ行のヲ」とみられてきた（表52参照）。

4　『古事記』の「ホ」「ボ」について

『古事記』の「ホ」

『古事記』の歌謡で、「ホ」を表記するのに用いられている文字は、「富」「本」「菩」の三つである。この三つの文字の「上古音」「中古音」「呉音」「漢音」を表の形で示せば、**表53**のようになる。

これらは、すべて、頭子音のつぎに、「ɪu（東京方言のウ ɯの音）」または「u」「ɪə」の音がはいっている。「乙類のホ」というべき音とみられる。

表53の最初にでてくる「富」の字は、すでに紹介したように、稲荷山古墳出土の鉄剣銘文に「意富比垝《おほびこ》」（大彦《おほびこ》）の形で出てくる。「上古音」にもとづき、「乙類のホ」に読むべき字のようにみえる。（中古音で読んでも、「乙類のホ」と読める。中古音の「pɪəu」のばあい、「əu」はほぼ、「甲類のo」に近い。よって、「pɪəu」は、「pɪo」に近く、これは「乙類のホ」を示す。なお、この「富」の中古音の「pɪəu」は、さきの223ページの**表47**の「謀」の中古音の「mɪəu」と、母音部が同じである。）

表53　『古事記』の「ホ」の万葉仮名の音

万葉仮名	使用頻度	上古音	中古音	呉音	漢音
富	86	pɪuəg	pɪəu	フ	フウ
本	54	puən	puən	ホン	ホン
菩	7	bɪuəg	bɪəu	ブ	フウ

表53において、「富」が、「乙類のホ」であれば、それと同母音部をもつ「菩」も「乙類のホ」となる。

「本」の音の「puən」も、「富」「菩」の音の「pɪuəg」に準じて、「乙類のホ」とみてよいであろう。つまり、『古事記』の歌謡にみられる「ホ」は、すべて、「乙類のホ」の音をもつといえる。

『古事記』の歌謡で、この「乙類のホ」の音をもつとみられる「ホ」の音をふくみ、オ列音が同一語根内に共存している例は、全部で、ふつうの基準では、三十七例ある。そのうち、三十六例までは、有坂秀世の「音節結合の法則」に、整然としたがっている。

ただ、一例だけ例外がある。そしてその一例は、ふつうは、「同一語根内」とみなされているが、私は、複合語であって、「同一語根内」とみなすことに疑問をもっているものである。この例外の一例については、あとで、ややくわしく検討する。

まず、「音節結合の法則」にしたがっているものを、はじめから順に、十例ほどあげる。

「富許《ほこ》」（矛、pökö。ただし、矛《ほこ》については、その語源を、「穂木《ほこ》」つまり、「穂」のついた「木」とする江戸時代の谷川士清《たにかわことすが》が、その著『和訓栞《わくんのしおり》』で説いた説などがある。もし、「矛」が、「穂《ほ》」と「木《こ》」との複合語であるとすれば、「ほ」と「こ」とは「同一語根内」にあるとは、いえないことになる。）

「登〻富〻斯《とほとほし》」（遠遠し、töpötöpösi）

「富許《ほこ》」（矛、pökö）

「富許《ほこ》」（矛、pökö）

「淤富久邇奴斯《おほくにぬし》」（大国主、öpökuninusi）

「意富祁久《おほけく》」（多《おほ》けく、öpökëku）

「意富牟盧夜《おほむろや》」（大室屋、öpömuroya）

「波比母登富呂布《はひもとほろふ》」（這《は》ひ廻《もとほ》ろふ、papimötöpöröpu）

「伊波比母登富理《いはひもとほり》」（い這《は》ひ廻《もとほ》り、ipapimötöpöri）

「意富岐美《おほきみ》」（大君《おほきみ》、öpökimi）

三十六例までは、「音節結合の法則」に、整然としたがっている。

ただ、一例、「音節結合の法則」にしたがっていないと、ふつうみられているものがある。

これが、『古事記』の「ホ」に、甲類、乙類の別があることを疑わせる理由になっているようにみえる。

もし、「ホ」に「甲類」「乙類」の別があり、『古事記』の「ホ」が、すべて「乙類のホ」なら、「音節結合の法則」にしたがわないはずはないからである。

例外の一例は、「恋《こ》ほし」

その例外となる一例は、「恋《こ》ほし」ということばである。

「恋《こ》ほし」ということばは、ふつう、「恋《こ》ひし」と同じ意味とみられている。

「恋《こひ》」は、『古事記』の上巻の歌謡3番にみえる歌で、「古非《こひ》」（動詞連用形）と書かれている。「恋《こひ》」の「コ（古）」は、「甲類のコ」である。「恋ほし」の「ホ」を、「乙類のホ」とすると、「恋《こ》ほし」という同一語根内に、「甲類のコ」と「乙類のホ」とが共存し、「kopösi」の形になる。

このような理解に、私は、以下にのべるような疑問をもつ。

諸賢の検討をあおぎたい。私にとっては、かなり重要なポイントである。

私は、つぎのように考える。

「ほし（欲し）」という形容詞がある。「欲しい」という意味である。「恋《こ》ほし」は、「恋《こ》」という動詞の語根に、「欲《ほ》し」がつづき、「恋し欲する」という意味の複合語ではないか。よって「恋《こ》ほし」は「ko-pösi」で、「恋《こ》」と「ほし」とは、同一語根のなかにあるとはいえないとみる。

「恋《こ》ほし」と「恋ひし」とは、すこし、意味が異なる。「恋ほし」のばあいのように、動詞の語根に、「ほし」が接するような例としては、「見《み》ほし」（見たい。『万葉集』三三四六番の歌）、「着《き》ほし」（着たい。『万葉集』三三五〇番、一三一一番、一三一四番の歌など）がある。

小学館刊の『古語大辞典』で、「こひし」の語を引くと、つぎのような説明がある。

「『こほし』の仮名書き例は古事記・日本書紀の歌謡に各一例、万葉集巻五に二例ある。」

そこで、『古事記』以外の、「恋《こ》ほし」という語の全使用例を、まずしらべてみよう。

『日本書紀』の一例。これは、「斉明天皇紀」の歌謡123番にある歌である。

つぎのようなものである。

「君《きみ》が目《め》の　恋《こ》ほしきからに　泊《は》てて居《ゐ》て　かくや恋《こ》ひむも　君《きみ》が目《め》を欲《ほ》り」（「恋ほしき」の部分の原文は、「姑《こ》裒《ほ》之《し》枳《き》」）

ここでは、たんに「恋しい」というよりも、「目を欲する」、「目」という具体物を、恋しく思い欲するという形になっている。全体的に、「欲しい」という気持ちが、強くでている歌である。

『万葉集』の二例は、以下のようなものである。

まず、『万葉集』の834番の歌。

「梅の花　今盛りなり　百鳥《ももとり》の　声の恋《こ》ほしき　春来たるらし」

ここでも、「声」という具体的なものが、「欲しい」と理解しても、意味が通じる形になっている。

つぎに『万葉集』の875番の歌。

「行く船を　振《ふ》り留《とど》みかね　如何《いか》ばかり　恋《こ》ほしくありけむ　松浦佐用比売《まつらさよひめ》」

去って行く船に、領巾《ひれ》を振る。船という具体物がとどまって「欲しい」と強く願う。

以上の三例とも、たんに「恋しい」だけではなく、具体物が、こうあって欲しいと、願う歌である。

ここで『古事記』の歌をみてみよう。

『古事記』で「恋ほし」という語がでてくるのは、110番の歌で「清寧天皇記」にでてくる。

それは、つぎのような句のなかにでてくる。

「其《し》が離《あ》れば　心恋《うらご》ほしけむ　鮪突《しびつ》く志毘《しび》」

この歌は、やや難解で、「其（それ）」がなにを指《さ》すかについても、見解がわかれている。しかし多くは、この「其《し》」は、この句のすこし前にでてくる「大魚《おふお（おふを）》」という女性を指す、とする。

「志毘《しび》」は、志毘臣《しびのおみ》という男性である。また、マグロを、古くは、「鮪《しび》」といった。

したがって、この歌の句の意味は、つぎのようになる。

「大きな魚、すなわち、大魚《おふお》という女性が去っていったならば、マグロを銛《もり》で突いて取ろうとする海人《あまびと》（漁夫）の志毘《しび》は、心のなかで、恋《こ》ほしく思うであろう。」

ここでも、大魚という名の具体的女性を心のなかで、恋い、強く欲する意味にとれる。

また、動詞の語幹に、直接「ほし（欲し）」という語のついた「見ほし」「着ほし」の例についてもみておこう。

まず、「見ほし」の例。『万葉集』の三三四〇番の歌のなかの句である。

「見ほしきは　雲居に見ゆる　うるはしき　十羽《とば》（地名）の松原」（見たいものは、空のかなたに見える美しい十羽《とば》の松原〔所在地不明〕である。）

このばあいの「見ほし」は、あきらかに「見たい」の意味である。

つぎに、「着ほし」の三例。

まず、『万葉集』の三三五〇番の歌のなかの句。

「君《きみ》が御衣《みけし》　あやに着《き》ほしも」（あなたのお召《め》し物を、無性《むしょう》に着たい。）

『万葉集』の一三一一番の歌のなかの句。

「橡《つるばみ》の　衣《きぬ》は人皆事無《ことな》しと　言ひし時より　着ほしく思ほゆ」（ツルバミで染めた衣は、だれもが着やすいと言うのを聞いてから、着てみたいと思う。）

『万葉集』の一三一四番の歌のなかの句。

「橡《つるばみ》の　解き洗ひ衣《ぎぬ》の　あやしくも　異《こと》に着ほしき」（ツルバミで染めた、解き洗い衣が、妙に、とりわけ着たい。）

以上あげたすべての例において、恋い欲するもの、見たいもの、着たいもの、の対象が、かなり具体的で、「ほし」のすこしまえに、指し示されている。

『古語大辞典』では、「恋ふ」について、つぎのように説明している。

「眼前にいない人や事物などに心引かれ、慕う。」

「恋《こ》ほし」は、具体的に眼前にあるものを、恋い「欲している」感じで、たんなる「恋ひし」とは、すこし意味が異なるようにみえる。

もし、「恋《こ》ほし」が、「恋《こ》」と「ほし」との複合語であるならば、「恋《こ》」と「ほし」とは「同一語根」内にあるとは、いえないことになる。

有坂秀世の「音節結合の法則」は、『古事記』においては、すべての「オの段」について、ほとんど完全に成立することとなる。

かりに、「恋《こ》ほし」について、ここに私ののべた解釈に無理があるとしても、全体的にみたばあい、有坂秀世の「音節結合の法則」は、『古事記』に関するかぎり、そうとうによく成立するといえるであろう。

『日本書紀』の「ホ」

いっぽう、『日本書紀』の「ホ」はどうか。

『日本書紀』の中国人執筆の巻々の歌謡では、「ホ」にあたる音を表記するのに、「裒」「保」「譜」「朋」「報」の五つが用いられている。

この五つの文字の「上古音」「中古音」「呉音」「漢音」を表の形にまとめれば、**表54**のようになる。

この**表54**を一見してわかることは、「甲類のホ」とみられる音をもつものが、ほとんどをしめ、「乙類のホ」の音をもっとみられるものは、全二十七の使用例中、わずかに、「朋」の一例だけであることである。『古事記』のばあいほとんど全部が、「乙類のホ」の類の音をもっていたのにくらべ、大きく様がわりしている。

『日本書紀』のばあい、おもに、「中古音」でみるべきであるとみられる。まず、使用頻度が、全体の九分

表54　『日本書紀』の「ホ」の万葉仮名の音

万葉仮名	使用頻度	上古音	中古音	呉音	漢音
裒	21	bog	bəu	ブ	ホウ
保	2	pog	pau	ホ・ホウ	ホウ
譜	2	pag	po	フ	ホ
朋	1	bəŋ	bəŋ	ボウ	ホウ
報	1	pog	pau	ホ・ホウ	ホウ

の七（21/27）をしめる「裒」の「中古音」は「beu」である。「ə」の音をふくむが、すでにみてきたように、『日本書紀』では、「甲類のト」の「斗 təu」、「甲類のロ」の「樓 ləu」など、「əu」は、「甲類のオ」を記すのに用いられている。また、「裒」の字の「上古音」の「bog」は、あきらかに、「甲類のホ」系の音である。

表54の「保」と「報」の字の「中古音」は、「pau」である。この音の母音部の「au」は、『古事記』で「甲類のモ」を記すために用いられている「毛」の「中古音」の「mau」と同じである。

また、「保」と「報」の字の「上古音」は、いずれも、「pog」である。

「譜」の字の「中古音」は、「po」で、あきらかに、「甲類のホ」である。

ただ一例の使用例を示す「朋」の字だけが、「上古音」「中古音」ともに、「bəŋ」で、これは、「乙類のホ」の音をもつといえる。

これは、『日本書紀』で、「乙類のソ」を記すのに用いられている「曾 tsəŋ」「贈 dzəŋ」「賊 dzək」などの「中古音」と、母音部が同じである。

「乙類のト」を記すのに用いられている「騰 dəŋ」「藤 dəŋ」「等 təŋ」「登 təŋ」などの「中古音」と母音部が同じである。

「乙類のド」を記す「騰 dəŋ」、「乙類のノ」を記す「能 nəŋ」、「乙類のロ」を記す「稜 ləŋ」などの「中古音」と母音部が同じである。

そして『日本書紀』では、すでに177ページで述べたように、「大君《おほきみ》」を、

「於裒枳彌《おほきみ》」とも記し、「於朋枳美《おほきみ》」とも記す。「甲類のホ」の音の「裒」と、「乙類のホ」の音の「朋」とが、区別なく用いられている。

以上のべてきたように、「ホ」は、『古事記』では、「乙類のホ」のみが使用される状況であった。これに対し、『日本書紀』では、「甲類のホ」と「乙類の「ホ」とが、区別なく用いられる状況にうつってきている。かつ、さきの「於裒枳彌《おほきみ》」の例では、「乙類のオ」の音をもつ「於」と、「甲類のホ」の音をもつ「裒」とが同一語根内に、同居し、「öpokimi」の形になっている。

有坂秀世の「音節結合の法則」が、破れている。

『古事記』の「ボ」

つぎに、『古事記』の「ボ」についてしらべてみよう。

『古事記』の歌謡で、「ボ」の表記に用いられているのは、「煩」の字一種だけである。

その「上古音」「中古音」「呉音」「漢音」は、表55のとおりである。

この「上古音」「中古音」の、語頭子音をのぞいた母音的部分は、232ページの表50の「ワ行のヲ」の、「上古音」「中古音」の母音的部分と、まったく同じである。

つまり、「ボ」も「乙類のボ」とみてよい。そして、「乙類のボ」だけしか用いられていないがゆえに、「甲類と乙類との区別がない」。

『古事記』の歌謡で、「ボ」をふくみ、オ列音が同一語根内に共存している例は、つぎの一例のみである。

「能煩禮波《のぼれば》」(登れば、nöböreba)

この例でも、有坂秀世の「音節結合の法則」は成立している。

表55　『古事記』の「ボ」の万葉仮名の音

万葉仮名	使用頻度	上古音	中古音	呉音	漢音
煩	7	bɪuăn	bɪuʌn	ボン	ハン

なお、『古事記』では、「音節結合の法則」は、歌謡以外のばあいでも成立している。

「ボ」のばあい、歌謡以外での例をあげれば、つぎの四つがあげられる。

「淤煩鉤《おぼち》」（öbödi、もてば、心が鬱々となる鉤針）

「比波煩曾《ひばぼそ》」（pibabösö、ひ弱く細い）

「能煩野《のぼの》」（nöbö-no、地名）

「能煩理《のぼり》」（nöböri、上り）

ここでも、「音節結合の法則」は貫徹されている。

『日本書紀』の「ボ」

『日本書紀』の中国人執筆の巻々の歌謡では、「ボ」を表記するのに用いられているのは、「朋」と「裒」の二文字だけである。

「朋」は、三回用いられており、「裒」は、一回用いられている。

そして、「朋」と「裒」の二文字は、ともに、241ページの**表54**にみられるように、「ホ」の万葉仮名としても、用いられているものである。

そして、さらに、**表54**にみられるように、「朋」は「乙類のボ」の音をもち、「裒」は、「甲類のボ」の音をもつ。

そして、そして、さらに、『日本書紀』の中国人執筆の歌謡では、同じ、「登り」という語を、「能朋利《のぼり》」とも、「能裒利《のぼり》」とも表記している。

つまり、「甲類のボ」と「乙類のボ」との区別がなく、同じ語を表記するのに用いられている。

そして、そして、そして、さらに、この「能裒利《のぼり》（nöbori）」の例では、「乙類のノ」の「能nö（nəŋ）」と、「甲類のボ」といえる「裒bo」とが、同一語根内に同居している。すなわち、有坂秀世の「音節結合の法則」は、ここでも破れている。

「ホ」のばあいと、同じようなことがいえる。

『日本書紀』の「モ」「ヲ」「ホ」「ボ」では、なぜ、「音韻結合の法則」は破られるようになったのか

『古事記』では、有坂秀世の「音節結合の法則」がすべての「オ段」について、ほとんど例外なく、整然と成立していた。

しかし、『古事記』でみられたこのような法則性は、『日本書紀』にいたって破れる。

その破綻は、おもに、「モ」「ワ行のヲ」「ホ」「ボ」においてみられる。

古代の「モ」「ヲ」「ホ」「ボ」の四つの語頭の子音は、唇を丸くすぼめて発音する円唇の傾向をもつ「m」「w」「p」「b」であったとみられる。

この四つは、唇を丸くつきだすようにして発音するため、子音のつぎに、無意識のうちに、弱介音「ɪ」や「u」がはいりやすく、乙類の音になりやすかったとみられる。

『古事記』では、「ヲ」「ホ」「ボ」は、すべて「乙類」系で、「モ」のみに、「甲類」と「乙類」の区別があった。『日本書紀』では、「甲類のモ」と「乙類のモ」の区別は、失われる。

つまり、こういうことである。

『古事記』編纂のころの日本語では、「モ」、「ヲ」「ホ」「ボ」の四つの音の頭子音は、現代の東京方言の

「フ」と同じように、唇《くちびる》を、まるくすぼめて、やや「mu」「ɦu」「pu」「bu」すなわち、「mw」「ɦw」「pw」「bw」あるいは、「mɪ」「ɦɪ」「pɪ」「bɪ」などに近い感じで発音する傾向がかなりあった。

全体的に、「乙類」音使用の傾向が強かった。

「ヲ」「ホ」「ボ」などを発音しても、ひとしなみに、「ɦɪo」「pɪo」「bɪo」に近く、乙類の「ヲ」「ホ」「ボ」の類の音になる傾向があった。

すでに、110・111ページで「炎《ほのほ》（すなわち火《ほ》の穂《ほ》）」の例でも、「ホ」の音が、「乙類のホ」になってしまうため、「甲類のホ」が存在せず、「乙類のホ」のみが存在し、結果として「甲類のホ」と「乙類のホ」との区別が失われるようになったことを、のべた。

そして、その後、『日本書紀』の編纂のころには、おそらくは、中国語などの影響をうけて唇《くちびる》を丸くすぼめない「ヲ」「ホ」「ボ」の音がはいってきて、「ɦo」「po」「bo」にあたる音も用いられるようになった。その結果、『日本書紀』の中国人執筆の巻々の歌謡では、「ヲ」「ホ」「ボ」を記すのに、「甲類系」のものも、「乙類系」のものも、区別なく用いられるようになったのであろう。

5　『古事記』の「メ」「ヘ」について

『古事記』にみられる「メ」「ヘ」表記の不規則性

以上は、『古事記』のほうに、強く規則性、法則性がみられる事例であった。

ところが、逆に、『日本書紀』のほうが、『古事記』よりも、規則性、法則性をもっている事例がある。

以下に、それをのべよう。

「乙類のエ」が、「ai」という母音結合から生じたということは、すでにのべた。

そのため、『日本書紀』の中国人執筆の巻々の歌謡の万葉仮名では、「甲類のケ」の表記には、「稽《けい》kei」「鶏《ケイ》kei」「啓《ケイ》k'ei」など、すべて、「漢音」が「ケイ」で、母音部が、中国語中古音では、「ei」の音を含むものを用いている。

いっぽう、『日本書紀』では、「乙類のケ」の表記には「該《ガイ》kəi」「開《カイ》k'əi」「凱《カイ》k'əi」「愷《カイ》k'əi」など、すべて「漢音」が「カイ」で、母音部が、中国語中古音で、「əi」の音を含むものを用いている。「漢音」の「カイ」を、ローマ字で書けば、「kai」となって、「ai」を含むものとなっている。中国音の「kəi」の「ə」を「a」の半母音化したものと解釈すれば、「$k^{a}i$」と書ける形になっている。

これは、『日本書紀』のばあい、「メ」においても、同様である。

つぎのとおり。

「甲類のメ」……「謎《ベイ》mbei」

「乙類のメ」……「梅《バイ》mbuəi」

「ケ」のばあいと同様、「甲類のメ」の母音部は「ei」であり、「乙類のメ」の母音部には、「əi」の音がはいっている。

「乙類のへ」のばあいも、同様である。

「甲類のへ」……「陛《ヘイ》bei」「鞞《ヘイ》bei」「幣《ヘイ》biɛi」

「乙類のへ」……「陪《ハイ》buəi」「倍《ハイ》buəi」「杯《ハイ》puəi」

これらは、すべて、「漢音」を、ローマ字で書いたばあい、「甲類」では「ei」、「乙類」では「ai」の音をふくむ形となっている。

きわめて規則的である。理論どおりの形になっている。

『日本書紀』の編纂にあたった中国人は、母音部の区別は、正確に、聞きわけているのである。ただ、当時の中国人は、日本語の「m音」と「b音」の区別がつきにくい世界に住んでいた。また、清音と濁音を聞きわけにくい世界に生きていた。

ところが、『古事記』では、「メ」や「ヘ」において、甲類と乙類の区別が、『日本書紀』のように規則的にはならない。

『古事記』の「メ」の表記をみてみよう。

「甲類のメ」……「賣《バイ》（売）、（中古音、măi）」

「乙類のメ」……「米《ベイ》（中古音、mei）」

これは、甲類・乙類の音と、「漢音」あるいは「中国語中古音」との関係が、『日本書記』のばあいのまったく逆になっているようにみえる（表56参照）。

「賣《バイ》（売）」の字は、『古事記』をはじめとする多種の古文献において、「甲類のメ」を表記するのに用いられている。

『古事記』では、「天宇受賣《あめのうずめ》」など、神名、人名の表記にしばしば用いられ、歌謡のなかでも、「袁登賣《をとめ》」などの形ででてくる。

『日本書紀』でも、日本人執筆とみられる、地の文では、「志許賣《しこめ》」などの形ででてくるが、中国人執筆の歌謡のなかでは出現しない。

当時の中国人にとっては、「賣《バイ》（売）」は、「マイ」または、「バイ」系統の字音をもつ。「乙類のメ」の表記には、用いることができても、「甲類のメ」の表記には、用いることができないからである。

『古事記』の「甲類のメ」

万葉仮名	使用頻度	上古音	**中古音**	呉音	**漢音**
賣(売)	24	mĕg	**măi (mbăi)**	メ	**バイ**

『古事記』の「乙類のメ」

万葉仮名	使用頻度	上古音	**中古音**	呉音	**漢音**
米	36	mer	**mei (mbei)**	マイ	**ベイ**

そのため、『日本書紀』の中国人執筆の部分の歌謡では、「甲類のメ」を表記するためには、「謎」の字、ただ一種類だけが用いられている。「賣《バイ》(売)」の字を用いていない。

『古事記』では、「甲類のメ」のほうが、「メイmei」であってほしいのに、その音が、「バイ(mbăi)」になっている。

「乙類のメ」のほうが、「マイ(mbai)」であってほしいのに、「ベイ(mbei)」になっている。

これは、『古事記』の「甲類のメ」のほうは、どうやら、「賣」の音「mbăi」の「ă」の音が、舌をやや前へもって行く「エ」に近い音であることによるようにみえる。さらにいえば、「賣」の上古音が、「mĕg」であることによる可能性が、かなりある。そして、さらにいえば、「賣」の呉音が、「メ」であることによる可能性もある

「乙類のメ」の「米」のほうは、上古音が「mer」で中古音が「mei」である。これは、上古音でも、中古音でも、説明がつかない。「米」の「呉音」

表56　甲類と乙類の「メ」

「中古音」と「漢音」とが、『古事記』と『日本書紀』とで、逆になっている。

『日本書紀』の「甲類のメ」

万葉仮名	使用頻度	上古音	**中古音**	呉音	**漢音**
謎	1	mer	**mei (mbei)**	マイ	**ベイ**

『日本書紀』の「乙類のメ」

万葉仮名	使用頻度	上古音	**中古音**	呉音	**漢音**
梅	8	muəg	**muəi (mbuəi)**	メ・マイ	**バイ**
毎	7	muəg	**muəi (mbuəi)**	マイ	**バイ**

は、「マイ」であるから、これなら説明がつく。『古事記』の「乙類のメ」の「米」は、「呉音」にしたがって採用されたようにみえる。

「米」は、おもに、南中国において栽培された植物である。そして、たとえば、『現代廣東語辞典』（中嶋幹起著　大学書林、一九九四年刊。以下、『現代広東語辞典』と記す。）を引くと、「米」の広東語は「màih」となっている。まさに「乙類のメ」にふさわしい音になっている。「米」の呉音「マイ」は、おそらくは、南中国で、行なわれていた方言音にもとづくものであろう。

つぎに、『古事記』の「へ」をみてみよう（右のフリカナは漢音、左のフリカナは呉音）。

「甲類のへ」……「幣《ヘイ》《ベ》 biɛi」

「乙類のへ」……「閇《ヘイ》《ハイ》 pei」

「甲類のへ」のほうは、まずまず、理論どおりといえよう。

いっぽう「乙類のへ」に用いられている「閇」は、「閉」の俗字である。「閇（閉）」は、「漢音」

の「ヘイ」でも、中古音の「pei」でも、あるいは、上古音の「per」でも、「乙類のへ」になる理由の説明がつかない。

唯一、呉音の「ハイ」だけが説明のつく形になっている。これも、呉音由来で、「乙類のへ」になっているといえよう。

そして、「閉（閇）」も、『現代広東語辞典』を引くと、「bai」となっている。呉音の「ハイ」につながりうる形になっている。

このように『古事記』のほうは、『日本書紀』にくらべ、あてはめた漢字の音の由来が、「上古音」であったり、「中古音」であったり、「呉音」あるいは「南方方言音とみられるもの」であったり、まちまちなのである。したがって、漢字（万葉仮名）をみただけでは、音を正確に推定できない。

『日本書紀』のほうが、ほぼ「中古音」で一定しているのと、大きな違いである。

ただ、『古事記』のほうでは、「音節結合の法則」により、音があるていど推定できるばあいがあったりするのである。

6　『古事記』の「太安万侶《おおのやすまろ》仮名づかい」の長所・短所

『古事記』と『日本書紀』とを、おもにとりあげる

この本では、万葉仮名について検討するための資料として、『日本書紀』と『古事記』とを、とくにとりあげる。

それは、おもに、つぎの三つの理由による。

（1）編纂の年代がはっきりしている。そこに用いられている万葉仮名の使用年代を、かなり限定できる。
（2）特定の基準にもとづく万葉仮名が使用されている。雑多な万葉仮名の混入が比較的すくないとみられる。たとえば、地名の表記のような、雑多な万葉仮名資料を用いると、例外が多くなり、規則性を見いだしにくくなる。
（3）他の資料は、『古事記』と『日本書紀』の万葉仮名を基本的なワクグミとして、それをもとに考察することができる。

つまり、『日本書紀』と『古事記』の（とくに歌謡部分の）万葉仮名は、特定の時期に、特定の少数個人の表記体系にもとづいて表記された万葉仮名といえる。雑音的なものが、比較的すくないと判断される。

このようなことについて、『日本書紀』については、すでに見てきた。

『古事記』のばあいを見てみよう。

太安万侶《おおのやすまろ》仮名づかい

『古事記』については、まず、つぎの三つの用語を、区別する。

（1）『古事記』地《じ》の文の仮名づかい
（2）太安万侶《おおのやすまろ》仮名づかい（『古事記』歌謡仮名づかい）
（3）『古事記』仮名づかい（(1)と(2)とをあわせたもの）

このような区別をするのは、『古事記』の、地の文と歌謡の部分とでは、万葉仮名の使い方が、すこし異なっているからである。

たとえば、**表57**をご覧いただきたい。

表57　「沙」「左」の文字は、歌謡中に出現しない

文字	歌謡中に出現する例	地の文中に出現する例	計
	例	例	例
沙（ṣa）	0（0%）	34（100%）	34（100%）
左（tsa）	0（0%）	1（100%）	1（100%）
佐（tsa）	120（53%）	108（47%）	228（100%）
計	120	143	263

表57は、『古事記』において「サ」をあらわしている万葉仮名についてしらべてみたものである。

『古事記』の「サ」は、現代の東京方言とすこし異なり、「ツァ tsa」のような音であったとみられる。このことは、有坂秀世《ありさかひでよ》、橋本進吉、大野晋、森博達《ひろみち》氏などの諸学者の説くところである。

表57をみても、『古事記』において、「サ」をあらわしている万葉仮名の代表字「佐」は、「tsa」の音をもっている。また、**表57**にみられる「沙」の字の音「ṣa」の「ṣ」の音は、「そり舌音《じたおん》」の「s」であって、日本人の耳には、「ツァ」に近く聞こえる音である。

さて、**表57**をみると、『古事記』においては、歌謡部分と地の文とでは、万葉仮名の用い方が、すこし異なることがわかる。

すなわち、つぎの通りである。

「万葉仮名の『沙』や『左』の字は、『古事記』の地の文のなかには、出現することがあるが、歌謡中には、まったく出現しない。歌謡中では、『サ』をあらわす万葉仮名としてかならず『佐』が用いられている。」

なぜ、このようなことが起きたのであろうか。それは、つぎのような理由によるとみられる。

「地の文のなかの『沙』の字は、『宇沙《うさ》』『笠沙《かささ》』、あるいは、『伊玖米入日子《いくめいりひこ》伊沙知命《いさちのみこと》（垂仁天皇）』など、地名や人名のような固有名詞のなかで用いられている。『左』の字も、『土左国《とさのくに》』のような、地名表記のなかで用いられている。

これらは、先行文献、または、慣用にしたがい、そのように記されたとみられる。それらを、尊重して、『沙』『左』などの文字を用いたものであろう。

これに対し、歌謡部分は、太安万侶じしんの言語意識、基準にもとづいて、『佐』の字を選んだのであろう。

たとえば、太安万侶は、『サ』の音を表記するのには、『そり舌音』をもつ『沙（ṣa）』よりも、『tsa』の音をもつ『佐』の字のほうがふさわしいと考えたのであろう。」

太安万侶は、おそらくは、おもに口承で伝承されていたとみられる歌謡の表記にあたっては、みずからなりの基準をもうけ、表記の統一化をこころみたとみられる。

つまり、『古事記』歌謡に用いられている万葉仮名こそ、『古事記』編纂時の、太安万侶じしんの判断基準にもとづく表記体系を示しているとみられる。

では、太安万侶が、「サ」の音を表記するのに、「左」よりも「佐」のほうをえらんだのは、なぜであろう。「左」も、「佐」も、音は、「tsa」で同じである。しかも、「左」のほうが、「佐」よりも、簡単な字である。『古事記』は、同じ音韻を記すばあい、『日本書紀』よりも、簡単な字をえらぶ傾向がある。

それなのに、太安万侶は、「左」と「佐」とでは、字画の多い「佐」のほうを選んでいる。これはなぜであろう。

それは、おもに、以下にのべるような理由にもとづくとみられる。

『切韻《せついん》』『広韻《こういん》』の編纂

隋の初代の皇帝、文帝（煬帝《ようだい》の父）の開皇《かいこう》年間（五八一～六〇〇年）のことである。音韻問題に強い関心をもつ八人（劉臻《りゅうしん》・顔之推《がんしすい》・盧思道《りょしどう》・魏彦淵《ぎげんえん》・李若《りじゃく》・蕭該《しょうがい》・辛徳源《しんとくげん》・薛道衡《せつどうこう》）が、陸法言《りくほうげん》の家に集って、酒をのみつつ、古今南北の韻書（発音字典）について、よしあしを論じた。文字の発音表記について議論しているあいだに、理想的な韻書のあらすじができあがった。陸法言は、それを筆記しておき、それをもとに、『切韻』（六〇一年成立）という本をつくった。『切韻』は、その内容を全面的にうかがい知ることのできる最古の韻書である。

『切韻』は、作詩のさいの押韻《おういん》（韻を踏むこと。一定のところに同種の音の字を用いる）の基準を示したものである。

漢字を発音（韻）によって分類している。唐代の詩人は、『切韻』を作詩の基準とした。『切韻』の原本に、文字や注解が、つけ加えられていった。最終的には、北宋の陳彭年《ちんほうねん》らが、勅命によって『広韻《こういん》』（大宋重修広韻）』（一〇〇八年成立）の形でまとめた。『広韻』は、『切韻』の系統を引くいろいろな韻書をまとめたものともいえる。『広韻』は、『切韻』の増補改訂本であるが、『切韻』の体系を示す百科事典という性格をもつ。

『広韻』は、六朝～唐代の「中古漢語」の全容を知るために不可欠の資料である。

『切韻』の原本はなくなっているが、写本の残存しているものは、劉復らの編による『十字彙編《じゅうじいへん》』に収められている。『十字彙編』では、『切韻』の残巻九種と『広韻』との対比検討が行なわれている。

太安万侶は、『切韻』を見ている！

『切韻』では、同音字を集め、各グループの代表字（首字）の上に、○印《まる》がついている。これは、『広韻』でもうけつがれている。

たとえば、『広韻』で「サ」の音をあらわしている万葉仮名を、とりあげてみよう。

写真4に示すように、「佐」の字は、同音の文字「佐」「左」「旇」「㸩」「袏」「作」の六文字の代表字（小韻の首字）なのである。「佐」の字のうえに、○印《まる》がついている。

「太安万侶仮名づかい」では、このように、小韻の首字を用いる傾向があるのである。

太安万侶仮名づかい（『古事記』歌謡仮名づかい）については、つぎのようなことがいえる。

（1）「太安万侶仮名づかい」では、「サ」を表記するのには、かならず「佐」の字のみを用い、「ア」を表記するのには、かならず「阿」の字のみを用いている。一音一字を、大まかな通則とする。太安万侶は、日本語を分析し、字母表（「五十音図」にあたるもの）を作ったうえで、万葉仮名を使用しているとみられる。

（2）「太安万侶仮名づかい」では、用いている漢字は、かならず、『広韻』にのっている。「太安万侶」は、先行文献である『切韻』（六〇一年成立）にのっている漢字を用いたとみられる。『広韻』（一〇〇八年成立）は、『切韻』をうけついでいる。その結果、太安万侶の用いた文字は、『広韻』にのっている（『日本書紀』では、『広韻』にのっていない文字「麼（バ）」などが用いられている。261ページの**表59**参照）。

（3）**表58**は、例として、ア列の音の万葉仮名を示した。**表58**に示すように、「太安万侶仮名づかい」においては、代表字（「サ」をあらわすのに、「佐」は代表字。他の文字より使用頻度の圧倒的に多い文字）は、『広韻』に示されている同音字のグループの代表字（小韻の首字）と十四文字中十一字（七十九パーセント）まで一致する。

写真4、表58をみればわかるように「佐」の字のグループには、六つの文字がはいっている。したがって「佐」の字が「小韻の首字と一致する確率は、およそ、六分の一である。

同音字のグループのなかには、表58にみられるように、平均して、九・六文字はいっている。ここから、偶然による一致の確率を計算することができる。十四文字中十一字まで一致することは、統計学的には、とうてい偶然とはいえない一致率である。これは、太安万侶の手もとに、『切韻』があり、その『切韻』の首字をとったためにおきた現象とみられる。『広韻』が、『切韻』にしめされた首字をうけついだために、このような現象がおきたとみられる。

(5) 表58の十四文字のうち、『広韻』に示された「小韻の首字」と合致しない三文字「加」「邪」「陀」は、

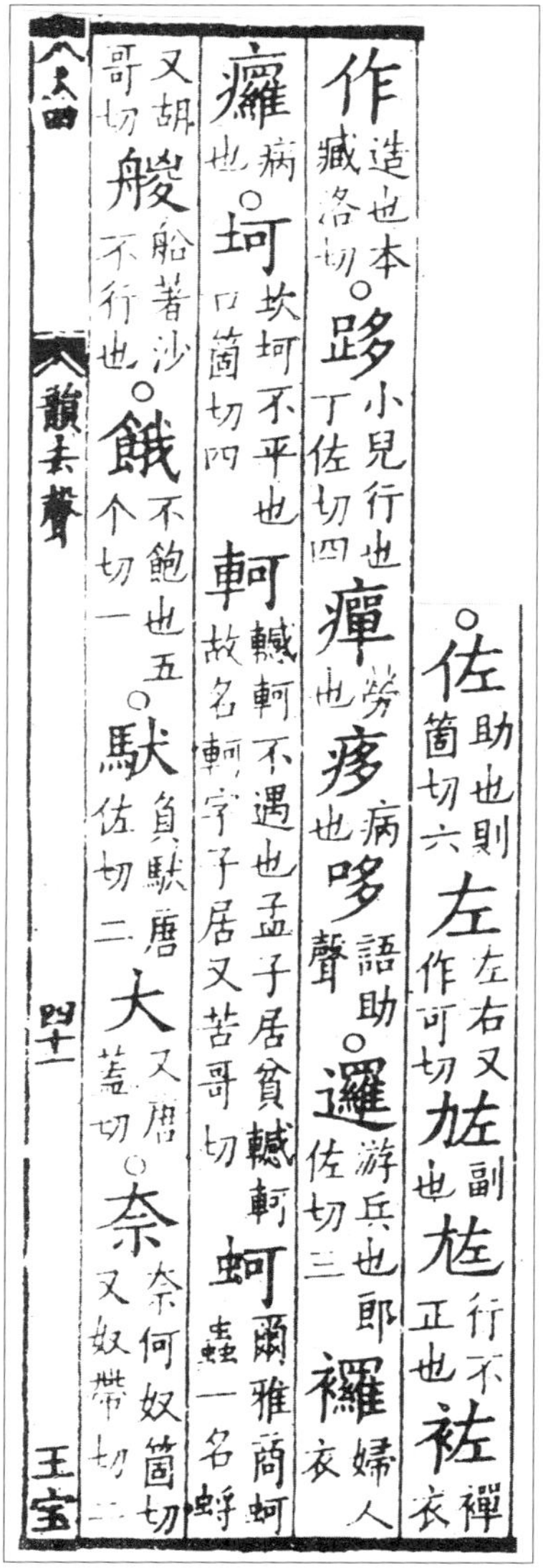
○佐 助也則箇切六 左 左右又作可切 [illegible] 副也 [illegible] 行不正也 袏 禪衣
作 造也本臧洛切 ○跢 小兒行也丁佐切四 癉 勞也 瘥 病也 哆 語助聲 ○邏 游兵也郎佐切三 [illegible] 婦人衣
癩 病也 ○坷 坎坷不平也口箇切四 軻 轗軻不遇也孟子居貧轗軻故名軻字子居又苦哥切 蚵 爾雅螪蚵蟲一名蛶
又胡哥切 [illegible] 船著沙不行也 ○餓 不飽也五个切一 ○馱 負馱唐佐切二 大 又唐蓋切 ○奈 奈何奴箇切又奴帶切二
韻去聲 四十一 王宝

写真4 『広韻』をみれば、「佐」は、同音字の代表字（小韻の首字）である

いずれも、そのグループにおいて、首字よりも、字画数のすくない文字である。

つまり、太安万侶は、『切韻』の首字をとるか、または、同音字グループのなかで、首字よりも画数のすくない簡明な字を、規則的にとっている。

(6) 『広韻』に示された首字と合致しない三文字のうち、「加」は、『稲荷山古墳出土鉄剣銘文』や『上宮《じょうぐう》聖徳法王帝説《しょうとくほうおうていせつ》』に使用例がある。使用上、伝統のある文字である。
また、「邪」の字は、地の文では、「伊邪那伎命《いざなきのみこと》」「伊邪那美命《いざなみのみこと》」などの形で頻出している。おそらく使用上伝統のあるものであった。

また、「陀」の字も、地の文で、「品陀和気命《ほむだわけのみこと》」(応神天皇)、「阿陀《あだ》」(地名)、「宇陀《うだ》」(地名)などの形で頻出しており、使用上伝統のあるものであったとみられる。また、『古事記』編纂のころには、わが国に存在していた『法華経』(鳩摩羅什《くまらじゅう》が、サンスクリット語の原典を、中国語に訳したもの)や、聖徳太子の撰と伝えられる『法華義疏《ほっけぎしょ》』に、「陀羅尼《だらに》」と書かれているから、仏典用字として、「陀《だ》」は、古くから目にふれていたとみられる。

(7) **表58**をみれば、『古事記』の「ア列」の代表字はすべて、「中古音」にもとづいて、表記されている。
確実に、「上古音」にもとづくとみられるものが一つもない。

『切韻』は、六〇一年に成立しているから、『古事記』の万葉仮名は、西暦六〇〇年ごろの隋代の中古音による漢字の読みをおもに参考にしていることになる。(「伊邪那伎命《いざなぎのみこと》」などを、テキストによって、「伊耶那伎命《いざなぎのみこと》」としているものがある。「耶」の音は、上古音が「diag」、中古音が、「yiă」である。中古音で読めば、「ヤ」となって、「ザ」にならない。「邪」であれば、**表58**にみられるように、中古音は、「ziă」であって、「ザ」と読みうる。「耶」は、上古音で読めば、一応「ザ」と読みうる。しかし、『古事記』の他の「ア列」の

るとみられるか、『古事記』の万葉仮名の代表字の読みは、「上古音」「中古音」

『大宋重修広韻』(中文出版社)でのページ数	『古事記』の代表字		『古事記』の代表字の読み※		『古事記』の代表字		『古事記』の代表字	
	上古音	中古音	上古音にもとづく	中古音にもとづく	呉音	漢音	呉音と合致	漢音と合致
161ページ	˙ag	˙a	△	○	ア	ア	○	○
166	kar	kă	△	○	ケ	カ	×	○
419	tsar	tsa	△	○	サ	サ	○	○
159	tar	ta	△	○	タ	タ	○	○
161	nar	na	△	○	ナ	ダ	○	×
163	puar	pua	△	○	ハ	ハ	○	○
164	măg	mă	△	○	メ	バ	×	×
422	ḍiăg	yia	×	○	ヤ	ヤ	○	○
171	lɪaŋ	lɪang	○	○	ロウ(ラウ)	リョウ(リャウ)	×	×
163	ɦuar	ɦua	△	○	ワ	カ(ワク)	○	×
419	ɦag	ɦa	△	○	ガ	カ	○	×
168	ŋiăg	ziă	×	○	ジャ	シャ	×	×
159	dar	da	△	○	ダ	タ	○	×
162	buar	bua	△	○	バ	ハ	○	×
	合致(○)の数⇒		1(7%)	14(100%)	合致(○)の数⇒		10(71%)	6(43%)

づく(合致する)とみられるもの「○印」。かなり合致するがすこし異なるもの

表58　『古事記』の「ア列」の万葉仮名の代表字は、『切韻』の代表字と一致す
「呉音」「漢音」に一致するか

番号	音韻	『古事記』の代表字	『切韻』の同音字グループの代表字（首字）	『切韻』の代表字（首字）と一致するか	同音字グループのなかの首字または、最小字画数の文字	同音字グループに属する文字の数
1	ア	阿	阿	○	○	7 文字
2	カ	加	嘉	×	○	26
3	サ	佐	佐	○	○	6
4	タ	多	多	○	○	3（2）
5	ナ	那	那	○	○	9
6	ハ	波	波	○	○	6
7	マ	麻	麻	○	○	8
8	ヤ	夜	夜	○	○	3
9	ラ	良	良	○	○	18
10	ワ	和	和	○	○	9
11	ガ	賀	賀	○	○	4
12	ザ	邪	衺	×	○	4
13	ダ	陀	駝	×	×	23
14	バ	婆	婆	○	○	9
計		14文字（100%）		11（79%）	13（93%）	135（平均9.6文字）

※『古事記』の代表字の想定される読みが、「上古音」または「中古音」にもと
「△印」。まったく合致しない（もとづかない）とみられるもの「×印」。

するとみられるか、『日本書紀』の万葉仮名の代表字の読みは、「上古音」「中古

『大宋重修広韻』（中文出版社）でのページ数	『日本書紀』の代表字		『日本書紀』の代表字の読み※		『日本書紀』の代表字		『日本書紀』の代表字	
	上古音	中古音	上古音にもとづく	中古音にもとづく	呉音	漢音	呉音と合致	漢音と合致
161ページ	·ag	·a	△	○	ア	ア	○	○
159	kar	ka	△	○	カ	カ	○	○
419	tsar	tsa	△	○	サ	サ	○	○
159	dar	da	△	○	ダ	タ	×	○
161	nar	na	△	○	ナ	ダ	○	×
420	puar	pua	△	○	ハ	ハ	○	○
164	mǎg	mǎ	△	○	メ	バ	×	×
165	diǎg	yiǎ	×	○	ヤ	ヤ	○	○
160	lar	la	△	○	ラ	ラ	○	○
42	·uar	·ua	△	○	ワ	ワ	○	○
304	ŋar	ŋa	△	○	ガ	ガ	○	○
183	dzaŋ	dzaŋ	○	○	ゾウ（ザウ）	ソウ（サウ）	×	×
304	nar	nda	×	○	ナ	ダ	×	○
	muar	mbua	×	○	マ	バ	×	○
	合致（○）の数⇒		1（7％）	14（100％）	合致（○）の数⇒		9（64％）	11（79％）

とづく（合致する）とみられるもの「○印」。かなり合致するがすこし異なるもの

**表59　『日本書紀』の「ア列」の万葉仮名の代表字は、『切韻』の代表字と一致
音」「呉音」「漢音」に一致するか**

番号	音韻	『日本書紀』の代表字	『切韻』の同音字グループの代表字（首字）	『切韻』の代表字（首字）と一致するか	同音字グループのなかの首字または、最小字画数の文字	同音字グループに属する文字の数
1	ア	阿	阿	○	○	7 文字
2	カ	柯	歌	×	×	11（10）
3	サ	佐	佐	○	○	6
4	タ	陀	駝	×	×	23
5	ナ	儺	那	×	×	9
6	ハ	播	播	○	○	5
7	マ	麻	麻	○	○	8
8	ヤ	耶	邪	×	×	13
9	ラ	羅	羅	○	○	10
10	ワ	倭	逶	×	×	11
11	ガ	我	我	○	○	5
12	ザ	藏	藏	○	○	1
13	ダ	娜	樣	×	×	6
14	バ	麼	記載なし			
計		13文字（100%）		7（54%）	7（54%）	115（平均8.8文字）

※『日本書紀』の代表字の想定される読みが、「上古音」または「中古音」にも
「△印」。まったく合致しない（もとづかない）とみられるもの「×印」。

代表字が、すべて中古音によっているとみられるから、「ザ」もやはり、「邪」の中古音を用いて記したのだろう。）

ただし、以上は、「ア列」のみについての調査である。すべての列について調査すると、『古事記』でも、若干は、「上古音」にもとづくとみられるものがあることは、すでに「意」「母」「毛」などの例でのべた。

(8) 「呉音」は、『古事記』成立以前に、江南の音が、わが国にはいったものと、ふつう、みられている。「漢音」は、唐の長安音で、わが国では、八五〇年ごろにポピュラーになった文字とみられる。『古事記』の万葉仮名は、『日本書紀』にくらべ、「漢音」よりも「呉音」と一致する率が高くなっている。

太安万侶の万葉仮名使用の原則

以上のようなことをふまえると、太安万侶には、万葉仮名使用の、大まかな原則があったようである。それは、つぎのようなものである。

(1) 太安万侶以前に、伝統的に多用されてきた万葉仮名は、なるべく、そのまま使う。
(2) なるべく画数がすくなく簡単な文字を選ぶ。
(3) 一つの音に対しては、なるべく一つの漢字を、万葉仮名として用いる。一つの音に対して、何種類もの漢字をつかわないようにする。一音一字の原則になるべくしたがう。

このようにすれば、文字には、「記号」という面があるから、使いなれれば、どの文字がどの音をあらわすかがわかり、実用上は、さして不便はなかったと考えられる。

そのため、その文字で表記した日本語の音が、その文字の当時の中国の標準音（長安音）と、どのていど合致するかという面では、『古事記』は、『日本書紀』の中国人執筆による万葉仮名表記に劣るところがあるにしても、万葉仮名として用いるさいの簡便さにおいては、『日本書紀』仮名づかいにまさるところがあったとみられる。

『日本書紀』の編纂後も、太安万侶的仮名づかいが、かなり生きのびたのは、そのような簡便さによるものとみられる。

ただ、太安万侶仮名づかいは、習慣的、伝統的に多用されてきた万葉仮名をそのまま使う傾向が、『日本書紀』にくらべて強い。そのために、その万葉仮名の漢字は、時代の異なるさまざまな漢字音を示す。結果的に、統一があまりとれていない。

『日本書紀』のほうは、当時の長安音がわかるので、そこから、当時の日本語の音を、かなりなていど推定できた。

いっぽう「太安万侶仮名づかい」のばあいは、その漢字の示す音が、中国の古い時代の音や、中国南方の呉音系統の音であったりして、統一がそれほどとれていない。そのため、当時の日本語の音を復原するという目的のためには、すこし不便なところがあるのである。

そのようなことを示す代表的な事例を、つぎに示しておこう。

『古事記』の短所

『古事記』は、たとえば、『日本書紀』の編纂よりもまえの時代において、「ガ」の頭子音が、鼻濁音的ではなかったらしいことなど、いろいろと参考となる情報をもたらしてくれる。

しかしまた、『古事記』は、上代の日本語の音韻の姿を知ろうとするばあい、『日本書紀』の中国人執筆の巻々の万葉仮名にくらべて、大きな短所ももつ。

それは、『古事記』の太安万侶仮名づかいの万葉仮名が、伝統的によく用いられてきたとみられる文字を襲っているので、雑多な情報がはいり、古代音を規則的に推定するのが困難になるケースがすくなくないという短所である。

以上みてきたように、『古事記』の太安万侶仮名づかいのばあい、「漢音」で説明のつくもの、「呉音」で説明のつくもの、「上古音」で説明のつくもの、「中古音」で説明のつくもの、中国語の南方方言で説明のつくものなど、かなりまちまちである。ある漢字が、ある音を表記するようになった由来が、雑多であるといえる。規則性、法則性がつかみにくい。

ある字をみただけでは、ある音を表記するのに、その字のいつごろの時代の中国音が用いられているのかが、確定できないのである。

このような理由から、ある特定の時代の日本語の音韻の状況を知るのには、『古事記』の太安万侶仮名づかいは、『日本書紀』の中国人執筆の巻々にくらべて劣るところもある。

『古事記』のほうが、清濁を、よく書きわけている

しかし、一方、『古事記』にも、いくつかの長所がある。

『古事記』の長所としては、『日本書紀』よりも、清濁をよく書きわけていることがあげられる。

いま、つぎの二つにわけて、このことをしらべてみる。

(1) 清音を、濁音の文字で表記したもの。たとえば、「タ」の音を「駄《ダ》(da)」の文字で表記するなどのケースである。

（2）濁音を、清音の文字で表記したもの。たとえば、「ダ」の音を、「多《タ》（ta）」の文字で表記するなどのケースである。

調査の結果を表にまとめれば、**表60**、**表61**のようになる。**表60**、**表61**作製のもとになる『古事記』の歌謡部分についての全調査データは、あとの、268ページ以下の**表62**～**表75**に示されている。

表60、**表61**の「調査総文字数」は、たとえば、「清音を、濁音の文字で表記したもの」のばあいであれば、「カ行」「サ行」「タ行」「ハ行」音のために用いられている文字の総頻度である。清濁の区別のある音の、清音の表記のために用いられている文字の総数である。

「清音を、濁音の文字で表記するケース」や、「濁音を、清音の文字で表記するケース」は、『日本書紀』のほうが、『古事記』の二・五倍（$\frac{21.4}{8.5}=2.5$）ほども多い。

また、「ガ行音」を、『日本書紀』では、調査総頻度七十六回のうち、七十五回（約九十九パーセント）までは、「ガ」を、「ŋa」であらわすなど、「ŋ」の音ではじまっている。（143ページの**表23**参照。一例の異例は、「ゴ」の音を、「渠gɪo」で表記したもの。）

これに対し、『古事記』の「ガ行音」では、つぎのようになっている。

「ɦ音」ではじまる文字の使用頻度……一四二例
「g音」ではじまる文字の使用頻度………三九例
「ŋ音」ではじまる文字の使用頻度………二九例
「k音」ではじまる文字の使用頻度…………二例
「ng音」ではじまる文字の使用頻度…………一例

計　二一三例

「hの濁音」の「ɦ」が清音化するのは、他の濁音にくらべ、すこし遅かったといわれるから、『古事記』は、「ɦ音」の濁音性の影響が、まだかなり残っているころに編纂されたものであろう。

『日本書紀』の編纂のころには、「ɦ音」は、ほぼ清音化しており、『日本書紀』の編纂者は、「ガ行音」に「ɦ音」ではじまる文字を使用するには、抵抗があったものとみられる。

『古事記』では、「ガ行音」を表記するのに、「g音」ではじまる文字も、あるていど用いられている。

「g音」の濁音性がすこし残っていたか、「g音」の濁音性が存在したころに用いられた文字使用の伝統を襲ったものであろう。

「ŋ音」ではじまる文字も、あるていど、用いられはじめていたようである。

表60　『日本書紀』の清濁の書きわけ

	頻度（調査総文字数）	頻度/調査総文字数×100
清音を、濁音の文字で表記したもの	241例　（1007文字）	23.9%
濁音を、清音の文字で表記したもの	16例　（ 193文字）	8.3%
計	257例　（1200文字）	21.4%

表61　『古事記』の清濁の書きわけ

	頻度（調査総文字数）	頻度/調査総文字数×100
清音を、濁音の文字で表記したもの	236例　（2581文字）	9.1%
濁音を、清音の文字で表記したもの	30例　（ 556文字）	5.4%
計	266例　（3137文字）	8.5%

乙類					
万葉仮名	使用頻度	呉音	漢音	上古音	中古音
紀	24 回	コ	キ	kɪəg	kɪei
貴	1	キ（クヰ）	キ（クヰ）	kɪuəd	kɪuəi
計	25				
氣（気）	26	ケ	キ	kʻɪəd	kʻɪəi
計	26				
許	119	コ	キョ	hɪag	hɪo
去	1	コ	キョ	kʻɪag	kʻɪo
計	120				

表62　『古事記』の「カ行」の音

	甲類					
	万葉仮名	使用頻度	呉音	漢音	上古音	中古音
カ	加	133回	ケ	カ	kăr	kă
	迦	72	ケ	カ	kăr	kă
	賀	5	ガ	カ	ɦag	ɦa
	可	1	カ	カ	k'ar	k'a
	計	211				
キ	岐	145	ギ	キ	giəg	giĕ
	伎	5	ギ	キ	giəg	giĕ
	計	150				
ク	久	129	ク	キュウ(キウ)	kɪuəg	kɪəu
	玖	9	ク	キュウ(キウ)	kɪuəg	kɪəu
	具	1	グ	ク	gɪug	gɪu
	計	139				
ケ	祁	36	ギ	キ	gier	gii
	計	36				
コ	古	42	ク	コ	kɛg	ko
	胡	1	グ・ゴ	コ	ɦag	ɦo
	故	1	ク	コ	kag	ko
	計	44				

乙　類					
万葉仮名	使用頻度	呉音	漢音	上古音	中古音
疑	5 回	ギ	ギ	ŋɪəg	ŋɪei
計	5				
宜	6	ギ	ギ	ŋɪar	ŋɪĕ
計	6				
碁	13	ギ（ゴ）	キ	gɪəg	gɪei
其	1	ゴ（ギ）	キ	gɪəg	gɪei
計	14				

表63　『古事記』の「ガ行」の音

	甲類					
	万葉仮名	使用頻度	呉音	漢音	上古音	中古音
ガ	賀	138 回	ガ	カ	ɦag	ɦa
	何	4	ガ	カ	ɦar	ɦa
	加	1	ケ	カ	kăr	kă
	計	143				
ギ	藝（芸）	18	ゲ	ゲイ	ŋɪad	ŋɪɛi
	岐	10	ギ	キ	gieg	giĕ
	棄	1	キ	キ	k'ied	k'ii
	計	29				
グ	具	15	グ	ク	gɪuɡ	gɪu
	計	15				
ゲ	牙	1	ゲ	ガ	ngăg	ngă
	計	1				
ゴ	使用例なし。					

乙類					
万葉仮名	使用頻度	呉音	漢音	上古音	中古音
曾	43回	ソ・ソウ	ソウ	tsəŋ	tsəŋ
計	43				

表64　『古事記』の「サ行」の音

	甲類					
	万葉仮名	使用頻度	呉音	漢音	上古音	中古音
サ	佐	118 回	サ	サ	tsar	tsa
	計	118				
シ	斯	172	シ	シ	sieg	siĕ
	志	95	シ	シ	tiəg	tʃɪei
	芝	1	シ	シ	tiəg	tʃɪei
	計	268				
ス	須	82	ス	シュ	n̥iug	siu
	計	82				
セ	勢	32	セ	セイ	thiad	ʃɪɛi
	世	9	セ	セイ	thiad	ʃɪɛi
	計	41				
ソ	蘇	14	ス	ソ	sag	so
	計	14				

乙類					
万葉仮名	使用頻度	呉音	漢音	上古音	中古音
敍 曾	7 回 5	ジョ ゾ・ゾウ	ショ ソウ	ḍiag dzəŋ	zio dzəŋ
計	12				

表65　『古事記』の「ザ行」の音

	甲類					
	万葉仮名	使用頻度	呉音	漢音	上古音	中古音
ザ	邪	9回	ジャ	シャ	ŋiăg	ziă
	奢	1	シャ	シャ	thiăg	ʃıă
	計	10				
ジ	士	9	ジ	シ	dzïəg	ḍẓïei
	計	9				
ズ	受	27	ジュ	シュウ(シウ)	dhicg	ʒıəu
	計	27				
ゼ	是	4	ゼ	シ	dhieg	ʒıĕ
	計	4				
ゾ	使用例なし					

乙類					
万葉仮名	使用頻度	呉音	漢音	上古音	中古音
登	193回	トウ	トウ	təŋ	təŋ
等	3	トウ	トウ	təŋ	təŋ
杼	1	ジョ（ヂョ）	チョ	dɪag	ḍɪo
計	197				

表66 『古事記』の「タ行」の音

	甲類					
	万葉仮名	使用頻度	呉音	漢音	上古音	中古音
タ	多	219 回	タ	タ	tar	ta
	當	1	トウ（タウ）	トウ（タウ）	taŋ	taŋ
	他	1	タ	タ	t'ar	t'a
	計	221				
チ	知	77	チ	チ	tɪeg	ṭɪě
	智	1	チ	チ	tɪeg	ṭɪě
	計	78				
ツ	都	135	ツ	ト	tag	to
	豆	1	ズ（ヅ）	トウ	dug	dəu
	計	136				
テ	弖（氏）	62	タイ	テイ	ter	tei
	計	62				
ト	斗	26	ツ	トウ	tug	təu
	刀	1	ト・トウ（タウ）	トウ（タウ）	tɔg	tau
	計	27				

乙類					
万葉仮名	使用頻度	呉音	漢音	上古音	中古音
杼 登	19回 1	ジョ（ヂョ） トウ	チョ トウ	dıag təŋ	ḍıo təŋ
計	20				

表67　『古事記』の「ダ行」の音

	甲類					
	万葉仮名	使用頻度	呉音	漢音	上古音	中古音
ダ	陀	57 回	ダ	タ	ċar	da
	多	1	タ	タ	tar	ta
	計	58				
ヂ	遲（遅）	8	ジ（ヂ）	チ	dɪer	ḍɪi
	治	2	ジ（ヂ）	チ	dɪəg	ḍɪei
	知	1	チ	チ	tːeg	ṭɪĕ
	計	11				
ヅ	豆	49	ズ（ヅ）	トウ	dug	dəu
	計	49				
デ	傳（伝）	14	デン	テン	dɪuan	ḍɪuɛn
	計	14				
ド	度	2	ド	ト	dag	do
	計	2				

乙類					
万葉仮名	使用頻度	呉音	漢音	上古音	中古音
能	272回	ノ・ノウ	ドウ	nəŋ	nəŋ (ndəŋ)
乃	2	ノ・ナイ	ダイ	nəg	nəi (ndəi)
計	274				

表68　『古事記』の「ナ行」の音

	甲類					
	万葉仮名	使用頻度	呉音	漢音	上古音	中古音
ナ	那	129回	ナ	ダ	nar	na (nda)
	計	129				
ニ	爾	102	ニ	ジ	nier	niě（rɪě）
	邇	91	ニ	ジ	niar	niě（rɪě）
	計	193				
ヌ	奴	17	ヌ	ド	nag	no (ndo)
	計	17				
ネ	泥	53	ナイ	デイ	ner	nei (ndei)
	計	53				
ノ	怒	15	ヌ	ド	nag	no (ndo)
	計	15				

乙　類					
万葉仮名	使用頻度	呉音	漢音	上古音	中古音
呂 盧	38 回 1	ロ ロ	リョ リョ	ġlɪag lɪag	lɪo lɪo
計	39				

表69 『古事記』の「ラ行」の音

	甲類					
	万葉仮名	使用頻度	呉音	漢音	上古音	中古音
ラ	良	102回	ロウ（ラウ）	リョウ（リヤウ）	lıaŋ	lıaŋ
	羅	2	ラ	ラ	lar	la
	計	104				
リ	理	138	リ	リ	lıəg	lıei
	計	138				
ル	流	84	ル	リュウ（リウ）	lıog	lıəu
	留	2	ル	リュウ（リウ）	l:og	lıəu
	琉	1	ル	リュウ（リウ）	l:og	lıəu
	計	87				
レ	禮（礼）	53	ライ	レイ	ler	lei
	計	53				
ロ	漏	7	ル	ロウ	lɹg	ləu
	路	3	ル	ロ	ġlag	lo
	計	10				

乙　類					
万葉仮名	使用頻度	呉音	漢音	上古音	中古音
斐	8回	ヒ	ヒ	p‘ɪuər	p‘ɪuəi
肥	3	ビ	ヒ	bɪuər	bɪuəi
計	11				
閇	19	ヘイ	ハイ	per	pei
計	19				
富	41	フ	フウ	pɪuəg	pɪəu
本	24	ホン	ホン	pɪuən	puən
菩	1	ブ	フウ	bɪuəg	bɪəu
計	66				

表70 『古事記』の「ハ行」の音

	甲類					
	万葉仮名	使用頻度	呉音	漢音	上古音	中古音
ハ	波	224回	ハ	ハ	puar	pua
	婆	4	バ	ハ	buar	bua
	計	228				
ヒ	比	129	ヒ	ヒ	pier	pii
	毘	2	ビ	ヒ	bier	bii
	計	131				
フ	布	55	フ	ホ	pəg	po
	計	55				
ヘ	幣	31	ベ	ヘイ	biad	biɛi
	計	31				
ホ						

乙　類					
万葉仮名	使用頻度	呉音	漢音	上古音	中古音
備	4 回	ビ	ヒ	bɪuǎg	bɪui
計	4				
倍	6	バイ・ベ	ハイ	buəg	buəi
計	6				
煩	7	ボン	ハン	bɪuǎn	bɪuʌn
計	7				

表71　『古事記』の「バ行」の音

	甲類					
	万葉仮名	使用頻度	呉音	漢音	上古音	中古音
バ	婆	75回	バ	ハ	buar	bua
	波	2	ハ	ハ	puar	pua
	計	77				
ビ	毘	14	ビ	ヒ	bier	bii
	計	14				
ブ	夫	22	フ	フ	pɪuag	pɪu
	計	22				
ベ	辨（弁）	2	ベン	ヘン	bɪan	bɪɛn
	計	2				
ボ	／	／	／	／	／	／

乙　類					
万葉仮名	使用頻度	呉音	漢音	上古音	中古音
微	15 回	ミ	ビ	mɪuər	mɪuəi (mbɪuəi)
味	1	ミ	ビ	mɪuəd	mɪuəi (mbɪuəi)
計	16				
米	36	マイ	ベイ	mer	mei (mbei)
計	36				
母	136	ム・モ	ボウ	muəg	məu (mbau)
計	136				

表72　『古事記』の「マ行」の音

	甲類					
	万葉仮名	使用頻度	呉音	漢音	上古音	中古音
マ	麻	198回	メ	バ	mag	mă（mbă）
	摩	6	マ	バ	muar	mua（mbua）
	計	204				
ミ	美	179	ミ	ビ	mıuər	mıui（mbıui）
	彌（弥）	2	ミ	ビ	miĕr	miĕ（mbiĕ）
	計	181				
ム	牟	76	ム	ボウ	mıog	mıəu（mbıəu）
	計	76				
メ	賣（売）	24	メ	バイ	mĕg	măi（mbăi）
	計	24				
モ	毛	37	モウ	ボウ	mɔg	mau（mbau）
	計	37				

乙類					
万葉仮名	使用頻度	呉音	漢音	上古音	中古音
淤	47	オ	ヨ	·ɪag	·ɪo
意	33	イ	イ	·ɪəg	·ɪei
計	80				

表73　『古事記』の「ア行」の音

	甲類					
	万葉仮名	使用頻度	呉音	漢音	上古音	中古音
ア	阿	127回	ア	ア	·ag	·a
	計	127				
イ	伊	115	イ	イ	·ɪə̆r	·ɪi
	計	115				
ウ	宇	57	ウ	ウ	ɦɪuag	ɦɪu（ɦɪuo）
	計	57				
エ	使用例なし（亜）	使用例なし（２）	使用例なし（エ）	使用例なし（ア）	使用例なし（ăg）	使用例なし（·ă）
	（真福寺本底本には、「畳ゝ」とあり、右傍に、「亜ゝ御本」とある。「神武天皇記」歌謡９。）					
オ						

乙　類					
万葉仮名	使用頻度	呉音	漢音	上古音	中古音
余 與（与）	25 回 8	ヨ ヨ	ヨ ヨ	ḍiag gɪag	yio yio
計	33				

表74　『古事記』の「ヤ行」の音

	甲類					
	万葉仮名	使用頻度	呉音	漢音	上古音	中古音
ヤ	夜	156回	ヤ	ヤ	ḍiăg	yiă
	也	1	ヤ	ヤ	ḍiăg	yiă
	計	157				
ユ	由	53	ユ	ユウ（イウ）	ḍiog	yiəu
	計	53				
𛀁	延	27	エン	エン	ḍːan	yiɛn
	計	27				
ヨ	用	19	ユウ	ヨウ	ḍːuŋ	yioŋ
	計	19				

乙類					
万葉仮名	使用頻度	呉音	漢音	上古音	中古音
袁	122	オン (ヲン)	エン (ヱン)	ɦɪuăn	ɦɪuʌn
遠	25	オン (ヲン)	エン (ヱン)	ɦɪuăn	ɦɪuʌn
計	147				

表75 『古事記』の「ワ行」の音

	甲類					
	万葉仮名	使用頻度	呉音	漢音	上古音	中古音
ワ	和	70回	ワ	カ（クワ）	ɦuar	ɦua
	計	70				
ヰ	韋	15	イ（ヰ）	イ（ヰ）	ɦɪuər	ɦɪuəi
	計	15				
ヱ	恵	13	エ（ヱ）	ケイ（クヱイ）	ɦuə̄d	ɦuei
	計	13				
ヲ						

『古事記』は、一音を一種類の漢字で表記する傾向が強い

『古事記』は、『日本書紀』にくらべ、一つの音を、一種類の文字で表記する傾向が強い。これは、『古事記』の第二の長所といえるであろう。**表76**、**表77**をご覧いただきたい。

表76、**表77**は、字母表に示されたある音を記すのに、何種類の漢字が用いられているかを示したものである。

たとえば、『日本書紀』のばあい、「あ」の音を記すのに、「阿」と「婀」の二種類が用いられている。そこで、**表76**の「あ」の欄に、「**2**」と記されている。（183ページの**表35**参照）。

いっぽう『古事記』では、「あ」の音を記すのには、「阿」の一種類だけしか用いられていない。（290・291ページの**表73**参照）。そこで**表77**の「あ」の欄に「**1**」と記されている。

表76、**表77**からつぎのようなことがわかる。

(1) 種類数の最大値

種類数の最大値は、『日本書紀』のばあい、「シ」を表記する「**14**」種類である。「之《し》」「志《し》」「斯《し》」「始《し》」「矢《し》」「尸《し》」「絁《し》」「施《し》」「思《し》」「伺《し》」「司《し》」「旨《し》」「指《し》」「泊《し》」の「**14**」種類が用いられている（146・147ページの**表24**参照）。

これに対し、『古事記』での種類数の最大値は、「カ」を表記する「加《か》」「迦《か》」「賀《か》」「可《か》」の「**4**」種類である（268・269ページの**表62**参照）。

(2) 一音が一種類の漢字のみで表記されているものの数

『日本書紀』のばあい、一つの音が、ただ一種類の漢字で記されている例（**表76**の数字が、「**1**」となっているものは、使用例のある「83」の音のうち、「17」音である。つまり、全体の約二十パーセント（17／83＝0.20）が、

一音一種類の漢字で記されている。

これに対し、『古事記』では、使用例のある「86」の音のうち、半数以上の「48」音が、ただ一種類の漢字で示されている。(48／86＝0.56)。

(3)　一音をあらわす漢字の種類の平均値

一つの音をあらわすのに、平均何種類の漢字が用いられているかを計算してみる。すると、『日本書紀』では、三・二九字となる。一つの音をあらわすのに、平均三種類以上の漢字が用いられている。

これに対し、『古事記』では、平均が一・五九字となる。『日本書紀』の平均値三・二九字の半分以下である。

このように『古事記』は、『日本書紀』にくらべ、一つの音に、一種類の漢字だけを用いる傾向が強い。これは、使い勝手のよさをもたらすであろう。読むのにも、書くのにも便利である。

『古事記』は、『日本書紀』にくらべ、字画のすくない簡単な文字が使われている

『古事記』では、『日本書紀』にくらべ、字画のすくない簡単な文字を使う傾向がある。

表78は、216・217ページの**表44**で示した『日本書紀』の万葉仮名の代表字（もっとも使用頻度の多い漢字）の画数を示している。たとえば、「カ」の字の代表字「柯」の画数は、九画である。

表79には、『古事記』の万葉仮名の代表字について、『日本書紀』のばあいと同様なものを示した。

表78、**表79**によって、『日本書紀』と『古事記』の代表字一字あたりの平均画数を計算すると、つぎのようになる。

『日本書紀』…………十一・六九画

表76『日本書紀』、一つの音に、何種類の漢字を用いているか

あ 2	か 7	が 4	さ 4	ざ 1	た 4	だ 5
い 2	き（甲） 6	ぎ（甲） 1	し 14	じ 4	ち 5	ぢ 1
う 4	く 3	ぐ 2	す 1	ず 2	つ 4	づ 3
―― ――	け（甲） 3	げ（甲） 使用例なし	せ 5	ぜ 1	て 5	で 4
―― ――	こ（甲） 4	ご（甲） 3	そ（甲） 3	ぞ（甲） 使用例なし	と（甲） 4	ど（甲） 1
―― ――	き（乙） 3	ぎ（乙） 2	―― ――	―― ――	―― ――	―― ――
え（乙） 1	け（乙） 4	げ（乙） 3	―― ――	―― ――	―― ――	―― ――
お（乙） 2	こ（乙） 5	ご（乙） 1	そ（乙） 4	ぞ（乙） 1	と（乙） 4	ど（乙） 1

わ 2	ら 4	や 3	ま 7	ば 5	は 6	な 5
ゐ（ワ行のイ） 4	り 6	―― ――	み（甲） 4	び（甲） 3	ひ（甲） 5	に 3
―― ――	る 4	ゆ 3	む 4	ぶ 1	ふ 6	ぬ 2
ゑ（ワ行のエ） 1	れ 3	𛀁（ヤ行のエ） 1	め（甲） 1	べ（甲） 1	へ（甲） 3	ね 3
を 4	ろ（甲） 3	よ（甲） 3	も 6	ぼ 2	ほ 5	の（甲） 3
―― ――	―― ――	―― ――	み（乙） 1	び（乙） 使用例なし	ひ（乙） 2	―― ――
―― ――	―― ――	―― ――	め（乙） 2	べ（乙） 使用例なし	へ（乙） 3	―― ――
―― ――	ろ（乙） 2	よ（乙） 3	―― ――	―― ――	―― ――	の（乙） 1

表77　『古事記』、一つの音に、何種類の漢字を用いているか

あ 1	か 4	が 3	さ 1	ざ 2	た 3	だ 2
い 1	き(甲) 2	ぎ(甲) 3	し 3	じ 1	ち 2	ぢ 3
う 1	く 3	ぐ 1	す 1	ず 1	つ 2	づ 1
―― ――	け(甲) 1	げ(甲) 1	せ 2	ぜ 1	て 1	で 1
―― ――	こ(甲) 3	ご(甲) 使用例なし	そ(甲) 1	ぞ(甲) 使用例なし	と(甲) 2	ど(甲) 1
―― ――	き(乙) 2	ぎ(乙) 1	―― ――	―― ――	―― ――	―― ――
え(乙) 1	け(乙) 1	げ(乙) 1	―― ――	―― ――	―― ――	―― ――
お(乙) 2	こ(乙) 3	ご(乙) 2	そ(乙) 1	ぞ(乙) 1	と(乙) 3	ど(乙) 2

わ 1	ら 2	や 2	ま 2	ば 2	は 2	な 1
ゐ （ワ行のイ） 1	り 1	―― ――	み（甲） 2	び（甲） 1	ひ（甲） 2	に 2
―― ――	る 3	ゆ 1	む 1	ぶ 1	ふ 1	ぬ 1
ゑ （ワ行のエ） 1	れ 1	𛀁 （ヤ行のエ） 1	め（甲） 1	べ（甲） 1	へ（甲） 1	ね 1
を 2	ろ（甲） 2	よ（甲） 1	も（甲） 1	ぼ 1	ほ 3	の（甲） 1
―― ――	―― ――	―― ――	み（乙） 2	び（乙） 1	ひ（乙） 2	―― ――
―― ――	―― ――	―― ――	め（乙） 1	べ（乙） 1	へ（乙） 1	―― ――
―― ――	ろ（乙） 2	よ（乙） 2	も（乙） 1	―― ――	―― ――	の（乙） 2

表78 『日本書紀』の万葉仮名の代表字（右フリガナは漢音、左フリガナは呉音）の画数（代表字は、その音をあらわす漢字のうち、使用頻度のもっとも大きい文字）

［第2グループ］歯茎音グループ					［第1グループ］軟口蓋音グループ		グループ
ナ行	ダ行	タ行	ザ行	サ行	ガ行	カ行	行＼段
ナ 儺《ナ》《ダ》 21	ダ 娜《ナ》《ダ》 10	タ 陀《ダ》《タ》 8	ザ 蔵《ゾウ（ザウ）》《ソウ（サウ）》 18	サ 佐《サ》《サ》 7	ガ 我《ガ》《ガ》 7	カ 柯《カ》《カ》 9	ア段
ニ 儞《ニ》《ジ》 16	ヂ 膩《ニ》《ジ（ヂ）》 16	チ 致《チ》《チ》 10	ジ 珥《ニ》《ジ》 10	シ 之《シ》《シ》 3	ギ（甲） 蟻《ギ》《ギ》 19	キ（甲） 枳《キ》《キ》 9	イ（甲）段
ヌ 農《ノ・ノウ》《ドウ》 13	ヅ 豆《ズ（ヅ）》《トウ》 7	ツ 都《ツ》《ト》 12	ズ 儒《ニュウ》《ジュ》 16	ス 須《ス》《シュ》 12	グ 虞《グ》《グ》 13	ク 倶《ク》《ク》 10	ウ段
ネ 禰《ネ・ナイ》《デイ》 19	デ 泥《ナイ》《デイ》 8 提《タイ》《テイ》 13	テ 庭《タイ》《テイ》 10	ゼ 噬《ゼイ》《セイ》 16	セ 制《セ》《セイ》 8	ゲ（甲） 使用例なし	ケ（甲） 稽《ケ》《ケイ》 15	エ（甲）段
ノ（甲） 奴《ヌ》《ド》 5	ド（甲） 怒《ヌ》《ド》 9	ト（甲） 圖《ズ（ヅ）》《ト》 14	ゾ（甲） 使用例なし	ソ（甲） 蘇《ス》《ソ》 20	ゴ（甲） 娯《ゴ》《ゴ》 10 吾《グ》《ゴ》 7	コ（甲） 古《ク》《コ》 5	オ（甲）段
――	――	――	――	――	ギ（乙） 擬《ゴ》《ギ》 17	キ（乙） 紀《コ》《キ》 9	イ（乙）段
――	――	――	――	――	ゲ（乙） 皚《ガイ》《ガイ》 15	ケ（乙） 該《カイ》《カイ》 13 開《ケ・カイ》《カイ》 12	エ（乙）段
ノ（乙） 能《ノ・ノウ》《ドウ》 10	ド（乙） 騰《ドウ》《トウ》 20	ト（乙） 騰《ドウ》《トウ》 20	ゾ（乙） 茹《ニョ》《ジョ》 10	ソ（乙） 曾《ソ・ソウ》《ソウ》 12	ゴ（乙） 御《ゴ》《ギョ》 12	コ（乙） 擧《コ》《キョ》 18	オ（乙）段

［第４グループ］ 母音・半母音系グループ			［第３グループ］ 両唇音グループ			
ワ行	ヤ行	ア行	マ行	バ行	ハ行	ラ行
ワ ワ倭ワ 10	ヤ ヤ野ヤ 11	ア ア阿ア 8	マ メ麻マ 11	バ マ麼バ 14	ハ ハ播ハ 15	ラ ラ羅ラ 19
ヰ （ワ行のイ） イ(ヰ)威イ(ヰ) イ(ヰ)偉イ(ヱ) 9 12	—— ——	イ イ伊イ 6	ミ(甲) ミ瀰ビ 20	ビ(甲) ミ寐ビ 12	ヒ(甲) ヒ比ヒ 4	リ リ理リ 11
—— ——	ユ ユ喩ユ 12	ウ ウ于ウ 3	ム ム武ブ 8	ブ ブ父フ 4	フ フ賦フ 15	ル ル屢ル 14
ヱ （ワ行のエ） エ(ヱ)衛エイ(ヱイ) 16	𛀁 （ヤ行のエ） エイ曳エイ 6	—— ——	メ(甲) マイ謎ベイ 17	ベ(甲) マイ謎ベイ 17	ヘ(甲) バイ陛ヘイ 10	レ レ例レイ 8
ヲ （ワ行のオ） ウ鳴オ(ヲ) 13	ヨ(甲) ユウ用ヨウ ユウ庸ヨウ 5　11	—— ——	モ ム・モ母ボウ 5	ボ ボウ朋ホウ 8	ホ ブ裒ホウ 13	ロ(甲) ル盧ロ 16
—— ——	—— ——	—— ——	ミ(乙) ミ微ビ 14	ビ(乙) 使用例なし	ヒ(乙) ヒ彼ヒ 8	—— ——
—— ——	—— ——	エ(乙) オ・アイ愛アイ 13	メ(乙) メ・マイ梅バイ 10	ベ(乙) 使用例なし	ヘ(乙) ヘ陪ハイ 11	—— ——
—— ——	ヨ(乙) ヨ與ヨ 14	オ(乙) オ於ヨ 8	—— ——	—— ——	—— ——	ロ(乙) ロ慮リョ 15

表79 『古事記』の万葉仮名の代表字（右フリガナは漢音、左フリガナは呉音）の画数（代表字は、その音をあらわす漢字のうち、使用頻度のもっとも大きい文字）

［第2グループ］ 歯茎音グループ					［第1グループ］ 軟口蓋音グループ		グループ
ナ行	ダ行	タ行	ザ行	サ行	ガ行	カ行	行＼段
ナ 那《ナ》《ダ》 7	ダ 陀《ダ》《タ》 8	タ 多《タ》《タ》 6	ザ 邪《ジャ》《シャ》 8	サ 佐《サ》《サ》 7	ガ 賀《ガ》《カ》 12	カ 加《ケ》《カ》 5	ア段
ニ 爾《ニ》《ジ》 14	ヂ 遲《ジ（ヂ）》《チ》 16	チ 知《チ》《チ》 8	ジ 士《ジ》《シ》 3	シ 斯《シ》《シ》 12	ギ（甲） 藝《ゲ》《ゲイ》 19	キ（甲） 岐《ギ》《キ》 7	イ（甲）段
ヌ 奴《ヌ》《ド》 5	ヅ 豆《ズ（ヅ）》《トウ》 7	ツ 都《ツ》《ト》 12	ズ 受《ジュ》《シュウ（シュ）》 8	ス 須《ス》《シュ》 12	グ 具《グ》《ク》 8	ク 久《ク》《キュウ》 3	ウ段
ネ 泥《ナイ》《デイ》 8	デ 傳《デン》《テン》 13	テ 弖《タイ》《テイ》 4	ゼ 是《ゼ》《シ》 9	セ 勢《セ》《セイ》 13	ゲ（甲） 牙《ゲ》《ガ》 4	ケ（甲） 祁《ギ》《キ》 8	エ（甲）段
ノ（甲） 怒《ヌ》《ド》 9	ド（甲） 度《ド》《ト》 9	ト（甲） 斗《ツ》《トウ》 4	ゾ（甲） 使用例なし	ソ（甲） 蘇《ス》《ソ》 20	ゴ（甲） 使用例なし	コ（甲） 古《ク》《コ》 5	オ（甲）段
―― ――	―― ――	―― ――	―― ――	―― ――	ギ（乙） 疑《ギ》《ギ》 14	キ（乙） 紀《コ》《キ》 9	イ（乙）段
―― ――	―― ――	―― ――	―― ――	―― ――	ゲ（乙） 宜《ギ》《ギ》 8	ケ（乙） 氣《ケ》《キ》 10	エ（乙）段
ノ（乙） 能《ノ・ノウ》《ドウ》 10	ド（乙） 杼《ジョ（ヂョ）》《チョ》 8	ト（乙） 登《トウ》《トウ》 12	ゾ（乙） 敍《ジョ》《ショ》 11	ソ（乙） 曾《ソ・ソウ》《ソウ》 12	ゴ（乙） 碁《ギ（ゴ）》《キ》 13	コ（乙） 許《コ》《キョ》 11	オ（乙）段

［第４グループ］ 母音・半母音系グループ			［第３グループ］ 両唇音グループ			
ワ行	ヤ行	ア行	マ行	バ行	ハ行	ラ行
ワ 和《ワ／カ(クワ)》 8	ヤ 夜《ヤ／ヤ》 8	ア 阿《ア／ア》 8	マ 麻《メ／バ》 11	バ 婆《バ／ハ》 11	ハ 波《ハ／ハ》 8	ラ 良《ロウ・ラウ／リョウ(リヤウ)》 7
ヰ (ワ行のイ) 韋《イ(ヰ)／イ(ヰ)》 10	——	イ 伊《イ／イ》 6	ミ(甲) 美《ミ／ビ》 9	ビ(甲) 毘《ビ／ヒ》 9	ヒ(甲) 比《ヒ／ヒ》 4	リ 理《リ／リ》 11
——	ユ 由《ユ／ユウ(イウ)》 5	ウ 宇《ウ／ウ》 6	ム 牟《ム／ボウ》 6	ブ 夫《ブ／フ》 4	フ 布《フ／ホ》 5	ル 流《ル／リュウ(リウ)》 10
ヱ (ワ行のエ) 惠《エ(ヱ)／ケイ(クヱイ)》 12	エ (ヤ行のエ) 延《エン／エン》 8	——	メ(甲) 賣《メ／バイ》 15	ベ(甲) 辨《ベン／ヘン》 16	ヘ(甲) 幣《ベ／ヘイ》 15	レ 禮《ライ／レイ》 18
ヲ (ワ行のオ) 袁《オン(ヲン)／エン(アン)》 10	ヨ(甲) 用《ユウ／ヨウ》 5	——	モ(甲) 毛《モウ／ボウ》 4	ボ 煩《ボン／ハン》 13	ホ 富《フ／フウ》 12	ロ(甲) 漏《ル／ロウ》 14
——	——	——	ミ(乙) 微《ミ／ビ》 14	ビ(乙) 備《ビ／ヒ》 12	ヒ(乙) 斐《ヒ／ヒ》 12	——
——	——	エ(乙) 愛《オ・アイ／アイ》 13	メ(乙) 米《マイ／ベイ》 6	ベ(乙) 倍《バイ・ベイ／ハイ》 10	ヘ(乙) 閇《ヘイ／ハイ》 11	——
——	ヨ(乙) 余《ヨ／ヨ》 7	オ(乙) 於《ヲ／ヨ》 11	モ(乙) 母《ム・モ／ボウ》 5	——	——	ロ(乙) 呂《ロ／リョ》 7

『古事記』……………九・三八画

『日本書紀』にくらべ、『古事記』では、平均して、二画ていどすくない文字が用いられている。『古事記』のほうが、より簡単な文字が使われているわけである。

以上によって、私の検討を終る。

【資料編】

『日本書紀』の全調査データ

最後に、『日本書紀』のほうも、全調査データを示しておく。以下の表82〜表95において、「甲類」と「乙類」との区別のないばあいは、一応、「甲類」の欄に記されている。

乙類					
万葉仮名	使用頻度	呉音	漢音	上古音	中古音
紀	5 回	コ	キ	kɪəg	kɪei
基	4	コ	キ	gɪəg	gɪei
己	1	コ	キ	kɪəg	kɪei
計	10				
該	7	カイ	カイ	kəg	kəi
開	5	ケ・カイ	カイ	k'ər	k'əi
凱	1	カイ	カイ	k'ər	k'əi
愷	1	カイ	カイ	k'ər	k'əi
計	14				

表80 『日本書紀』の「カ行」の音

	甲類					
	万葉仮名	使用頻度	呉音	漢音	上古音	中古音
カ	柯	41 回	カ	カ	kar	ka
	哿	19	カ	カ	kar	ka
	舸	12	カ	カ	kar	ka
	箇	8	カ	カ	kag	ka
	歌	6	カ	カ	kar	ka
	伽	1	ギャ	キャ	…	gɪă
	可	1	カ	カ	k'ar	k'a
	計	88				
キ	枳	50	キ	キ	kieg	kiĕ
	岐	15	ギ	キ	gieg	giĕ
	企	6	キ	キ	k'ieg	k'iĕ
	祁	1	ギ	キ	gier	gii
	棄	1	キ	キ	k'ied	k'ii
	祇	1	ギ	キ	gieg	giĕ
	計	74				
ク	倶	60	ク	ク	kɪug	kɪu
	矩	28	ク	ク	kɪuag	kɪu (kɪuo)
	屨	2	ク	ク	klɪug	kɪu
	計	90				
ケ	稽	4	ケ	ケイ	ker	kei
	鶏	2	ケ	ケイ	ker	kei
	啓	1	ケ	ケイ	k'er	k'ei
	計	7				

乙　類					
万葉仮名	使用頻度	呉音	漢音	上古音	中古音
擧（挙）	14回	コ	キョ	kɪag	kɪo
據（拠）	3	コ	キョ	kɪag	kɪo
莒	3	コ	キョ	kɪag	kɪo
渠	3	ゴ	キョ	gɪag	gɪo
居	2	コ	キョ	kɪag	kɪo
計	25				

(3)「甲類のコ」の母音部は、29例すべて、「o」である。
「乙類のコ」の母音部は、25例すべて、「ɪo」である。

およそ、1300年間にわたる写本作業のくりかえしを越えて、その違いは、現代に、はっきりと伝わっている。

甲類と乙類との違いは、いずれのばあいも、統計学的に、意味のある違い（有意差。偶然によるもの以上の違い）のみとめられるものである。（カイ二乗検定による。）

	甲類					
	万葉仮名	使用頻度	呉音	漢音	上古音	中古音
コ	古	22 回	ク	コ	kag	ko
	姑	3	ク	コ	kag	ko
	故	3	ク	コ	kag	ko
	固	1	ク	コ	kag	ko
	計	29				

○「カ行」が、古代音韻を考えるばあいの基本形である。「甲類」と「乙類」で、発音が、系統的に異なっていることに注意。

(1)「甲類のキ」の母音部は、74例すべて、「ii」または「iĕ」である。
「乙類のキ」の母音部は、10例すべて、「ıei」である。

(2)「甲類のケ」の母音部は、7例すべて、「ei」である。
「乙類のケ」の母音部は、14例すべて、「əi」である。

乙類					
万葉仮名	使用頻度	呉音	漢音	上古音	中古音
擬	8	ゴ	ギ	ŋɪəg	ŋɪei
疑	1	ギ	ギ	ŋɪəg	ŋɪei
計	9				
皚	4	ガイ	ガイ	ŋər	ŋəi
导	2	（ゲ）	（ガイ）	(ŋəg)	(ŋəi)
		（『集韻』による推定音）			
礙	1	ゲ	ガイ	ŋəg	ŋəi
計	7				
御	3 回	ゴ	ギョ	ŋɪag	ŋɪo
渠	1	ゴ	キョ	gɪag	gɪo
計	4				

表81 『日本書紀』の「ガ行」の音

	甲類					
	万葉仮名	使用頻度	呉音	漢音	上古音	中古音
ガ	我	36回	ガ	ガ	ŋar	ŋa
	鵝	5	ガ	ガ	ŋag	ŋa
	峨	1	ガ	ガ	ŋar	ŋa
	餓	1	ガ	ガ	ŋar	ŋa
	計	43				
ギ	蟻	3	ギ	ギ	ŋɪar	ŋɪĕ
	計	3				
グ	虞	4	グ	グ	ŋɪuag	ŋɪu (ŋɪuo)
	遇	1	グ	グ	ŋɪug	ŋɪu
	計	5				
ゲ	使用例なし					
ゴ	娯	2	グ	ゴ	ŋuag	ŋo
	吾	2	グ	ゴ	ŋag	ŋo
	悟	1	グ	ゴ	ŋag	ŋo
	計	5				

乙　類					
万葉仮名	使用頻度	呉音	漢音	上古音	中古音

表82 『日本書紀』の「サ行」の音

	甲類					
	万葉仮名	使用頻度	呉音	漢音	上古音	中古音
サ	佐	11 回	サ	サ	tsar	tsa
	娑	9	サ	サ	sar	sa
	左	4	サ	サ	tsar	tsa
	作	1	サ	サ	tsag	tsa
	計	25				
シ	之	30	シ	シ	tɪəg	tʃɪei
	志	25	シ	シ	tɪəg	tʃɪei
	斯	21	シ	シ	sieg	siě
	始	10	シ	シ	thɪəg	ʃɪei
	矢	8	シ	シ	thier	ʃɪi
	絁	8	セ	シ	thɪar	ʃɪě
	思	4	シ	シ	sɪəg	siei
	伺	3	シ	シ	sɪəg	siei
	旨	3	シ	シ	tɪer	tʃɪi
	司	1	シ	シ	siəg	siei
	指	1	シ	シ	tɪer	tʃɪi
	戸	1	シ	シ	thɪer	ʃɪi
	洎	1	ジ	シ	dhier	ʒɪi
	施	1	セ	シ	thiar	ʃɪě
	計	117				
ス	須	30	ス	シュ	ṇiug	siu
	計	30				
セ	制	8	セ	セイ	tiad	tʃɪɛi
	世	5	セ	セイ	thiad	ʃɪɛi

乙類					
万葉仮名	使用頻度	呉音	漢音	上古音	中古音
曾	11回	ソ・ソウ	ソウ	tsəŋ	tsəŋ
贈	1	ゾウ	ソウ	dzəŋ	dzəŋ
所	1	ショ	ソ	sïag	ṣïo
賊	1	ゾク	ソク	dzək	dzok
計	14				

	甲　類					
	万葉仮名	使用頻度	呉音	漢音	上古音	中古音
セ	西	4 回	サイ	セイ	sɛr	sei
	細	3	サイ	セイ	sɛr	sei
	栖	3	サイ	セイ	sɛr	sei
	計	23				
ソ	蘇	3	ス	ソ	sag	so
	泝	1	ス	ソ	sag	so
	素	1	ス	ソ	sag	so
	計	5				

乙類					
万葉仮名	使用頻度	呉音	漢音	上古音	中古音
茹	2 回	ニョ	ジョ	niag	nio (rɪo)
計	2				

表83 『日本書紀』の「ザ行」の音

	甲類					
	万葉仮名	使用頻度	呉音	漢音	上古音	中古音
ザ	藏	1回	ゾウ (ザウ)	ソウ (サウ)	dzaŋ	dzaŋ
	計	1				
ジ	珥	5	ニ	ジ	niag	niei (rɪei)
	耳	1	ニ	ジ	niəg	niei (rɪei)
	貳	1	ニ	ジ	nier	ni (rɪ)
	兒	1	ニ	ジ	ŋieg	niě (rɪě)
	計	8				
ズ	儒	6	ニュウ	ジュ	niug	niu (rɪu)
	孺	5	ニュウ	ジュ	riug	niu (rɪu)
	計	11				
ゼ	噬	1	ゼイ	セイ	dhiad	ʒɪɛi
	計	1				
ゾ	使用例なし					

乙類					
万葉仮名	使用頻度	呉音	漢音	上古音	中古音
騰	32 回	ドウ	トウ	dəŋ	dəŋ

表84 『日本書紀』の「タ行」の音

	甲類					
	万葉仮名	使用頻度	呉音	漢音	上古音	中古音
タ	陀	39回	ダ	タ	dar	da
	柂	24	ダ	タ	dar	da
	多	15	タ	タ	tar	ta
	駄	8	ダ	タ	dar	da
	計	86				
チ	致	7	チ	チ	tıed	ṭıi
	智	4	チ	チ	tıeg	ṭıĕ
	掫	2	（チ）	（チ）	（tıed）	（ṭıi）
			（『広韻』による推定音）			
	知	2	チ	チ	tıeg	ṭıĕ
	遲	1	ジ（ヂ）	チ	dıer	ḍıi
	計	16				
ツ	都	36	ツ	ト	tag	to
	豆	2	ズ（ヅ）	トウ	dug	dəu
	逗	1	ズ（ヅ）	トウ	dug	dəu
	覩	1	ツ	ト	tag	to
	計	40				
テ	底	29	タイ	テイ	ter	tei
	堤	5	ダイ	テイ	deg	dei
	氐	3	タイ	テイ	ter	tei
	諦	1	タイ	テイ	teg	tei
	題	1	ダイ	テイ	deg	dei
	計	39				
ト	圖（図）	3	ズ（ヅ）	ト	dag	do

乙　類					
万葉仮名	使用頻度	呉音	漢音	上古音	中古音
等	14 回	トウ	トウ	təŋ	təŋ
登	14	トウ	トウ	təŋ	təŋ
藤	1	ドウ	トウ	dəŋ	dəŋ
計	61				

	甲類					
	万葉仮名	使用頻度	呉音	漢音	上古音	中古音
ト	度	3回	ド	ト	dag	do
	斗	1	ツ	トウ	tug	təu
	都	1	ツ	ト	tag	to
	計	8				

乙類					
万葉仮名	使用頻度	呉音	漢音	上古音	中古音
騰	4回	ドウ	トウ	dəŋ	dəŋ
計	4				

表85 『日本書紀』の「ダ行」の音

	甲類					
	万葉仮名	使用頻度	呉音	漢音	上古音	中古音
ダ	娜	6回	ナ	ダ	r̠ar	na (nda)
	多	4	タ	タ	tar	ta
	陀	2	ダ	タ	ḍiar	da
	柂	2	ダ	タ	đar	da
	嚢	1	ノウ（ナウ）	ドウ（ダウ）	naŋ	naŋ (ndaŋ)
	計	15				
ヂ	膩	2	ニ	ジ（ヂ）	r̠ɪed	ṇɪi (ṇḍɪi)
	計	2				
ヅ	豆	7	ズ（ヅ）	トウ	dug	dəu
	逗	6	ズ（ヅ）	トウ	dug	dəu
	都	1	ツ	ト	tag	to
	計	14				
デ	泥	6	ナイ	デイ	ner	nei (ndei)
	堤	6	タイ	テイ	teg	tei
	涅	2	ネチ	デツ	net	net (ndet)
	底	1	タイ	テイ	ter	tei
	計	15				
ド	怒	2	ヌ	ド	nag	no (ndo)
	計	2				

乙類					
万葉仮名	使用頻度	呉音	漢音	上古音	中古音
能	127 回	ノ・ノウ	ドウ	nəŋ	nəŋ (ndəŋ)
計	127				

表86　『日本書紀』の「ナ行」の音

	甲類					
	万葉仮名	使用頻度	呉音	漢音	上古音	中古音
ナ	儺	25回	ナ	ダ	nar	na（nda）
	那	24	ナ	ダ	nar	na（nda）
	奈	2	ナ	ダ	nar	na（nda）
	乃	1	ノ・ナイ	ダイ	nəg	nəi（ndəi）
	娜	1	ナ	ダ	nar	na（nda）
	計	53				
ニ	儞	51	ニ	ジ	nɪer	ṇɪei（ṇḍɪei）
	爾	19	ニ	ジ	nier	niĕ（rɪĕ）
	尼	4	ニ	ジ（チ）	nɪer	ṇɪi（ṇḍɪi）
	計	74				
ヌ	農	7	ノ・ノウ	ドウ	noŋ	noŋ（ndoŋ）
	奴	1	ヌ	ド	nag	no（ndo）
	計	8				
ネ	禰	4	ネ・ナイ	デイ	ner	nei（ndei）
	泥	2	ナイ	デイ	ner	nei（ndei）
	涅	1	ネチ	デツ	net	net（ndet）
	計	7				
ノ	奴	4	ヌ	ド	nag	no（ndo）
	弩	2	ヌ・ノ	ド	nag	no（ndo）
	努	1	ヌ	ド	nag	no（ndo）
	計	7				

乙類					
万葉仮名	使用頻度	呉音	漢音	上古音	中古音

表87　『日本書紀』の「ラ行」の音

	甲　類					
	万葉仮名	使用頻度	呉音	漢音	上古音	中古音
ラ	羅	45回	ラ	ラ	lar	la
	囉	6	ラ	ラ	lar	la
	邏	4	ラ	ラ	lar	la
	樂	1	ラク	ラク	ŋlɔk	lak
	計	56				
リ	理	13	リ	リ	lɪəg	lɪei
	利	12	リ	リ	lɪed	lɪi
	梨	9	リ	リ	lɪer	lɪi
	唎	9	（リ）	（リ）	(lɪed)	(lɪi)
			（『集韻』による推定音）			
	里	1	リ	リ	lɪəg	lɪei
	釐	1	リ	リ	lɪəg	lɪei
	計	45				
ル	屢	21	ル	ル	g̊lɪug	lɪu
	樓	5	ル	ロウ	lug	ləu
	流	3	ル	リュウ（リウ）	lɪog	lɪəu
	留	1	ル	リュウ（リウ）	lɪog	lɪəu
	計	30				
レ	例	21	レ	レイ	lɪad	lɪɛi
	黎	5	ライ	レイ	ler	lei
	礼	1	ライ	レイ	ler	lei
	計	27				

乙　類					
万葉仮名	使用頻度	呉音	漢音	上古音	中古音
慮 稜	5 回 1	ロ ロウ	リョ ロウ	lɪag ləŋ	lɪo ləŋ
計	6				

	甲類					
	万葉仮名	使用頻度	呉音	漢音	上古音	中古音
ロ	盧	2 回	ル	ロ	hlag	lo (hlo)
	魯	2	ル	ロ	lag	lo
	樓	1	ル	ロウ	lɪg	ləu
	計	5				

乙類					
万葉仮名	使用頻度	呉音	漢音	上古音	中古音
彼	2 回	ヒ	ヒ	pɪar	pɪě
悲	1	ヒ	ヒ	pɪuiər̆	piui
計	3				
陪	6	ベ	ハイ	buəg	buəi
倍	5	バイ・ベ	ハイ	buəg	buəi

表88 『日本書紀』の「ハ行」の音

	甲類					
	万葉仮名	使用頻度	呉音	漢音	上古音	中古音
ハ	播	32回	ハ	ハ	puar	pua
	波	18	ハ	ハ	puar	pua
	婆	14	バ	ハ	buar	bua
	簸	8	ハ	ハ	puar	pua
	皤	4	バ	ハ	buar	bua
	幡	2	ホン	ハン	p'ɪuăn	p'ɪuʌn
	計	78				
ヒ	比	24	ヒ	ヒ	pier	pii
	毗	4	ビ	ヒ	bier	bii
	避	2	ビ	ヒ	bɪeg	biĕ
	譬	1	ヒ	ヒ	p'iə̆g	p'iĕ
	必	1	ヒチ	ヒツ	piet	piĕt
	計	32				
フ	賦	14	フ	フ	pɪuag	pɪu (pɪuo)
	符	9	ブ	フ	bɪug	bɪu
	甫	5	フ	フ	pɪuag	pɪu (pɪuo)
	輔	4	ブ	フ	bɪuag	bɪu (bɪuo)
	府	2	フ	フ	pɪug	pɪu
	比	1	ヒ	ヒ	pier	pii
	計	35				
ヘ	陛	16	バイ	ヘイ	ber	bei
	鞞	4	バイ	ヘイ	beg	bei

乙類					
万葉仮名	使用頻度	呉音	漢音	上古音	中古音
杯	3回	ヘ	ハイ	puəg	puəi
計	14				

	甲類					
	万葉仮名	使用頻度	呉音	漢音	上古音	中古音
へ	幣	2回	べ	へイ	biad	biɛi
	計	22				
ホ	裒	21	ブ	ホウ	bɵg	bəu
	保	2	ホ・ホウ	ホウ	pɵg	pau
	譜	2	フ	ホ	pag	po
	朋	1	ボウ	ホウ	bəŋ	bəŋ
	報	1	ホ・ホウ	ホウ	pɔg	pau
	計	27				

乙　類					
万葉仮名	使用頻度	呉音	漢音	上古音	中古音

表89 『日本書紀』の「バ行」の音

	甲類					
	万葉仮名	使用頻度	呉音	漢音	上古音	中古音
バ	麼	11回	マ	バ	muar	mua (mbua)
	魔	5	マ	バ	muar	mua (mbua)
	播	4	ハ	ハ	puar	pua
	磨	4	マ	バ	muar	mua (mbua)
	婆	1	バ	ハ	buar	bua
	計	25				
ビ	寐	7	ミ	ビ	miuăd	miui (mbiui)
	弭	2	ミ	ビ	miĕr	miĕ (mbiĕ)
	彌	1	ミ	ビ	miĕr	miĕ (mbiĕ)
	計	10				
ブ	父	1	ブ	フ	bɪuag	bɪu (bɪuo)
	計	1				
ベ	謎	1	マイ	ベイ	mər	mei (mbei)
	計	1				
ボ	朋	3	ボウ	ホウ	bəŋ	bəŋ
	裒	1	ブ	ホウ	bog	bəu
	計	4				

乙　類					
万葉仮名	使用頻度	呉音	漢音	上古音	中古音
微	3 回	ミ	ビ	mɪuər	mɪuəi (mbɪuəi)
計	3				

表90 『日本書紀』の「マ行」の音

	甲類					
	万葉仮名	使用頻度	呉音	漢音	上古音	中古音
マ	麻	33回	メ	バ	măg	mă (mbă)
	磨	19	マ	バ	muar	mua (mbua)
	麼	12	マ	バ	muar	mua (mbua)
	摩	11	マ	バ	muar	mua (mbua)
	魔	8	マ	バ	muar	mua (mbua)
	莽	1	モウ (マウ)	ボウ (バウ)	maŋ	maŋ (mbaŋ)
	馬	1	メ	バ	măg	mă (mbă)
	計	85				
ミ	瀰	31	ミ	ビ	mier	miě (mbiě)
	彌	18	ミ	ビ	miěr	miě (mbiě)
	美	12	ミ	ビ	mɪuər	mɪui (mbɪui)
	寐	1	ミ	ビ	mɪuəd	miui (mbiui)
	計	62				
ム	武	35	ム	ブ	mɪuag	mɪu (mbɪu)
	夢	3	ム	ボウ	mɪuəŋ	mɪuŋ (mbɪuŋ)
	牟	1	ム	ボウ	mɪog	mɪəu (mbɪəu)

乙　類					
万葉仮名	使用頻度	呉音	漢音	上古音	中古音
梅	8 回	メ・マイ	バイ	muəg	muəi (mbuəi)
毎	7	マイ	バイ	muəg	muəi (mbuəi)
計	15				

	甲類					
	万葉仮名	使用頻度	呉音	漢音	上古音	中古音
ム	務	1 回	ム	ブ	mıŏg	mıu (mbıu)
	計	40				
メ	謎	1	マイ	ベイ	mer	mei (mbei)
	計	1				
モ	母	156	ム・モ	ボウ	muəg	məu (mbəu)
	謀	16	ム	ボウ	mıuəg	mıəu (mbıəu)
	慕	11	モ	ボ	mag	mo (mbo)
	謨	8	モ	ボ	mag	mo (mbo)
	暮	6	モ・ム	ボ	mag	mo (mbo)
	模	2	モ	ボ	mag	mo (mbo)
	計	199				

乙　類					
万葉仮名	使用頻度	呉音	漢音	上古音	中古音

表91 『日本書紀』の「ア行」の音

	甲類					
	万葉仮名	使用頻度	呉音	漢音	上古音	中古音
ア	阿	47回	ア	ア	·ag	·a
	婀	8	ア	ア	·ag	·a
	計	55				
イ	伊	34	イ	イ	·ɪə̆r	·ɪi
	以	8	イ	イ	ḍiəg	yiei
	計	42				
ウ	于	10	ウ	ウ	ɦɪuag	ɦɪu (ɦɪuo)
	宇	5	ウ	ウ	ɦɪuag	ɦɪu (hɪuo)
	紆	4	ウ	ウ	·ɪuag	·ɪu (·ɪuo)
	禹	3	ウ	ウ	ɦɪuag	ɦɪu (ɦɪuo)
	計	22				
エ	愛	1	オ・アイ	アイ	·əd	·əi
	計	1				
オ	於	25	オ	ヨ	·ɪag	·ɪo
	飫	15	オ	ヨ	·ɪag	·ɪo
	計	40				

乙　類					
万葉仮名	使用頻度	呉音	漢音	上古音	中古音
與	8 回	ヨ	ヨ	ɦiag	yio (ɦio)
預	5	ヨ	ヨ	ḍiag	yio
余	3	ヨ	ヨ	ḍiag	yio
計	16				

表92 『日本書紀』の「ヤ行」の音

	甲類					
	万葉仮名	使用頻度	呉音	漢音	上古音	中古音
ヤ	野	28回	ヤ	ヤ	ḍiăg	yiă
	耶	15	ヤ	ヤ	çiăg	yiă
	夜	5	ヤ	ヤ	çiăg	yiă
	計	48				
ユ	喩	13	ユ	ユ	ḍiug	yiu
	庾	4	ユ	ユ	ḍiug	yiu
	愈	1	ユ	ユ	ḍ ug	yiu
	瑜	1	ユ	ユ	ḍiug	yiu
	計	19				
イ	曳	16	エイ	エイ	ḍiad	yiɛi
	計	16				
ヨ	遙	1	ヨウ（エウ）	ヨウ（エウ）	ḍiɔg	yiɛu
	用	1	ユウ	ヨウ	ḍiuŋ	yioŋ
	庸	1	ユウ	ヨウ	ḍiuŋ	yioŋ
	計	3				

乙　類					
万葉仮名	使用頻度	呉音	漢音	上古音	中古音

表93 『日本書紀』の「ワ行」の音

	甲類					
	万葉仮名	使用頻度	呉音	漢音	上古音	中古音
ワ	倭	22回	ワ	ワ	˙uar	˙ua
	和	5	ワ	カ(クワ)	ɦuar	ɦua
	計	27				
ヰ	威	3	イ(ヰ)	イ(ヰ)	ʻɪuər	ʻɪuəi
	偉	2	イ(ヰ)	イ(ヰ)	ɦɪuər	ɦɪuəi
	爲	1	イ(ヰ)	イ(ヰ)	ɦɪuar	ɦɪuĕ
	謂	1	イ(ヰ)	イ(ヰ)	ɦɪuəd	ɦɪuəi
	計	7				
ヱ	衛	5	エ (ヱ)	エイ (ヱイ)	ɦɪuad	ɦɪuɛi
	計	5				
ヲ	嗚	37	ウ	オ(ヲ)	˙ag	˙o
	烏	11	ウ	オ(ヲ)	˙ag	˙o
	乎	6	オ(ヲ)・ゴ	コ	ɦag	ɦo
	弘	3	グ	コウ	ɦuəŋ	ɦuəŋ
	計	57				

あとがき

かねて、データを集め、統計的な分析をおこない、雑誌『季刊邪馬台国』などに、少しずつ発表してきたものを、やっと本の形にまとめることができた。

この本は、日本古代の音韻について考えるさいの、ベースキャンプの構築をめざしたものである。

この本では、おもに、『古事記』『日本書紀』の万葉仮名をとりあげた。ここから、さらに、『万葉集』『風《ふ》土《ど》記《き》』その他の万葉仮名の探求などに、進むことができると思う。

この本は、図表や特殊な発音記号などが多く、組版《くみはん》や校正に、かなり手のかかるものとなってしまった。出版社と印刷社とに、多大のご迷惑をおかけするものとなった。

このような本に、またまた出版の機会を与えられた勉誠出版の池嶋洋次社長に、まず、厚く御礼を申しあげたい。また、お世話になった勉誠出版の方々、太平印刷社の方々に、深い謝意を表するものである。

時間と手数とのかかったわが子としての本よ。よそおいはできた。さあ、元気で社会にとび出せ。

願わくは、この本が、長く生命をたもち、よき運命に出あい、よき子、よき研究などを生みだすことのありますように。

著者紹介

安本美典（やすもと　びてん）

1934年、中国東北（旧満洲）生まれ。京都大学文学部卒業。文学博士。産業能率大学教授を経て、現在、古代史研究に専念。『季刊　邪馬台国』編集顧問。情報考古学会会員。専攻は、日本古代史、数理歴史学、数理文献学、数理言語学、文章心理学。

『大和朝廷の起源』（勉誠出版）などの、本シリーズの既刊19点以外のおもな著書に、つぎのようなものがある。

日本古代史関係……『神武東遷』（中央公論社）、『卑弥呼の謎』『高天原の謎』『倭の五王の謎』『邪馬台国ハンドブック』（以上、講談社）、『邪馬台国への道』『数理歴史学』（筑摩書房）、『研究史邪馬台国の東遷』（新人物往来社）、『吉野ケ里遺跡と邪馬台国』（大和書房）、『奴国の滅亡』『日本人と日本語の起源』（以上、毎日新聞社）、『新説：日本人の起源』『騎馬民族は来なかった！』『巨大古墳の主が分った！』『「邪馬台国畿内説」を撃破する！』（以上、宝島社）、『邪馬台国はその後どうなったか』『巨大古墳の被葬者は誰か』『応神天皇の秘密』（以上、廣済堂出版）、『日本誕生記Ⅰ、Ⅱ』『邪馬台国の真実』（PHP 研究所）など。

言語学関係……『日本語の誕生』（大修館書店）、『日本語の成立』（講談社）、『日本語の起源を探る』（PHP 研究所）、『日本人と日本語の起源』（毎日新聞社）、『言語の科学』（朝倉書店）、『言語の数理』（筑摩書房）など。

おしらせ

月に一度、「邪馬台国の会」主催で、安本美典先生の講演会が開かれています。
「邪馬台国の会」案内ホームページ
http://yamatai.cside.com

推理◎古代日本語の謎

『古事記《こじき》』『日本書紀《にほんしょき》』の最大《さいだい》未解決問題《みかいけつもんだい》を解《と》く
奈良時代語を復元する

著　者	安本美典
発行者	池嶋洋次
発行所	勉誠出版（株） 〒101-0051 東京都千代田区神田神保町 3-10-2 電話　03-5215-9021（代）
装　幀	稲垣結子
印　刷 製　本	（株）太平印刷社

平成30年５月10日　第１版第１刷

ISBN978-4-585-22560-7 C0021